LIDERANÇA
Passo a Passo

LIDERANÇA
PASSO A PASSO

RANDALL D. PONDER

M.Books do Brasil Editora Ltda.

Rua Jorge Americano, 61 - Alto da Lapa
05083-130 - São Paulo - SP - Telefones: (11) 3645-0409/(11) 3645-0410
Fax: (11) 3832-0335 - e-mail: vendas@mbooks.com.br
www.mbooks.com.br

Dados de Catalogação na Publicação

Ponder, Randall D.
Liderança Passo a Passo/ Randall D. Ponder.
2010 – São Paulo – M.Books do Brasil Editora Ltda.

1. Recursos Humanos 2. Administração 3. Negócios

ISBN: 978-85-7680-073-6

Do original: Leadership made easy.
ISBN original: 1-932531-59-9

©2005 Randall Ponder
©2010 M.Books do Brasil Editora Ltda. Todos os direitos reservados. Proibida a reprodução total ou parcial. Os infratores serão punidos na forma da lei.

EDITOR: MILTON MIRA DE ASSUMPÇÃO FILHO

REVISÃO TÉCNICA E CRIAÇÃO DE TEXTO: Profª Amélia Meleiro

Tradução: Maria Lúcia Rosa
Produção Editorial: Beatriz Simões e Lucimara Leal
Coordenação Gráfica: Silas Camargo
Capa e Projeto Gráfico: Crontec
Ilustração: JB Illustrations

Dedicatória

Este livro, capaz de mudar vidas, é dedicado a cada membro da minha família, todos, em algum momento, com incentivo e amor, que ajudaram e me motivaram para criá-lo e revisá-lo. Agradeço especialmente a Linda, para sempre minha esposa e melhor amiga; a Eric, meu filho, quem eu amo tanto e a pessoa com quem eu sempre posso contar para me fazer rir; e a Josette, minha mãe, a pessoa que mais me apoiou durante toda minha vida.

Sumário

Prólogo	11
Prefácio	13
Parte Um — Entendendo a Liderança	15
1. A Importância de um Líder	**17**
Liderança Todo Dia	18
Liderança *vs.* Administração	19
Habilidades de Liderança	21
Resumo, Questões e Exercício	21
2. Seu Estilo de Liderança	**23**
Teorias da Liderança	23
Orientações de Liderança	24
Personalidade, Psicologia e Liderança	28
Qualidades de um Líder	30
Resumo, Questões e Exercício	31
3. A Atitude de um Líder	**33**
Importância da Atitude de um Líder	34
Importância de Manter sua Atitude de Líder	38
Resumo, Questões e Exercício	42

Parte Dois — Habilidades Técnicas e Analíticas
(Habilidades de Liderança Nível Básico) — 45

4. Habilidades Específicas ao Cargo — 47

Importância de uma Sólida Base de Habilidades — 48

Habilidades Específicas ao Cargo — 49

Habilidades em Outras Áreas — 49

Educação Formal — 50

Mantenha e Aprimore suas Habilidades — 51

Resumo, Questões e Exercício — 52

5. Solução de Problemas e Tomada de Decisões — 54

O Processo de Solução de Problemas — 55

A Natureza de Decisões — 58

O Processo de Tomada de Decisões — 59

A Matriz de Ganhos — 63

Pensamento Crítico e Criativo — 67

Decida com Confiança — 69

Resumo, Questões e Exercício — 69

6. Gerenciamento de Prioridades — 72

Controle seu Tempo — 72

Gerencie o Estresse — 85

Mantenha a Liderança — 88

Resumo, Questões e Exercício — 88

7. Gerenciamento de Projeto — 91

Escolha o Gerente de Projetos — 93

Estabeleça Objetivos e Requisitos — 94

Selecione a Equipe — 96

Planeje o Projeto — 100

Gerencie o Projeto — 108

Monitore o Projeto — 111

Coordene Atividades de *Follow-up* — 114

Resumo, Questões e Exercício — 115

8. Monitorando — 117

Uso do Monitoramento — 118

O Processo de Monitoramento — 120

Procedimentos Formais de Monitoramento — 123

Sumário 9

Resumo, Questões e Exercício 126

9. Treinamento e Desenvolvimento 128
Quatro Diretrizes de Treinamento de um Líder 130
Três Papéis de um Líder no Treinamento 132
Elaborando um Programa de Treinamento 135
Desenvolvimento de seus Funcionários 142
Tipos de Programas de Desenvolvimento 143
Recursos de Desenvolvimento da Liderança 146
Pré-requisitos para Programas de Desenvolvimento 147
Resumo, Questões e Exercício 149

Parte Três — Habilidades de Relacionamento
(Habilidades de Liderança de Nível Intermediário) 151

10. Comunicação 153
O Processo de Comunicação 154
Determine sua Mensagem 154
Escolha o Método de Transmissão e Envie sua Mensagem 155
Acompanhe o Recebimento e o Entendimento de sua Mensagem 156
Dez Métodos para Aprimorar a Comunicação da Liderança 158
Resumo, Questões e Exercício 165

11. Trabalho em Equipe 168
Promova o Trabalho em Equipe 170
Planeje sua Equipe 172
Organize sua Equipe 174
Otimize sua Equipe 180
Reuniões Efetivas 184
Resumo, Questões e Exercício 188

12. Motivação 191
Princípios Subjacentes à Motivação 192
Objetivos Motivacionais para Líderes 196
Resumo, Questões e Exercício 201

13. Diversidade 204
A Relevância da Diversidade 206
Fundamentos da Diversidade para Líderes 209

A Diversidade como Processo no Longo Prazo	214
Ações para Maximizar a Diversidade	215
Resumo, Questões e Exercício	220

14. Resolução de Conflito — 222

Etapas para a Resolução Bem-sucedida de Conflito	223
Negociação e Resolução de Conflito	228
A Abordagem de um Líder a Negociações Ganhar-Ganhar	229
Resumo, Questões e Exercício	244

15. Treinamento — 247

A Atitude do Treinador	248
O Processo de Treinamento	249
Os Resultados do Treinamento	254
Resumo, Questões e Exercício	255

Parte Quatro — Habilidades Estratégicas (Habilidades de Liderança de Nível Superior) — 257

16. Visão — 259

O Processo Visionário	260
Atualize sua Visão	265
Resumo, Questões e Exercício	265

17. Estratégia — 268

Planejamento e Estratégia	269
O Processo Estratégico	269
Estratégias Vencedoras	276
Resumo, Questões e Exercício	277

18. Mudança — 279

Preparar-se para a Mudança	280
Inicie e Implemente a Mudança	284
O Resultado Final	288
Resumo, Questões e Exercício	289

Índice Remissivo — 291

Prólogo

Quando visito meus clientes no mundo todo, fico sempre surpreso ao ver quantos funcionários são gerenciados demais e liderados de menos. Em vez de focar no básico, a maioria dos gerentes e líderes de equipe passa quantidades extraordinárias de tempo, energia e dinheiro seguindo a última moda em administração. Se você está cansado de modismos — que quando muito fornecem apenas resultados de curto prazo —, está pronto para a *Liderança Passo a Passo*.

Liderança é um assunto que tem sido discutido e debatido há anos, e existem muitos livros disponíveis para introduzi-lo neste assunto vital. Entretanto, *Liderança Passo a Passo* vai além do básico para explorar as 15 áreas que todos os grandes líderes devem entender e implementar para ser bem-sucedidos.

O ponto mais importante deste guia para líderes é que a liderança pode ser aprendida. Tudo o que se precisa fazer é praticar as estratégias infalíveis, descritas por Randall Ponder. Estas são algumas das habilidades analíticas e técnicas que você deve dominar se quiser ser um líder efetivo. Entretanto, Randall não pára por aí. Ele o leva além da administração e lhe mostra, passo a passo, como dominar os aspectos essenciais e sustentar relações saudáveis com os membros de sua equipe, colegas e clientes. Ele lhe fornece um guia para atingir aprimoramentos notáveis e estratégicos no desempenho, na produtividade e na lucratividade.

Os desafios diários de organizações comerciais, não lucrativas e comunitárias — como a concorrência global, mudanças, *downsizing*, reestruturações e retenção de funcionários — tornar-se-ão cada vez mais extremos em todo o mundo no século XXI. Organizações de todos os tamanhos podem perceber as vantagens competitivas, econômicas e financeiras na liderança adequada de seus colegas. Quando as pessoas são adequadamente lideradas, não há desafios insuperáveis porque sua criatividade, lealdade, satisfação no emprego e compromisso aumentam acentuadamente.

Com uma linguagem fácil, *Liderança Passo a Passo* o ensinará liderança, além de motivá-lo a aplicar esse conhecimento devido aos notáveis resultados que você atingirá. Este livro delineia novos papéis para supervisores, gerentes e membros de equipe — papéis que eles devem dominar nas atuais super-reduzidas, e freqüentemente enxutas, organizações corporativas, sem fins lucrativos e comunitárias. Dominar esses novos papéis e responsabilidades é extremamente importante, visto que a maioria dos gerentes tradicionais e membros de equipe, que freqüentemente têm pouco conhecimento sobre liderança, continuará a ser convidada a assumir cada vez mais os deveres e responsabilidades antes reservados apenas a executivos.

Independentemente de quanto tempo você tenha sido supervisor, gerente ou líder, *Liderança Passo a Passo* lhe mostrará como dominar os 15 pontos essenciais para liderar pessoas. Então, o que você está esperando? Não leia apenas este livro, devore-o, e estou certo de que você prosperará nesta economia global altamente competitiva e em rápida mudança.

Wolf J. Rinke, Ph.D. C. S. P.

Wolf J. Rinke é consultor gerencial, treinador de executivos, palestrante destacado e autor de treze livros.

Prefácio

Parabéns por tomar uma importante iniciativa para tornar-se um líder mais efetivo. Embora voltado basicamente para o ambiente empresarial, este livro é para aqueles que têm responsabilidades de liderança em muitos aspectos da vida: trabalho, comunidade, social, religioso e familiar. É uma maneira abrangente e rápida de você entender as questões significativas envolvidas na realização das coisas certas quando você está encarregado dos resultados. Você pode ter estudado muitos dos assuntos discutidos aqui e pode entender bastante de algumas áreas. Este livro lhe fornecerá a oportunidade e a estrutura para consolidar seu conhecimento com os princípios comprovados de liderança, enquanto foca em como você pode usar o bom senso, o julgamento criterioso e uma combinação de habilidades gerenciais e de liderança.

As técnicas e os princípios neste livro são conceitos fundamentais presentes no contexto da liderança. Você pode empregá-los imediatamente. Mais tarde, você poderá estudar áreas específicas mais detalhadamente, usando outros recursos disponíveis que o ajudarão a ganhar a experiência desejada.

Ao usar este livro como guia, nenhuma situação, desafio ou tarefa será grande demais para você enfrentar. Você pode se beneficiar do uso deste livro, seja você um supervisor indicado recentemente, o dono de um pequeno negócio, um membro de equipe, um gerente em uma comunidade sem fins lucrativos, o diretor de um clube ou o diretor de uma organização global.

Este livro o ajudará a:

- aumentar seu conhecimento sobre os princípios da liderança e como eles se aplicam a suas responsabilidades específicas;
- intensificar sua presença como líder, ajudando-o a se tornar mais eficaz, pró-ativo e voltado para resultados;
- aprender habilidades e técnicas específicas para efetuar mudanças, resolver conflitos, aumentar a produtividade e aprimorar o moral de seus funcionários, membros de equipe e colegas de trabalho;
- ganhar apoio e compromisso de funcionários e membros de equipe, inspirando-os a atingir resultados e a ser mais direcionados, e guiando-os de forma a buscarem mais responsabilidades de liderança;
- aproveitar ser um líder.

Randall D. Ponder

Parte Um

Entendendo a Liderança

Capítulo 1

A Importância de um Líder

Tom trabalha como um integrante brilhante e produtivo de uma equipe de desenvolvimento de projeto. Melanie chefia uma equipe de 20 pessoas de uma grande corporação de capital aberto. Jim está encarregado de um departamento de atendimento ao cliente de uma loja de varejo, com uma equipe de cinco funcionários dedicados. Essas três pessoas têm algo em comum: o potencial para serem grandes líderes em suas organizações.

Liderança é a capacidade de conseguir a realização das coisas certas na hora certa, com a assistência de outras pessoas. Várias palavras nesta definição serão explicadas à medida que você avance neste livro. Como você adquire essa capacidade? Como determina as coisas certas e quando elas são consideradas realizadas? Finalmente, quem são as pessoas que o ajudarão e como você conseguirá isso?

Os líderes são pessoas comuns que geralmente têm uma posição oficial de responsabilidade. Organizações, funcionários, superiores e pares dependem de líderes para fazer o melhor trabalho possível. Visto que tantas pessoas contam com os líderes, eles têm a obrigação de fazer tudo o que está ao seu alcance para executar o trabalho deles. Um aspecto interessante da liderança é que qualquer um que faça

Liderança é a capacidade de conseguir a realização das coisas certas na hora certa, com a assistência de outras pessoas.

essa opção pode tornar-se um líder, inclusive indivíduos em todos os níveis de uma organização.

Ao longo dos anos, tem-se debatido se as pessoas nascem líderes ou se podem se tornar líderes por meio da educação e da experiência. O consenso é que uma pessoa disposta será capaz de aprender as habilidades específicas, adquirir conhecimentos para se tornar líder ou um líder melhor do que é atualmente. Você pode se tornar um líder se for tímido ou extrovertido, graduado ou não, organizado ou desorganizado, carismático ou desinteressante. Os únicos requisitos são o desejo de se tornar um líder e a disposição para desenvolver as habilidades.

Liderança Todo Dia

Um ponto central deste livro é mostrar o quanto você se tornará mais efetivo se praticar a liderança em sua vida diária, no trabalho, no lazer e em casa. Isso não significa que você deva procurar sempre comandar e planejar tudo. A liderança diária significa que você usa princípios e conceitos simples para tratar de todas as situações de liderança com uma noção de propósito, uma atitude certa e um compromisso para atingir seus objetivos, com a assistência capaz e o compromisso de outras pessoas. Uma vez que um líder dirige ou participa de atividades que envolvem pessoas em inúmeros ambientes organizacionais diferentes, este livro referir-se-á com freqüência a equipes, membros de equipe, pares e funcionários. Esses termos são usados intercambiavelmente neste livro, para se referir àquelas pessoas junto às quais você está exercendo liderança.

Embora quase sempre as pessoas pensem que os líderes são aqueles que estão no comando de uma organização, esta crença não é realista porque os líderes existem em todos os níveis desta.

Embora quase sempre as pessoas pensem que os líderes estão no comando de uma organização, essa crença não é realista, porque existem líderes em todos os níveis de uma organização. A maioria dos líderes no topo de qualquer organização chegou lá aprendendo e aperfeiçoando suas habilidades enquanto pertenciam a níveis mais baixos. Se você ocupa o cargo mais raso em um restaurante, por exemplo, pode ser um líder simplesmente ao praticar as habilidades exigidas de líderes, participar mais do processo de tomada de decisão da empresa e ao assumir a máxima responsabilidade que quiser. Como líder em organizações pouco hierarquizadas, como em pequenas empresas ou no setor de alta tecnologia, você pode trabalhar em equipes com outros

A Importância de um Líder

líderes e não líderes, e ver seu papel mudar à medida que as equipes se reagrupam de um projeto para outro.

Além de aplicar-se ao ambiente de trabalho, a liderança diária o ajuda a tornar-se mais bem-sucedido em casa e durante as atividades após o expediente. Você descobrirá que, à medida que praticar as habilidades de liderança, sua família ficará mais coesa, com menos conflitos entre pais e filhos, e entre irmãos. O conhecimento da liderança é extremamente útil em suas atividades de grupo, como grêmios acadêmicos, reuniões de vizinhança, equipes esportivas e clubes. Freqüentemente, nesses ambientes, várias pessoas podem sentir que têm as respostas certas para conseguir realizar o trabalho ou simplesmente querem ser líderes, tenham ou não habilidades para isso. Aplicando efetivamente os princípios da liderança nessas situações, você mesmo pode assumir o papel da liderança ou ajudar os outros a melhorarem sua capacidade de liderança.

Liderança *vs.* Administração

A maioria das pessoas usa os termos "líder" e "gerente" intercambiavelmente. Um exame mais detalhado, entretanto, mostra que um líder pode ou não se destacar na administração, e um gerente pode ou não ser um bom líder. Quais são as distinções entre os dois papéis?

Os *líderes* concentram-se em áreas como identificação de problemas, gerenciamento de mudanças nos ambientes interno e externo, estruturação da organização e motivação dos grupos para atingir seus objetivos. Sua missão é assegurar que a organização atinja objetivos específicos por meio de pessoas que são movidas e entusiasmadas por sua visão e direção. Os líderes e suas equipes de funcionários e colegas motivados implementam sua estratégia usando técnicas gerenciais específicas, como planejamento, organização, solução de problemas e comunicação. Os líderes sentem-se à vontade em desafiar os métodos tradicionais de dirigir uma organização, motivando seus funcionários e departamentos a continuar se movendo em apoio a objetivos organizacionais, e a lidarem com o ambiente de negócios em mudança. Os líderes devem fazer mais que identificar oportunidades, instituir uma visão e estabelecer objetivos amplos. Eles devem ter os meios para atingir seus objetivos; caso contrário sua organização estagnará. É aí que o componente gerencial da liderança é importante.

Os *gerentes* preocupam-se em ter o trabalho feito da maneira mais eficiente e efetiva. Eles sabem que há problemas, identificados por seu líder, e querem encontrar soluções, de modo que os projetos e as operações fiquem dentro do orçamento e da programação. Embora sejam preocupados com questões amplas de liderança identificadas anteriormente, os gerentes focam mais nos objetivos a curto prazo, do dia-a-dia e de semana-a-semana, para perseguir a visão do líder sem assumir muito risco. Uma listagem tradicional das funções gerais de um gerente inclui planejamento, organização, comunicação e monitoramento.

Um líder pode empregar bem muitas das habilidades gerenciais específicas antes mostradas e o gerente pode ser mais eficaz quando pensa como um líder. Há uma ampla área que se sobrepõe, onde um líder costuma desempenhar várias funções gerenciais e o gerente assume papéis de liderança. Portanto, é interessante imaginar o que o líder e o gerente podem realizar se eles se concentrarem nas habilidades específicas necessárias para executar seu trabalho melhor. Esse conjunto de habilidades ampliará suas qualificações, ajudando-os a se tornarem gerentes melhores, se eles já forem líderes, ou a serem líderes melhores, se forem gerentes. A melhor situação geral para uma organização, seja uma empresa, uma organização sem fins lucrativos ou uma unidade da família, é ter um número suficiente de pessoas que possa atuar tanto como fortes líderes quanto como fortes gerentes. Caso contrário, importantes necessidades organizacionais deixarão de ser preenchidas, como você lerá a respeito adiante, neste livro.

Organizações de todos os tipos precisam de mais pessoas em todos os níveis pensando como líderes, e não como gerentes.

Muitos gerentes não desejam se tornar líderes e estão mais interessados em simplesmente fazer bem o seu trabalho. Entretanto, ao começarem a pensar e agir como líderes, eles se tornarão automaticamente melhores gerentes. Com a imensa e complexa mudança que continuará a ocorrer neste século — como pressões competitivas domésticas e globais, a velocidade de inovações tecnológicas, a reestruturação e a constante incerteza econômica —, as formas tradicionais de gerenciar organizações não funcionarão bem ou nem mesmo funcionarão no futuro. Organizações de todos os tipos precisam de mais pessoas em todos os níveis pensando como líderes, e não como gerentes. Líderes com visão, persistência e habilidade serão as forças propulsoras básicas que permitirão que as organizações tenham êxito.

O objetivo deste livro é ajudá-lo a entender que, para ter sucesso em liderança, você deve aprender certas habilidades e aplicá-las a seus deveres específicos no trabalho, em casa e na comunidade. Se você se concentrar em realizar bem certas habilidades, será um líder melhor. Não é necessário dominar cada uma perfeitamente, e é razoável acreditar que você pode ter certa relutância ou dificuldade em aprimorar algumas dessas habilidades. No entanto, líderes bem-sucedidos estão cientes que, uma vez que devem atender a várias áreas em sua organização, é aconselhável ganhar certo conhecimento sobre essas áreas e aplicá-lo no trabalho. Você pode, dan-

A Importância de um Líder

do um passo por vez, dominar técnicas simples que o ajudarão a liderar os outros em todos os aspectos da vida.

Habilidades de Liderança

As habilidades de liderança são classificadas em três categorias: técnicas e analíticas; de relacionamento; e estratégicas. As habilidades técnicas e analíticas, discutidas nos Capítulos de 4 a 9, são as habilidades primárias pensadas tradicionalmente como a administração em geral, quais sejam: dominar habilidades específicas ao cargo, a solução de problemas e tomada de decisões, gerenciar prioridades, gerenciar um projeto, monitorar o progresso e promover treinamento e desenvolvimento.

As habilidades de relacionamento, discutidas nos Capítulos de 10 a 15, formam um nível intermediário de habilidades pessoais. Estas são comunicação, trabalho de equipe, motivação, diversidade, solução de conflitos e treinamento.

Finalmente, as habilidades estratégicas, observadas nos Capítulos de 16 a 18, constituem o nível superior de habilidades de liderança: o líder fornece o foco de longo prazo e a direção para a organização por meio de visão, estratégia e mudança.

Resumo, Questões e Exercício

Resumo

A liderança é um dos principais fatores de sucesso de uma empresa. A capacidade de liderança é um dos temas mais discutidos e desde sempre se busca um maior entendimento da compreensão, da postura, do conhecimento, da habilidade e da sabedoria que fazem de uma pessoa um modelo a ser seguido, alguém que influencia e direciona outras pessoas rumo a um objetivo.

Para um maior entendimento do escopo do papel do líder, faz-se necessária a distinção entre o papel do "líder" e do "gerente". Os líderes têm como missão assegurar que a organização atinja seus objetivos pelas pessoas que são movidas e entusiasmadas por sua visão e direção. Os gerentes focam mais nos objetivos a curto prazo, do dia-a-dia e de semana-a-semana para perseguir a visão do líder sem assumirem muito risco.

Uma indagação antiga é se a capacidade de liderança é algo nato ou é possível ser desenvolvida. Modernamente, a visão é de que é possível desenvolver as habilidades de liderança, o que se torna primordial é o desejo de se tornar um líder.

Um ponto central deste capítulo é a prática da liderança na vida diária, que tem como propósito o uso de princípios e conceitos simples para tratar todas as situações com foco na atitude certa e no compromisso para atingir os objetivos mediante o engajamento de outras pessoas.

Outra prerrogativa importante abordada é que existem líderes em todos os níveis de uma organização, ou seja, um profissional que não ocupa um cargo de liderança pode praticar as habilidades exigidas de líderes, participando mais do processo de tomada de decisão da empresa e assumindo a máxima responsabilidade que quiser.

As habilidades de liderança são classificadas em três categorias: relacionamento, técnicas e estratégicas.

Questões:

1. O que é liderança? Defina o seu papel profissional.
2. Qual o impacto da liderança dentro da organização?
3. O que significa praticar a liderança na vida diária?
4. Faça uma explanação sobre a proposição: "Existem líderes em todos os níveis de uma organização, não apenas em posições de comando".
5. Quais as distinções entre os papéis de líder e de gerente?
6. Habilidades de relacionamento, técnica e estratégica. Por que elas são essenciais para uma liderança eficaz?

Exercício:

Entreviste três líderes e faça um questionamento sobre como eles enxergam o papel da liderança e o impacto desta na vida das pessoas e da organização.

Capítulo 2

Seu Estilo de Liderança

Susan é um tipo de gerente durona, vamos-fazer-isto-agora. Joe delega mais e prefere que sua equipe crie soluções, coordene junto com ele e depois implemente as decisões. Quem é o melhor líder?

Um ponto importante neste capítulo é que os líderes efetivos podem ser verdadeiros com sua própria natureza e não precisam assumir personagens radicalmente diferentes quando estão em uma posição de liderança. Os modos e a personalidade de uma pessoa não costumam ter de mudar quando esta assume um papel de liderança. Isto não significa que grandes líderes não alterem sua presença e estilo como líderes, principalmente quando são necessárias mudanças. Estas ocorrem basicamente depois de um auto-estudo, sessões de avaliação com superiores ou funcionários, ou experiência no trabalho. Portanto, desenvolva seu próprio estilo de liderança com base em seu conjunto de crenças e traços de personalidade, bem como no que você aprender ao estudar sobre liderança.

Teorias da Liderança

Existem inúmeras teorias, modelos e estudos sobre liderança que você poderá examinar se quiser. Embora tenham sido desenvolvidos basicamente no século XX por

Líderes eficazes podem ser verdadeiros à sua própria natureza e não precisam assumir personagens radicalmente diferentes quando estão em posição de liderança.

acadêmicos, as idéias sobre liderança existem pelo menos desde 100 d.C. Graças a esses grandes homens e mulheres, os curiosos têm sido capazes de analisar os líderes com base na personalidade, situações, na interação com os outros, na psicologia, política, humanismo e percepção, para nomear alguns fatores. Além das teorias, há inúmeras pesquisas de liderança, testes e indicadores de aptidão que estão disponíveis para determinar o estilo e os interesses de um líder.

O que você pode fazer quando enfrenta essa complexidade de informações sobre liderança? A maioria dos líderes não estuda as várias teorias sobre o assunto em detalhes. Um conhecimento mais geral ajuda, entretanto, a saber quais são as questões mais relevantes, de modo que você possa aplicá-las à sua situação específica. Essas questões serão explicadas neste capítulo. Então você poderá escolher estudar mais detalhadamente as áreas pelas quais tem mais interesse.

Orientações de Liderança

Para ajudá-lo na preparação de seu papel de liderança, você examinará rapidamente cinco orientações de liderança neste capítulo. Uma vez que todo líder tem um estilo distinto, composto de combinações dessas orientações, é impossível prever com

Como acontece com a maioria dos líderes, você tenderá a usar estilos diferentes quando encarar situações diferentes.

exatidão seu estilo sem uma análise completa. Como acontece com a maioria dos líderes, você tenderá a usar estilos diferentes quando encarar situações diferentes. Cada orientação apresenta dois extremos entre as quais os líderes precisam determinar o equilíbrio certo para si mesmos, com base em sua personalidade e em desafios

específicos de liderança. Por exemplo, há líderes efetivos que se orientam muito tanto para relacionamento quanto para tarefas; outros se orientam fortemente para relacionamentos e pouco para tarefas. Ao entender essas cinco orientações para liderança, você será mais capaz de entender a compreender dentro da qual a maioria dos líderes atua.

- Democracia ou autocracia.
- Participação ou direção.
- Relacionamento ou tarefa.
- Consideração ou iniciação.
- Ação ou inação.

Orientação para Democracia ou Autocracia

Estas duas orientações são a primeira classificação porque abrangem atributos das outras quatro orientações. Faz sentido que os líderes tendam a se inclinar naturalmente para uma ou outra porque os seguidores tenderão a uma das duas. Eles farão o que lhes é pedido, exigindo assim do líder democrático uma supervisão no sentido de ensinar e facilitar, ou farão o que estão predispostos a fazer, o que exige um autocrata mais coercitivo e punitivo.

Não há prova conclusiva quanto ao tipo de orientação mais efetivo para se obter resultados financeiros. Um pode ser mais efetivo em determinadas organizações ou situações que o outro. O estilo de liderança de uma pessoa, no entanto, afeta a satisfação do funcionário no emprego, embora os efeitos variem entre os funcionários. Em uma organização, um grau mais alto de satisfação encorajará a lealdade, o trabalho em equipe e o compartilhamento dos objetivos do líder; cada um desses aspectos pode levar a níveis mais altos de produtividade pessoal e organizacional.

Os líderes democráticos concentram-se nos seus seguidores porque sentem que o bem-estar de sua equipe é de grande importância. Eles tendem a ser facilmente acessíveis, orientados para relacionamentos e respeitam os sentimentos dos outros. Preferem liderar seus colegas de equipe pela colaboração e transferência de poder. Estão convencidos de que a execução das tarefas será melhor se considerarem as necessidades de seus funcionários. Esses colegas de equipe tendem a ter uma satisfação mais alta no trabalho.

> *O estilo de liderança de uma pessoa, no entanto, afeta a satisfação do funcionário no emprego, embora os efeitos variem entre os funcionários.*

Os autocratas estão preocupados basicamente com as tarefas pelas quais são responsáveis. Eles acreditam que a chave é se concentrar menos nos funcionários e em suas necessidades, e mais nas questões relacionadas ao trabalho. Ao fazer isso, eles usam sua posição para prescrever soluções e fazer os outros as seguirem. Esse tipo de líder geralmente tem mais funcionários com baixos níveis de satisfação no emprego que o líder democrático.

Orientação para Participação ou Direção

A liderança também pode ser analisada em termos do grau de contribuição que o líder obtém de funcionários antes de resolver um problema ou tomar uma decisão. Como discutido anteriormente, a maioria dos líderes atua de acordo com a situação e usa ambos os estilos em diferentes ocasiões.

Uma tendência de orientação popular desde a década de 1980 tem sido encorajar a participação do funcionário na solução de problemas e na tomada de decisões. Ao obter e considerar as sugestões de funcionários, um líder tem acesso a mais dados, experiência e opiniões.

A participação pode ocorrer quando o líder delega total responsabilidade pelas tarefas ou permite aos funcionários participarem de processos de solução de problemas e na tomada de decisões. Uma forma mais restritiva de participação é usada quando um líder discute a tarefa com os funcionários, mas toma sozinho a decisão final quanto ao que será feito. Usando um estilo participativo de liderança, um líder não abre mão da responsabilidade pela execução do trabalho, mas dá aos funcionários autoridade para ajudarem a chegar à decisão certa para que o trabalho seja realizado corretamente. A participação é particularmente efetiva em ambientes menos estruturados ou em rápida mudança.

Os líderes que têm uma orientação para direção decidem o que é preciso ser feito e comunicam isso aos funcionários. Eles podem ou não explicar por que escolhem um curso de ação e podem usar técnicas de persuasão para estimular suas diretivas. Esses líderes assumem autocraticamente que, visto que eles sabem a resposta certa, é desnecessário buscar contribuições de seus funcionários. Eles podem racionalizar o uso de um estilo diretivo ao citar problemas organizacionais, como baixos níveis de instrução e de competência do funcionário, embora isto possa não ser aplicável. O grau pelo qual um líder pode ser diretivo depende de inúmeros fatores.

Por exemplo, os líderes tendem a ser mais diretivos quando a situação apresenta alto grau de incerteza, há pouco tempo disponível e é necessário um aumento da produtividade no curto prazo, ou quando eles exercem um alto grau de poder posicional ou organizacional. A liderança diretiva tende a ser mais usada que a liderança participativa em situações que mudam lentamente ou onde é necessário menor contribuição do funcionário.

Orientação para Relacionamentos ou Tarefas

Os melhores líderes preocupam-se tanto com o relacionamento com as pessoas e quanto com as tarefas pelas quais são responsáveis.

Os melhores líderes preocupam-se tanto com o relacionamento com pessoas quanto com as tarefas pelas quais são responsáveis, porque, em geral, as tarefas são executadas mais efetivamente quando os fatores humanos são considerados. O grau de integração das tarefas e relacionamentos varia consideravelmente com cada líder; o mix exato depende parcialmente da urgência da tarefa, do desempenho no trabalho e da capacidade dos funcionários, do clima organizacional e da inclinação natural do líder para uma orientação ou para outra.

Os líderes que dão prioridade aos relacionamentos reconhecem os efeitos de sinergia ao atender o lado humano do trabalho. Isso não significa que eles estejam menos preocupados em executar tarefas, mas que sabem que a melhor forma de atingir um grande sucesso é assegurar que estejam sendo consideradas as necessidades dos funcionários e dos membros da equipe. Eles fazem isso mantendo relações calorosas, próximas e amigáveis com seus seguidores e colegas, demonstrando abertamente que confiam neles e os apóiam.

Uma orientação total para tarefas significa que um líder tem em mente, acima de tudo, o trabalho que deve ser realizado. Sem buscar a contribuição dos funcionários, os líderes estruturam o trabalho, definem os objetivos, alocam recursos e se concentram para atingir quotas de produção ou entrega de serviços. As pessoas interessam, mas somente por serem necessárias para se ter o trabalho realizado. Esse líder usa uma abordagem inflexível, resoluta, com os funcionários.

Orientação para Consideração ou Iniciação

Líderes respeitosos fazem o que qualquer pessoa respeitosa faria, mas no contexto da liderança. Uma vez que eles se preocupam com o contexto e o bem-estar dos funcionários, são sensíveis para com seus sentimentos, necessidades e objetivos. Antes de tomarem decisões, buscam sugestões de funcionários e consideram os efeitos que essas decisões terão na equipe. Ao elogiarem abertamente e corrigirem os funcionários em particular, eles estabelecem um ambiente de trabalho em que as pessoas confiam, respeitam e os seguem.

A iniciação refere-se à capacidade que um líder tem de começar atividades e organizar o trabalho. Fortes iniciadores preferem não deixar o grupo estruturar completamente seu trabalho ou tomar todas as decisões nele. Eles preferem não só determinar o que deve ser feito, mas também quem o faz e como ele deve ser feito. Em conseqüência, eles focam nas tarefas: a maior parte de suas iniciativas diárias ocorre simplesmente para facilitar a realização de objetivos relacionados ao trabalho. Uma vez que pode haver sobreposição nessas duas orientações, um líder poderia ser tanto altamente respeitoso quanto iniciador, e ainda ser efetivo.

Veja um bom exemplo: Susan, que foi mencionada no início deste capítulo, é uma líder que tem uma forma bastante particular de estruturar o trabalho, mas começa a considerar qual efeito a estrutura terá nos funcionários. As pessoas apreciam um chefe consciencioso, mas também ficam gratas se ele for organizado, estruturado e orientado para a missão. Sua reação positiva a um líder iniciador, como Susan, poderia levar à maior consideração pelo líder — uma situação em que todos ganham.

Orientação para Ação ou Inação

Líderes orientados para ação assumem responsabilidades de trabalho. Eles se encarregam dessas responsabilidades utilizando os princípios de liderança e gerenciamento discutidos neste livro, e percebendo que os funcionários têm um desempenho melhor quando seus líderes têm ciência de questões relacionadas ao trabalho, estão interessados em atingir os objetivos e monitoram ativamente o desempenho. Os líderes ativos estabelecem e comunicam aos seus funcionários a autoridade, as responsabilidades e os parâmetros de trabalho destes. Tendo o conhecimento do que se espera deles e o estímulo para desempenharem bem suas funções, os funcionários ganharão a autonomia que a maioria deles tanto deseja. Há distinções entre a ação e a inação. Ao pedir a um funcionário que ele complete uma tarefa, por exemplo, o líder está delegando ativamente uma atribuição, e não evitando tomar uma ação.

Os líderes que são inativos são muito menos engajados em seu trabalho que os líderes ativos. Em um espectro de razões para tal inatividade, você encontrará líderes que se esquivam conscientemente de suas responsabilidades, além daqueles que não percebem que são menos ativos do que precisariam ser. Os líderes inativos tendem a reagir a um desafio de trabalho diário depois que alguém lhes diz isso, enquanto o líder ativo toma a iniciativa de eliminar os obstáculos iminentes. Além do risco que os líderes inativos impõem à capacidade de sua organização de atingir objetivos, os próprios líderes arriscam ser percebidos como irrelevantes ou ineficazes pelos seus funcionários.

Personalidade, Psicologia e Liderança

Há muito espaço para líderes que têm várias combinações de estilos de liderança.

A discussão anterior sobre orientações de liderança mostra que há muito espaço para líderes com várias combinações de estilos de liderança. A maioria dos líderes adota uma abordagem situacional e usa diferentes estilos em diferentes condições, dependendo da urgência e da natureza da tarefa, da experiência e das expectativas dos funcionários, e do grau de confiança e entrosamento no relacionamento dentro do trabalho. Um conceito central no estudo da liderança é que, para melhor entender o comportamento de líderes e funcionários, é útil compreender a natureza psicológica das pessoas envolvidas. Um recurso popular e usado extensivamente é o Myers-Briggs Type Indicator[1]. Depois de os indivíduos responderem a perguntas baseadas em como sentiriam ou agiriam em diferentes situações, essa pesquisa classifica-as em um dentre 16 tipos, com base em quatro contínuos: extroversão-introversão, percepção-intuição, pensamento-sentimento e julgamento-percepção. Esses tipos fornecerão esclarecimentos de suas preferências de trabalho e padrões de tomada de decisão. Um líder pode usar isto como ferramenta para conhecer melhor os seus funcionários ou membros de equipe; pode ser uma forma útil de aumentar o entendimento entre as partes.

Uso de Recursos de Perfil

Inúmeros questionários, testes, estudos e outros recursos estão disponíveis para ajudá-lo a avaliar sua personalidade de liderança. Desenvolvidas basicamente por psicólogos e consultores gerenciais, essas ferramentas lhe permitem rapidamente colocar-se em várias categorias, prever como você prefere reagir a diferentes cenários de liderança e determinar áreas em que você pode se aprimorar. A maioria deles se parece, no sentido de que classifica líderes em categorias semelhantes, que têm descrições fáceis de lembrar. Embora haja muitas pesquisas disponíveis nesta área, não é necessário você se envolver demais com todo este recurso material. É útil, no entanto, examinar os produtos comerciais disponíveis e integrar um ou mais em seus deveres de liderança.

Embora esses recursos lhe dêem um perfil rápido de si mesmo ou de seus funcionários, é importante ser cuidadoso ao usá-los e nunca contar completamente com eles. Eles devem ser usados somente em conjunto com ferramentas de desenvolvimento de habilidades e outros recursos. Há várias razões para isso: primeiro, embora muitas empresas usem os testes, os especialistas discordam consideravelmente quanto à sua confiabilidade. Infelizmente, não há uma fórmula mágica para identificar qual seria o melhor teste. Cabe a você examinar aqueles que estão disponíveis e fazer a melhor escolha para você e sua organização. Segundo, esses recursos às vezes são mal entendidos. As pessoas freqüentemente fazem importantes mudanças de estilo com base nos resultados de uma pesquisa, sem perceber o quanto esses resultados se deviam às más condições de aplicação do teste ou ao humor da pessoa no momento da pesquisa. Terceiro, algumas pessoas não acreditam em testes ou se ressentem ao serem taxadas arbitrariamente. Você pode evitar essa reação se dedicar algum tempo para explicar o processo e os resultados a elas.

---

[1] Indicador inspirado nas teorias de Carl Jung sobre os tipos psicológicos. É usado nas áreas de recursos humanos, pedagogia, treino de liderança, entre outras. (N. do T.)

Qualidades de um Líder

Ao estudar os líderes ao longo dos anos, os acadêmicos foram tentados inúmeras vezes a identificar as qualidades de liderança. Há certas qualidades recorrentes que parecem vir à tona nos melhores líderes. Para lhe dar uma idéia do que faz um grande líder, aqui estão algumas das melhores qualidades:

- adaptável
- ambicioso
- atencioso
- confiante
- convincente
- criativo
- curioso
- corajoso
- criterioso

- decidido
- solidário
- ético
- justo
- honesto
- inovador
- persistente
- responsável
- independente

No entanto, estas qualidades ilustrativas fornecem grande esclarecimento ao comportamento da liderança e ajudam a entender por que alguns líderes são mais eficazes que outros. Ao ler este livro, você verá como integrar estas qualidades aos seus desafios diários de liderança. Você alcançará seu potencial de liderança ao usar estas e outras qualidades ao pensar e agir diariamente como líder no trabalho, em casa e na comunidade.

Liderança e Qualidades de Liderança

É difícil concluir o grau em que estas 18 qualidades ajudam as pessoas a se tornarem grandes líderes; portanto, é importante entender três pontos sobre qualidades de liderança. Primeiro, não existe uma lista completa de qualidades de liderança. Se você tentasse fazer uma lista de todas as qualidades possíveis de um líder usando estudos publicados desde o início dos anos 1900, teria centenas de qualidades. Segundo, muito poucos líderes, se não nenhum, têm todas as qualidades de qualquer lista dada. Não é necessário nem é possível para um líder de sucesso se encaixar completamente em um molde de liderança que alguém sugere ser melhor para ele ou para ela, ou para sua organização. Os líderes, como seus funcionários e membros de equipe, são indivíduos parecidos e diferentes em muitos aspectos, e podem ter sucesso sem alterar radicalmente suas qualidades inerentes. Terceiro, uma pessoa pode possuir muitas qualidades de liderança e ainda assim não ser líder.

Resumo, Questões e Exercício

Resumo

Desde pelo menos 100 d.C. existem idéias sobre liderança, porém no século XX foram desenvolvidos inúmeras teorias, modelos e estudos sobre o assunto. Ao estudar a liderança ao longo dos anos, os estudiosos identificaram algumas qualidades recorrentes que parecem estar presentes nos melhores líderes, tais como:

- adaptável
- ambicioso
- atencioso
- confiante
- convincente
- criativo
- curioso
- corajoso
- criterioso

- decidido
- solidário
- ético
- justo
- honesto
- inovador
- persistente
- responsável
- independente

Este capítulo apresenta cinco orientações de liderança. São elas:

- democracia ou autocracia;
- participação ou direção;
- relacionamento ou tarefa;
- consideração ou iniciação;
- ação ou inação.

A maioria dos líderes adota uma abordagem situacional e usa diferentes estilos em diferentes condições, dependendo da urgência e da natureza da tarefa, da experiência e das expectativas dos funcionários, e do grau de confiança e entrosamento no relacionamento do trabalho.

Um conceito central no estudo da liderança é que, para entender o comportamento de líderes e funcionários, é importante entender o perfil psicológico das pessoas envolvidas, pois isso possibilitará maiores recursos e melhores estratégias para a gestão das pessoas.

Questões:

1. Explique as cinco orientações de liderança apresentadas neste capítulo.
2. O que diferencia os líderes democráticos dos autocráticos?
3. Comente a seguinte afirmação: "O líder tenderá a usar estilos diferentes ao enfrentar situações diferentes".
4. Explane sobre a diferença entre orientação para consideração e orientação para iniciação.
5. Qual a correlação entre autonomia dos funcionários com a orientação para ação da liderança?
6. Por que compreender a natureza psicológica do ser humano contribui para a atuação da liderança?

Exercício:

1. Pense em um líder que marcou a sua vida profissional e relacione quais as qualidades que o tornaram um grande líder.
2. Descreva as diferenças pessoais da sua equipe de trabalho e delineie assim a dinâmica comportamental de cada participante da equipe.

Capítulo 3

A Atitude de um Líder

Elisabeth tem grande consideração por sua organização e pelos membros da equipe, e é tão entusiasmada e orientada para soluções que todos gostam de trabalhar com ela. Chris também apóia fortemente a equipe dele, no entanto, esquece-se de reconhecer o bom desempenho e reage imediatamente a novas solicitações de projeto com dúvidas e preocupação. Como Chris pode ajustar sua atitude?

A atitude geralmente se refere a um sentimento ou estado mental para com alguma coisa. Provavelmente você concorda que tem sentimentos e emoções diferentes ao enfrentar diversas circunstâncias e eventos. Enquanto se pode garantir que você reagirá de alguma forma a seus desafios de liderança, uma das decisões que você controla é escolher como reagir. Felizmente, a atitude pode ser ajustada da maneira como você quiser, tornando-se positiva ou negativa, ou ainda mais positiva ou mais negativa.

Ao focar habitualmente nos aspectos positivos de qualquer situação e desenfatizar ou ignorar os negativos, você colherá várias recompensas importantes. Primeiro você começará a perceber os desafios diários como oportunidades que você espera aproveitar, e não como perturbações que o desviam de seu trabalho. Essa atitude positiva lhe dará uma sensação de calma, firmeza e coragem que lhe servirá de vantagem para realizar as coisas. Em segundo lugar, quando inevitavelmente algo não acontece da forma pretendida, sua estrutura mental positiva lhe permitirá acei-

Ao focar habitualmente nos aspectos positivos de qualquer situação e desenfatizar ou ignorar os negativos, você colherá várias recompensas importantes.

tar isso rapidamente e passar para seu próximo desafio. Terceiro, com uma atitude positiva, você ficará gradualmente menos dependente de fontes externas de satisfação como riqueza ou *status* social, e mais interessado em desenvolver relações sólidas com os outros. Amigos e colegas de trabalho logo o acharão divertido e interessante.

Finalmente, os preponderantes efeitos positivos de sua atitude neutralizarão qualquer barreira auto-imposta ao sucesso, como o descontentamento com a aparência física ou a falta de autoconfiança.

Importância da Atitude de um Líder

Como líder de funcionários ou colegas, é essencial que você esteja ciente de sua atitude e trabalhe para aprimorá-la porque ela tem um enorme efeito sobre o desempenho e a atitude de trabalho dos membros de equipe e funcionários. Uma vez que você é responsável por estabelecer o tom do relacionamento de trabalho com seus funcionários e colegas de trabalho, imagine o impacto positivo que você pode ter ao ser conhecido como um líder com atitude excelente.

Sua atitude tem um enorme efeito sobre o desempenho e as atitudes de trabalho dos membros de equipe e funcionários.

Características da Atitude dos Líderes

Dez exemplos de características de atitude que um líder verdadeiramente excelente exibirá são: 1) lealdade à organização; 2) reconhecimento dos funcionários; 3) foco nas soluções; 4) abordagem nós-podemos-fazer-isso; 5) autoridade com responsabilidade e confiabilidade; 6) entusiasmo; 7) curiosidade; 8) imagem da liderança; 9) equilíbrio entre vida profissional e pessoal e 10) integridade.

Lealdade à Organização

Uma razão principal para você estar em uma posição de liderança é que os líderes de sua organização dependem de você e de seus critérios para ajudá-los a atingirem os objetivos deles. Ao dar abertamente seu apoio à organização, você fará parte da solução, e não do problema. Líderes leais, independentemente de seu nível hierárquico, não são complacentes quando vêem ameaças à sua organização, formas melhores de fazer as coisas, ou oportunidades de questionar decisões, políticas e procedimentos. Em razão da lealdade organizacional e do compromisso, eles levantarão questões e procurarão respostas às questões que os intrigam ou que os inspiram. Eles reagem com determinação à sua vocação de liderança.

Reconhecimento dos Funcionários

Grandes líderes reconhecem que precisam dos melhores esforços de seus funcionários a fim de alcançar sucesso no trabalho. Alguns líderes chegam a dizer que os funcionários são o ativo mais importante, uma declaração que é verdadeira na maioria das organizações, mas não em todas. Como líder, você terá inúmeras oportunidades de mostrar a seus funcionários quanto você os valoriza e o quanto quer agir tendo em vista o melhor interesse deles. Você pode fazer isso sendo acessível, recompensando-os e sendo justo. Você também pode demonstrar o quanto os valoriza treinando-os, ouvindo-os, dando-lhes assessoria e criando um excelente ambiente de trabalho para eles. Os capítulos subseqüentes deste livro lhe mostrarão como você pode guiar sua organização para ter mais sucesso e obter o compromisso de seu pessoal. Ninguém supõe que você possa fazer isso sozinho. Você precisa de seus funcionários e membros de equipe tanto quanto eles precisam de você.

Foco nas Soluções

Ao focar na solução de um desafio ou em fazer algo funcionar melhor, você colherá mais sucesso, e mais rapidamente, do que se você se concentrar no porquê do problema. Isso não quer dizer que você deva ignorar as causas, mas, em vez disso, que você não deve usar as causas como razão para culpar, evitar tomar iniciativas ou ficar paralisado de medo. Você e sua equipe terão idéias mais criativas e um trabalho mais pró-ativo se estiverem voltados corajosamente para o futuro, em vez de lamentarem o passado.

Ao focar na solução de um desafio ou em fazer algo funcionar melhor, você colherá mais sucesso, e mais rapidamente, do que se você se concentrar no porquê do problema.

Abordagem Nós-Podemos-Fazer-Isso

Sua atitude positiva de que vencerá a competição ajudará em muito a motivar seus funcionários a atingirem os objetivos. É importante perceber que, uma vez que sua equipe ou funcionários dependem freqüentemente de você para lhes dar esperança, direção, persistência e recursos para realizarem o trabalho deles, você pode aumentar a probabilidade de sucesso simplesmente demonstrando a eles que sabe o que pode ser feito e que está determinado a fazer isso da melhor forma possível.

Deixe claro, entretanto, que a equipe precisa disso para trabalhar de maneira firme e inteligente, de modo a obter êxito. Mostre o caminho estabelecendo e exigindo altos padrões de desempenho. Imagine as possibilidades e procure evitar pensar em limitações ou possibilidades de fracasso.

Autoridade com Responsabilidade e Confiabilidade

Autoridade é o direito que seus superiores lhe dão para liderar sua organização e cumprir com certas responsabilidades ou expectativas de desempenho. O diretor executivo de uma empresa tem a autoridade máxima para cumprir com todas as responsabilidades possíveis, mas em razão de inúmeras restrições, ele atribui a você e a outros líderes muitas dessas responsabilidades e, espera-se, a autoridade que as acompanha. Entretanto, o diretor não pode delegar responsabilidade porque ele responde perante a organização e seus acionistas. Esse conceito aplica-se aos líderes em qualquer nível organizacional e, portanto, você como líder de equipe ou membro de equipe não pode evadir-se de responder por seus atos, culpando os outros ou usando desculpas. Aceite o crédito por suas realizações, sejam muitas ou bem poucas, e então, se necessário, faça um trabalho melhor da próxima vez.

Entusiasmo

A maioria das pessoas naturalmente admira e respeita seus líderes. Por que não tirar vantagem disso e recompensar seus funcionários e membros de equipe sendo um líder que é uma companhia agradável, que gosta de liderar e que tem muita energia? Essa atitude não só é excelente para o seu bem-estar e sucesso como líder, ela ainda atrairá seus funcionários, que começarão a imitar suas ações. Uma parte importante do entusiasmo de um líder é a capacidade de colocar uma excelente idéia em prática. Essa capacidade de assumir riscos não significa displicência; ela é calculada e bem conceitualizada.

Curiosidade

Líderes antevêem possibilidades e evitam a complacência do *status quo*. Um componente central dessa atitude é uma curiosidade natural do ambiente de trabalho, inclusive pessoas, processos industriais, produtos e clientes. Os líderes questionam funcionários sobre seus empregos, sugestões e desafios diários. Quando ocorrem dificuldades, os líderes tentam identificar as causas e resolvê-las com uma abordagem aberta. Sua curiosidade intelectual é ainda mais evidenciada pela leitura de livros, pela participação em seminários de desenvolvimento pessoal e aulas em cursos universitários.

Imagem da Liderança

A imagem que você apresenta aos funcionários, superiores e pares é vital para o seu sucesso como líder. A imagem é afetada por vários fatores, que incluem sua capacidade de entender e cumprir com requisitos do emprego, resolver problemas, conviver bem com os outros, reagir a situações estressantes e se comunicar. Além de aumentar sua capacidade para liderar, a imagem certa fará maravilhas para o progresso de sua carreira, dentro ou fora de sua empresa. As habilidades que você aprenderá neste livro, portanto, o ajudarão muito a melhorar sua imagem.

Equilíbrio entre Vida Profissional e Pessoal

Você reconhece pessoas que ficam completamente absorvidas em seu trabalho e negligenciam suas famílias ou vidas pessoais? Elas tendem a associar felicidade ou satisfação com realizações no trabalho, mas podem acabar so-

A imagem que você apresenta aos funcionários, superiores e pares é vital para o seu sucesso como líder.

frendo com essas escolhas. Em vez de se sentirem felizes e realizadas, freqüentemente se tornam infelizes por causa de crescentes problemas de saúde ou familiares.

Para combater essa tendência, é útil ter uma idéia do que você mais valoriza na vida. Os pesquisadores mostraram que, ao longo dos anos, as pessoas não encontram a verdadeira felicidade no local de trabalho; ela está em outra parte, como na família, na religião ou na comunidade. Ao decidir o que é realmente importante para você, fará escolhas melhores entre trabalho e casa, e seu contentamento e atitude geral em ambos os lugares melhorará.

Integridade

Uma forte noção de integridade pessoal é um dos atributos mais regularmente citados de líderes destacados. Sua organização e seus funcionários dependem dos bons resultados que você obtém, enquanto os detalhes de como você os atinge freqüentemente são deixados para você. Embora você possa atingir um ganho a curto prazo fazendo um trabalho medíocre, roubando, deixando de manter sua palavra ou mentindo, você certamente sofrerá algumas conseqüências negativas a longo prazo. Outros exemplos de possíveis violações de integridade incluem aceitar ou dar propinas, ignorar uma política de conflito de interesses e evitar problemas organizacionais potencialmente prejudiciais. Uma vez que um dos componentes mais importantes de sua integridade é a honestidade, sua capacidade de liderar efetivamente sofrerá se você for considerado desonesto. Um ato de desonestidade ou um padrão de tal comportamento irá sugerir aos outros que você não é digno de confiança.

Isso significa que os líderes bem-sucedidos nunca pisam na bola nem cometem erros? Não, eles lidam com essas decisões e tentações todos os dias. Os mais bem-sucedidos, no entanto, aderem e desenvolvem continuamente um conjunto de valores que advêm do que acreditam estar certo ou errado. Declarações consistentes sobre a verdade, interpretação objetiva e parcial de fatos, e honestidade com os outros e consigo mesmo ajudarão muito a ancorar seu sistema de crenças. Daí por diante, se você agir com uma integridade inabalável, isso demonstrará a todos que você é sério quanto às questões de integridade e que você espera que eles sejam igualmente sérios. No longo prazo, sua honestidade torna-se uma bússola que o ajudará a tomar consistentemente as decisões certas ao lidar com sua equipe ou organização.

Importância de Manter sua Atitude de Líder

Agora você sabe como um líder deve pensar e agir. Acreditando realmente nesses conceitos poderosos e aplicando-os à sua vida diária, você estará seguindo o caminho do sucesso. A experiência lhe diz que a sua atitude de líder será questionada várias vezes por dia, por pessoas, eventos e por você mesmo. Sua reação a desafios inevitáveis determina como você se recuperará rapidamente e continuará com suas responsabilidades de liderança. As habilidades que você aprende neste livro o ajudarão imensamente a manter sua atitude, tornando-o mais confiante em sua capacidade de lidar com desafios de liderança. Além disso, aqueles desafios diários de atitude lhe dão a oportunidade de usar uma série de medidas para ajustar periodicamente e manter a sua atitude de líder.

Três medidas simples para ajudá-lo a manter a atitude de líder a cada dia são:

- eliminar o desafio à sua atitude;
- ajustar sua atitude;
- recuperar sua atitude.

Eliminar o Desafio à sua Atitude

Identifique que conflito o está fazendo perder a positividade, como o desempenho de um funcionário ou uma reunião que não foi concluída a seu favor. Reconheça que você deve primeiro lidar com essa situação decidindo qual será sua reação, então reaja rapidamente. Depois de eliminar o desafio, sua atitude se recobrará e você colherá dois benefícios. Primeiro, você será capaz de passar para sua próxima tarefa sem ficar sobrecarregado pelo que acabou de acontecer. Em segundo lugar, você não se envolverá no planejamento de estratégias inúteis para empatar ou ganhar a próxima rodada de conflitos.

Quais são algumas medidas simbólicas que você pode usar? Às vezes é o seu comportamento que está em questão. Se você for responsável ou estiver envolvido na causa do conflito, convém levantar o problema com a pessoa envolvida e examinar por que a situação se agravou. Ao simplesmente conversar sobre o que aconteceu ou explicar por que você tomou certa decisão, você conseguirá eliminar grande parte do conflito. Se for adequado à situação, peça desculpas sinceramente.

Se o comportamento de alguém perturba sua atitude positiva, considere se esse comportamento é uma ocorrência única ou se faz parte de um padrão.

É melhor esquecer ações isoladas, como o primeiro atraso de um funcionário em dois anos, ou a decisão de seu supervisor, que normalmente o apóia, contrária à sua proposta. Se os seus pensamentos ficarem presos a esses eventos, sua atitude sofrerá e seu funcionário e supervisor notarão a negatividade — quer você acredite que eles notem ou não. Uma vez que você não é capaz de mudar o atraso de seu funcionário ou a decisão do supervisor, por que não aceitar de bom grado o comportamento deles e se concentrar em coisas que você pode influenciar? Você se sentirá melhor e as pessoas que trabalham com você o perceberão positivamente.

E se o comportamento ocorrer freqüentemente? Muitas vezes, você enfrentará desafios à sua atitude que se repetem; às vezes eles estão relacionados às suas responsabilidades diárias de liderança. Por exemplo, se um funcionário tem um desempenho consistentemente abaixo do esperado para seu cargo, é essencial que você, como líder, aprimore o desempenho do funcionário. Ao determinar como resolver melhor a situação e então implementar sua decisão, você aprimorará a produtividade de sua organização e o desempenho do funcionário, bem como manterá uma atitude positiva.

Você aprenderá técnicas específicas mais adiante, neste livro, para resolver tais situações. O importante agora é que, ao resolver uma situação, você protegerá sua atitude positiva.

Em outro exemplo, você pode encontrar pessoas consistentemente negativas ou hostis no local de trabalho. Determine se o seu envolvimento com essas pessoas negativas é necessário. Em caso afirmativo, seja o mais positivo que puder quando lidar com elas, mas minimize o contato entre vocês. Com o tempo, sua atitude consistentemente positiva poderá mudar o comportamento delas. Entretanto, se as pessoas negativas não tiverem relação com as suas atividades, evite-as o máximo possível. Você descobrirá que ao evitar relações negativas pessoais ou relacionadas ao trabalho, você conservará melhor sua atitude positiva.

Ajuste sua Atitude

Você pode usar técnicas específicas para ajudar a manter sua atitude positiva. Algumas podem ser mais efetivas para você que outras, por isso escolha as que funcionarem melhor.

Você pode usar técnicas específicas para ajudar a manter uma atitude positiva. Algumas podem ser mais efetivas para você que outras, por isso escolha as que funcionarem melhor.

Uma técnica é focar nos seus sucessos. Você tem inúmeras razões para ser feliz e grato. Por que não pensar nelas quando você precisa de um apoio emocional? Se um membro da equipe está tendo problemas, agradeça aos outros que estão fazendo um excelente trabalho. Se o seu vôo está atrasado, agradeça por ter mais um tempo para ler e pensar. Ao se concentrar nos sucessos, você afastará os pensamentos negativos, o medo do fracasso e outras dúvidas.

Outra técnica é melhorar sua auto-imagem. As pessoas notam menos as características físicas dos outros do que é amplamente sugerido pela propaganda. Quando você projeta confiança positiva aos outros, eles notam essa atitude mais do que quaisquer falhas físicas que você possa ter. Você pode desenvolver uma excelente auto-imagem ao demonstrar orgulho próprio e dar importância para como você se sente, em vez de olhar tanto para os outros. Então você descobrirá que os outros o cumprimentarão mais freqüentemente, fazendo-o, assim, sentir-se mais confiante.

Manter uma perspectiva bem-humorada é sempre uma boa técnica. O ditado "rir é o melhor remédio" é um excelente princípio a ser usado. Quando você olha para o lado engraçado de eventos desagradáveis ou inesperados, desarma o potencial negativo que eles têm. Ao melhorar seu humor, você estará em melhor estado mental para resolver o desafio ou para passar para outras coisas.

É importante lembrar-se de seu propósito. Saber por que você escolheu fazer o que faz lhe dará a energia e o foco para manter uma atitude excelente todos os dias. Seu objetivo pode ser ascender profissionalmente, aposentar-se mais cedo ou sustentar sua família. Independentemente de suas razões, você descobrirá que é mais fácil lidar com os desafios de liderança ao perceber que superar esses obstáculos à atitude é apenas um passo no caminho para atingir objetivos pessoais e profissionais.

Recupere sua Atitude

Você se depara diariamente com ameaças à sua atitude. Mesmo com as técnicas descritas anteriormente, às vezes ajuda parar e tomar um tempo para se recuperar de desafios profissionais, familiares ou pessoais. Como líder, isso

A chave para repor sua atitude é perceber que você deve praticar regularmente as técnicas para recuperá-la.

é fundamental porque você está tomando decisões importantes constantemente, supervisionando pessoas, sendo um membro útil da equipe e lidando com situações que ocorrem rapidamente. Às vezes parece que você não tem tempo para si mesmo porque muitas pessoas solicitam sua ajuda para suprir as necessidades delas. Embora você vá explorar o gerenciamento do estresse mais detalhadamente no Capítulo 6, a chave para repor sua atitude é perceber que você deve praticar regularmente as técnicas para recuperá-la.

Para a reposição diária, estabeleça certas rotinas que lhe darão tempo para relaxar, pensar e se revigorar. As possibilidades incluem fechar a porta do escritório, ler um livro positivo, ouvir um CD de auto-ajuda, fazer exercícios físicos, rezar, trocar confidências com um amigo ou pensar em seus animais de estimação. As possibilidades são infinitas.

A não ser que você trabalhe sete dias por semana, provavelmente terá um ou dois dias que poderá usar como quiser. Faça o que puder para se sentir melhor e recarregar as baterias. Excelentes fatores que ajustam a atitude são viagens, filmes ou atividades religiosas.

Tire férias várias vezes durante o ano para ajudá-lo a revitalizar sua atitude, focar em seus objetivos e simplesmente relaxar. Esse tempo pessoal pode adotar várias formas, como viagens de três dias em fins de semana, férias mais longas, conferências relacionadas ao trabalho ou retiros de família.

Você já pensou que uma pessoa que você conheceu por acaso tinha uma má atitude ou que seria melhor trabalhar com um determinado colega de trabalho se ele tivesse uma atitude melhor? Como um benefício extra para você, os conceitos discutidos neste capítulo não só aprimorarão sua própria atitude, mas o ajudarão a fazer um progresso substancial em mudar as atitudes de pessoas à sua volta: funcionários, pares, superiores e familiares. Ao ajudá-los a ajustar as atitudes deles, você se tornará um líder mais efetivo porque eles aprimorarão seu comportamento no trabalho e, como conseqüência, você atingirá seus objetivos mais eficiente e efetivamente. A longo prazo, os outros o verão como um grande líder, simplesmente por causa de sua atitude positiva contagiante.

À medida que funcionários e colegas imitarem sua atitude, você verá um aumento acentuado no moral e na produção deles, na produtividade da equipe e na harmonia no ambiente de trabalho. Além disso, você descobrirá que sua boa reputação se espalhará por sua organização e pelas outras. Isso, por sua vez, o ajudará à medida que você desenvolve relacionamentos importantes dentro e fora de sua organização. Ao mudar sua atitude e usar as outras habilidades que aprenderá neste livro, você estará a caminho do sucesso na liderança.

> À medida que funcionários e colegas imitam sua atitude, você verá um aumento acentuado no moral e na produção deles, na produtividade da equipe e na harmonia no ambiente de trabalho.

Resumo, Questões e Exercício

Resumo

A atitude é um dos principais componentes da liderança. A atitude do líder tem forte impacto na performance, bem como na dinâmica do bem-estar da equipe, pois ela é a responsável por criar a "arquitetura comportamental" do ambiente de trabalho.

Neste capítulo, são abordadas dez características de atitudes dos líderes. São elas:

- lealdade à organização
- reconhecimento dos funcionários
- foco nas soluções
- abordagem nós-podemos-fazer-isso;

- autoridade com responsabilidade e confiabilidade;

- entusiasmo
- curiosidade
- imagem da liderança
- equilíbrio da vida pessoal e profissional;

- integridade

O líder precisa ter consciência de que, para uma atuação eficaz, é fundamental manter uma atitude de liderança e, para isso, existem três medidas que lhe servirão de suporte: eliminar o desafio à sua atitude; ajustar sua atitude e nutrir-se da atitude do líder.

Uma das formas de o líder perceber a efetividade da sua liderança é quando a sua equipe e colegas estão imitando sua atitude, isso conduzirá a um aumento acentuado no moral, na produtividade e na harmonia do ambiente de trabalho.

Questões:

1, Explique a seguinte citação: "A atitude de um líder tem enorme efeito no desempenho e atitudes da equipe".
2. Quais os comportamentos típicos de uma atitude de lealdade?
3. Cite alguns exemplos de reconhecimento aos funcionários.
4. O que você compreende sobre autoridade com responsabilidade?
5. Em sua opinião, como o entusiasmo e a curiosidade contribuem para o ambiente motivacional?
6. Comente a afirmação: "A imagem de liderança apresentada à equipe é vital para o seu sucesso como líder".
7. Qual o papel da liderança na relação de equilíbrio entre a vida pessoal e a vida profissional?
8. Quais as técnicas para reter, ajustar e recuperar as atitudes positivas do líder?

Exercício:

Pergunte para três pessoas que atitudes elas valorizam mais em um líder e faça uma análise das respostas apresentadas com o referencial teórico deste capítulo.

Parte Dois
Habilidades Técnicas e Analíticas
(Habilidades de Liderança Nível Básico)

Capítulo 4

Habilidades Específicas ao Cargo

Tammy e Mark são colegas e discutem a necessidade de desenvolverem mutuamente suas habilidades no cargo. Eles sentem que precisam saber mais sobre certa área de gerenciamento da produção se quiserem completar um projeto com sucesso. Como deveriam proceder?

Habilidades específicas ao cargo incluem aquelas que são diretamente relacionadas à sua posição no emprego e que você deve adquirir a fim de trabalhar de acordo com os padrões. Exemplos incluem usar um computador, operar uma máquina, administrar uma folha de pagamento, vender um produto, preparar uma programação de produção ou interpretar uma demonstração financeira.

Para ajudá-lo a determinar exatamente o que se espera de você em seu cargo, vários documentos geralmente estão disponíveis no departamento de recursos humanos ou nos arquivos de sua organização. Estes incluem a descrição, a análise e as especificações do cargo. Obter cópias de todo o material e estudá-lo a fundo ajudaria, porque são as palavras oficiais sobre o que você deve fazer no cargo. Não só esses documentos tratam de seus deveres técnicos específicos, mas podem indicar responsabilidades adicionais nas áreas de relacionamento e habilidades de liderança estratégica.

A descrição do cargo resume os aspectos mais importantes deste, como tarefas e especificações. A análise do cargo é uma massa detalhada de dados que explora todos os aspectos deste, como as habilidades e responsabilidades exigidas. É desenvolvida observando-se pessoas no emprego, examinando-se todos os dados disponíveis na empresa e estudando pesquisas externas. Finalmente, as especificações do cargo são um resumo da análise do cargo, porém fornecem mais detalhes que a descrição do cargo.

Importância de uma Sólida Base de Habilidades

Antes de passar para as habilidades de liderança mais avançadas, convém perceber que o primeiro conjunto de tijolos se relaciona à natureza de seu cargo. Você conseguirá ter êxito mais rapidamente como líder se entender plenamente os aspectos técnicos de seu cargo e aqueles de seus funcionários e pares. Com o treinamento de liderança disponível neste livro, em breve, você desempenhará e supervisionará melhor essas funções como líder. Como resultado, você e os outros com quem trabalha continuarão a ter um desenvolvimento geral das habilidades e conhecimentos. A intenção deste capítulo não é ensinar essas habilidades específicas de cargo; é mostrar a você, como líder, a importância delas, e demonstrar uma estrutura de trabalho que você pode usar para construir seu conjunto de habilidades.

Antes de passar para as habilidades de liderança mais avançadas, convém perceber que o primeiro conjunto de tijolos se relaciona à natureza de seu cargo.

É a competência nessas habilidades de nível básico que permite a você e à sua organização um bom funcionamento. Por exemplo, se sua intenção é tornar-se um ótimo gerente de marketing, é imperativo que você saiba o máximo que puder sobre marketing. Um executivo que trabalhe com a logística da empresa precisa saber os detalhes de transportes, como aqueles relacionados ao transporte marítimo, rodoviário e ferroviário. Um diretor financeiro preocupa-se com a linguagem financeira, inclusive previsão de caixa, controles de despesa de capital, orçamento e automação. Se você é encarregado de ou é membro de uma equipe diversa de especialistas em desenvolvimento de software, um conhecimento da programação e codificação o ajudará a contribuir e a conduzir a equipe para o sucesso.

Embora conhecer as várias habilidades necessárias ao seu cargo seja crucial para o seu sucesso, não é necessário ou realista saber todos os mínimos detalhes de todos os postos de emprego em seu âmbito de responsabilidade. Muitos de seus funcionários e membros de equipe desempenharão seus cargos bem melhor do que você poderia, uma vez que geralmente eles têm mais experiência, conhecimentos especializados e treinamento em suas habilidades específicas que você, a não ser que você domine essas habilidades. É extremamente útil, no entanto, aprender o máximo possível sobre os cargos deles porque essas informações valiosas lhe permitirão tomar decisões melhores, entender sua organização mais plenamente e monitorar o que ocorre mais precisamente. Essa ampla base de conhecimento o ajudará a desenvolver sua intuição de liderança, o que lhe permitirá tomar decisões qualitativas ao trabalhar com tempo ou fatos limitados. Além disso, seus funcionários o apreciarão mais e aceitarão sua autoridade de liderança se você demonstrar que entende dos vários aspectos dos cargos deles, ou pelo menos mostrar que está disposto a aprender.

Habilidades Específicas ao Cargo

A maioria das organizações empresariais tem programas de treinamento para desenvolvimento de habilidades, que poderiam ser conhecidos como programas de treinamento gerencial ou aprendizagem, e costumam variar em termos de duração, local de treinamento e grau de controle de supervisão. Os programas podem até fazer parte de um período de supervisão em que você tem de atingir padrões de treinamento estabelecidos em uma variedade de tarefas ou enfrentar sua remoção do programa. Embora seu supervisor lhe dê treinamento durante esse programa, é sua responsabilidade gerenciar pró-ativamente o processo. Isso inclui aprender profundamente as habilidades dentro do prazo estabelecido, assegurando que o seu supervisor o avalie quando exigido, e preencher os documentos exigidos pelo seu escritório de treinamento.

Habilidades em Outras Áreas

Uma vez dominadas as habilidades envolvidas em seu próprio cargo, é hora de tornar-se mais útil aos outros líderes na organização. Ao fazer o esforço de envolver-se em departamentos de sua organização com os quais você não está familiarizado, aprendendo novas habilidades, procedimentos e maneiras de fazer negócios, você se beneficiará e trará proveitos à sua organização. Você ampliará seu conjunto de habilidades e se tornará mais valioso ao seu departamento, adquirindo uma idéia mais abrangente da organização e das questões do setor de negócio.

O conhecimento que você obtém ao ver o negócio feito de outras formas lhe dá uma nova perspectiva e o ajudará a conduzir melhor seu departamento e a contribuir para uma equipe. Além disso, você conhecerá líderes interessantes em toda a sua organização. Isso pode lhe servir mais tarde, à medida que você desenvolver relações de trabalho multifuncionais e uma base de poder dentro da empresa. Finalmente, ao aprender sobre outras áreas, você se tornará mais valioso para a empresa, o que poderá ajudá-lo mais tarde se outras posições de liderança tornarem-se disponíveis. É de seu interesse, portanto, ampliar sua rede, buscando oportunidades para ajudar um colega líder, participar de um comitê ou relacionar-se com seus colegas em outros departamentos. Essa exposição lhe dará a reputação de ser alguém que apóia toda a organização.

O conhecimento que você obtém ao ver o negócio feito de outras formas lhe dá uma nova perspectiva e o ajudará a conduzir melhor seu departamento e contribuir para uma equipe.

É importante notar que, ao ajudar os outros, seu objetivo básico não deveria ser receber crédito; nesse caso, os outros logo o perceberão como ávido pelo poder. O crédito chegará naturalmente à medida que os outros perceberem que você é um líder atencioso e leal com seus colegas de trabalho.

Educação Formal

Há pouca controvérsia acerca da necessidade de se ter um diploma do ensino médio. A maioria dos empregadores espera isso; os empregadores incentivam com freqüência os trabalhadores a obterem um diploma, oferecendo aulas no local de trabalho ou liberando-os para terem aulas fora. Provavelmente você concordará que prefere trabalhar com pessoas que tenham ensino médio porque elas possuem uma base de conhecimentos que lhes permite serem treinadas mais facilmente que aquelas que não possuem esse grau de instrução.

Quais são as implicações da educação formal para um líder? Dependendo do setor onde você está, uma educação universitária pode ou não ser exigida. Há alguns empregadores que preferem um ótimo líder e participante de equipe com fortes habilidades técnicas e sem diploma de bacharel a um com diploma e sem habilidades. Entretanto, o consenso é que os líderes que estão ascendendo na corporação tenham diploma universitário, que seria uma vantagem depois que o candidato obtém certa experiência no trabalho. Além disso, a maioria dos executivos concorda que ter diploma de uma escola com altos padrões de ensino é mais valorizado que um diploma obtido em uma escola que adote padrões mínimos de aprovação. Mesmo assim, há discordâncias substanciais quanto ao valor de um diploma de mestrado, em particular o mestrado em administração, uma vez que a maioria dos empregadores tende a promover funcionários com base no desempenho, e não em

Habilidades Específicas ao Cargo

títulos. Alguns empregadores preferem treinar o líder por meio de seus programas de treinamento interno, que fornecem doses pesadas de habilidades no emprego, bem como desenvolvimento do senso comum.

A mera posse de um diploma de faculdade não o torna necessariamente melhor nem mais inteligente que alguém que não o tenha. No entanto, lhe dá várias vantagens que o ajudarão a se desenvolver como líder. Em primeiro lugar, a experiência de fazer de 40 a 50 matérias na faculdade lhe dará uma riqueza de conhecimentos em que você se baseará à medida que progride em sua carreira. Não só você aprenderá habilidades específicas em matemática, ciências, comunicações e linguagem, mas cursos de ciências humanas e outros cursos eletivos o tornarão um líder com uma cultura muito mais ampla, o que é útil no ambiente global de hoje. Além disso, essa abrangente exposição ao conhecimento desenvolverá sua inteligência criativa, o que será vantajoso à medida que você assume atribuições de liderança cada vez mais desafiadoras em níveis superiores. Em segundo lugar, um grau universitário pode ajudá-lo a ter uma promoção. Se dois líderes são igualmente qualificados e motivados, aquele com diploma provavelmente avançará mais rapidamente que o graduado no ensino médio. Em terceiro lugar, ter diploma universitário prova a você e aos outros que você pode iniciar e concluir um projeto importante.

Há várias vias para continuar sua educação. Se você já está no trabalho e seu empregador permitir, você pode freqüentar a escola em um período e ter aulas à noite ou, ocasionalmente, durante o dia. Essa opção de baixo custo leva mais tempo para se obter um diploma, mas você não morrerá de fome no processo. Se suas condições financeiras permitirem, você poderia sair do trabalho e freqüentar a escola em período integral. Em ambos os casos, seu empregador pode ajudá-lo com os custos se você assumir o compromisso de continuar empregado lá.

> A mera posse de um diploma de faculdade não o torna necessariamente melhor nem mais inteligente que alguém que não o tenha. No entanto, lhe dá várias vantagens que o ajudarão a se desenvolver como líder.

Mantenha e Aprimore suas Habilidades

Ao buscar o aprimoramento contínuo em sua área de trabalho, pense em usar dois recursos. Primeiro, consulte especialistas dentro e fora de sua organização que desenvolveram conhecimento institucional ou profissional consideráveis. Freqüentemente eles ajudam bastante, dando dicas sobre os detalhes do cargo. Segundo, mantenha-se atualizado em sua área funcional, lendo revistas e publicações do setor, freqüentando seminários de desenvolvimento profissional e realizando uma rede de contatos com organizações profissionais locais.

Você e sua equipe devem desenvolver uma atitude de que aprender não termina quando você completa um programa de treinamento ou obtém um diploma universitário. Os primeiros anos do século XXI trouxeram consigo uma grande mudança global e também transtornos; o mundo continuará a mudar a um ritmo cada vez mais rápido. Como líder, sua melhor forma de tratar com essa mudança é desenvolver-se a partir de sua base de conhecimento, buscando continuamente atualizá-la. Isso lhe dará a fundação para aprimorar suas habilidades e lidar melhor com situações desafiadoras.

Resumo, Questões e Exercício

Resumo

Habilidades específicas do cargo são aquelas diretamente relacionadas à sua posição e as quais se deve adquirir a fim de trabalhar de acordo com os padrões.

Para uma melhor compreensão do que se espera do cargo, geralmente vários documentos são disponibilizados na área de recursos humanos, tais como:

- descrição do cargo;
- análise do cargo; e
- especificação do cargo.

Uma das prerrogativas para uma liderança eficaz é o desenvolvimento de habilidades em outras áreas. Uma vez tendo o domínio nas habilidades específicas do cargo atual, torna-se importante envolver-se em outros departamentos para aprender novas habilidades, procedimentos e maneiras de fazer negócios. Desta forma, o líder se tornará mais valioso para a organização e estará pronto para assumir novos desafios na sua carreira profissional.

No que se refere à educação formal, dependendo do setor onde o líder atua, um curso universitário pode ou não ser exigido, mas é de consenso que, para ascender na organização, o diploma universitário é necessário.

O aprimoramento contínuo na área de trabalho é vital para uma liderança moderna, pois o ambiente globalizado e dinâmico do mundo corporativo exige atualização contínua.

Questões:

- O que contemplam as habilidades específicas do cargo?
- De que maneira a descrição, a análise e as especificações contribuem para um melhor entendimento das habilidades necessárias ao cargo?
- O que se espera dos líderes quando participam de programas de treinamento gerencial?
- Quais as implicações da educação formal para um líder?
- Comente a seguinte proposição: "A ampla exposição do líder ao conhecimento desenvolverá sua inteligência criativa, o que será vantajoso à medida que assume atribuições mais desafiadoras".
- Qual a importância do aprimoramento contínuo no meio global de hoje?

Exercício:

Coloque no papel as habilidades específicas que a sua posição exige e analise o quanto você tem essas habilidades bem desenvolvidas. Caso exista alguma habilidade que você precisa aprimorar, estabeleça um plano de treinamento e desenvolvimento.

Capítulo 5

Solução de Problemas e Tomada de Decisões

Sandra e sua equipe discordam quanto às razões para as baixas vendas na loja de varejo de roupas. Suas comissões são mais baixas que as do ano passado e há menos clientes pelos corredores. Eles decidem pedir a opinião do gerente, Sr. Fergus.

De todas as habilidades, a solução de problemas e a tomada de decisões são aquelas que os líderes usam com mais freqüência no trabalho, em casa ou na comunidade. Como a comunicação, de alguma forma elas se relacionam praticamente com tudo o que você faz e são componentes de todas as outras habilidades de liderança que você usa. Sua capacidade de solucionar problemas e tomar decisões é fundamental para você parecer um líder efetivo — para si mesmo, para seus funcionários e seus superiores.

A solução de problemas e a tomada de decisões estão intimamente relacionadas no sentido de que ambas são processos de ação e freqüentemente se sobrepõem. Solucionar um problema envolve inicialmente determinar soluções possíveis. Por exemplo, você pode estar preocupado com o baixo nível de satisfação do cliente. Determina as várias soluções que resolveriam o problema, como contratar mais representantes ou aumentar regularidade de treinamento. Então você deve usar técnicas de tomada de decisão para escolher qual das alternativas aceitará e implementará.

O propósito deste capítulo é mostrar-lhe como você pode abordar qualquer problema de uma maneira lógica, resolvê-lo sem gastar uma enorme quantidade de tempo e então decidir quanto à melhor maneira de implementar a solução. As abordagens são simples e efetivas e você pode usá-las rotineiramente como suas únicas ferramentas de solução de problemas e tomada de decisões, ou suplementá-las com os procedimentos mais complexos que usa atualmente. Primeiro examinaremos a solução de problemas e então trataremos da questão ligeiramente diferente que é a tomada de decisões.

> *Sua capacidade de solucionar problemas e tomar decisões é fundamental para você parecer um líder efetivo — para si mesmo, para seus funcionários e seus superiores.*

O Processo de Solução de Problemas

Não é necessário ou possível examinar cada fato e analisar cada cenário ao resolver problemas ou tomar decisões. Sua tarefa é tomar a iniciativa de pensar na situação, ponderar e tomar uma atitude decisiva. A melhor forma de fazer isso é usar um processo de oito etapas para solucionar problemas que pode ser usado em todas as situações:

1) Identificar os sintomas.
2) Coletar informações.
3) Comparar os resultados desejados com os atuais.
4) Definir o problema e seus efeitos.
5) Listar, analisar e eliminar possíveis causas.
6) Escolher as prováveis causas.
7) Identificar e examinar os possíveis cursos de ação.
8) Escolher e implementar o melhor curso de ação, então avaliar.

À medida que você se familiariza com o seu uso, ver-se-á mentalmente passando por esse processo cada vez que encontrar um problema. Use o processo de solução de problemas mesmo que só tenha segundos ou minutos, porque um diagnóstico adequado do problema agora lhe poupará tempo e esforço mais tarde. Se você pensa em seus problemas nos termos da estrutura do processo mostrado aqui, será menos provável que ignore as causas potenciais do problema e você gerará soluções melhores. Você chegará a soluções mais rapi-

> *Use o processo de solução de problemas mesmo que só tenha segundos ou minutos, porque um diagnóstico adequado do problema agora lhe poupará tempo e esforço mais tarde.*

damente porque está dividindo o problema em partes gerenciáveis, as quais pode examinar com mais facilidade. Para explicar melhor os detalhes deste processo de solução de problemas, você usará nosso exemplo da loja de roupas no varejo.

1) Identifique os Sintomas

Determine o que está acontecendo que indica que alguma coisa pode estar errada.

Sandra alerta seu gerente, o senhor Fergus. Ele nota que as vendas caíram 15% em relação ao mesmo período do ano anterior.

2) Colete informações

Obtenha qualquer informação que você acredite que pode estar relacionada aos sintomas, incluindo contribuições de seus funcionários, pares, superiores e clientes. Essa informação pode incluir observações, desempenho organizacional, estudos ou dados do setor. Consulte a sabedoria e o conhecimento de especialistas no assunto dentro e fora de sua organização.

O senhor Fergus questiona sua equipe de vendas e descobre que os clientes parecem estar comprando o mesmo número de itens por visita. Ele faz perguntas ao gerente da loja vizinha que diz que suas vendas estão mais altas que no ano anterior. Finalmente, depois de falar com alguns clientes valiosos, ele fica sabendo que o seu serviço de vendas personalizadas tem se deteriorado.

3) Compare os Resultados Desejados com os Resultados Atuais

O objetivo aqui é mostrar claramente o que é esperado em uma situação ideal e o que está realmente acontecendo com o desempenho ou comportamento.

O senhor Fergus examina as vendas projetadas e as compara com as atuais para cada um dos dez vendedores e nota que quatro deles não atingiram as metas para o mês nos últimos três meses. Um deles não atingiu a meta de cada mês por pouco; os outros ficaram 20% ou mais abaixo. Além disso, por causa de recentes comentários negativos de clientes, o senhor Fergus sabe que ele não está tendo um desempenho à altura de suas expectativas, visto que a política da loja é a satisfação total com a experiência de compras.

4) Defina o Problema e seus Efeitos

O problema é a diferença entre os resultados desejados e os resultados reais iden-tificados na etapa três. Defina o problema com clareza e concisão, e examine seus efeitos em você, no ambiente de trabalho, no cumprimento de metas e no cliente.

Note que você não identifica realmente o problema até essa etapa. Isto lhe permite oportunidades suficientes nas etapas de um até três para identificar corretamente o problema, fazendo as perguntas certas e investigando os fatos.

O senhor Fergus conclui que seus dois problemas são que três vendedores não estão atingindo as metas do mês, o que o leva a não atingir as projeções de vendas da loja, e que o serviço ao cliente está se deteriorando e afastando seus clientes leais.

5) Liste, Analise e Elimine as Possíveis Causas

Ao examinar as possíveis razões para seu problema, você começará a destacar as verdadeiras causas. Evite eliminar as possíveis causas prematuramente, antes de considerá-las adequadamente ou consultar outras pessoas sobre elas. Logo você descobrirá uma lista das possíveis causas para seu problema. Para determinar se uma possibilidade é realmente uma causa, pergunte se sua ausência eliminaria o problema.

O senhor Fergus considera várias possibilidades, mas conclui que há três causas prováveis: os três vendedores com fraco desempenho poderiam ter um problema em treinamento em vendas; os três poderiam estar passando por problemas pessoais que estão afetando suas relações com clientes e a capacidade de vender; e o fraco desempenho dos três poderia estar afetando o desempenho de toda a equipe de vendas, o que contribui para o afastamento dos clientes.

6) Escolha Prováveis Causas

Usando métodos como raciocínio lógico, investigação, testes ou um consenso de grupo, escolha a causa mais provável do problema. Muitos problemas têm várias causas, por isso não se surpreenda se você encontrar mais de uma.

Depois de questionar a equipe de vendas novamente em mais detalhes, o senhor Fergus determinou que sete dos dez vendedores estavam extremamente motivados quando todos chegavam para trabalhar. Entretanto, quando não era a equipe inteira que estava disponível para atender adequadamente os clientes, os vendedores tinham de trabalhar no seu dia de folga e eram avisados em cima da hora, ou tinham de trabalhar mais rapidamente para cobrir a falta e arriscavam desagradar os clientes que estavam acostumados com uma atenção personalizada e demorada. O senhor Fergus examinou registros de trabalho nos últimos três meses e descobriu que os três vendedores com fraco desempenho tinham uma probabilidade cinco vezes maior que os outros de não aparecer para trabalhar em qualquer dia; essas faltas sem dúvida afetavam o seu desempenho que, não fosse isso, seria excelente. Ele concluiu que a causa de seus dois problemas era a incapacidade dos três vendedores de trabalhar consistentemente cinco dias por semana.

7) Identifique e Examine os Possíveis Cursos de Ação

O objetivo é encontrar soluções que possam eliminar a causa do problema. Determine algumas soluções possíveis, sozinho ou com a ajuda dos outros por meio de um *brainstorm* e de pensamento criativo. Depois de ouvir e examinar as possibilidades, mantenha aquelas que são aceitáveis e realistas. Você pode precisar ou querer saber o que pensa sua equipe ou outros líderes. Nesse meio tempo, diga-lhes as informações que você precisa e quando precisará delas.

O senhor Fergus decidiu falar com os três vendedores. Ele descobriu que todos os três estavam tendo sérios problemas familiares que às vezes exigiam que eles ficassem em casa sem poderem avisar com antecedência. Ele relacionou quatro cursos de ação possíveis: uma revisão do sistema de pagamento que visaria mais as comissões e menos o pagamento fixo, para motivá-los a serem mais assíduos; treinamento intenso voltado para seu desempenho inconsistente no trabalho, para aprimorar seu comportamento; um plano contingencial que previsse melhor as faltas, para avisar os outros funcionários com mais antecedência quando eles fossem chamados para substituírem; e a contratação de novos vendedores se os três não mudassem seu comportamento.

8) Escolha e Implemente o Melhor Curso de Ação, Depois Avalie

Examine os efeitos, custos e a possibilidade de colocar em prática cada solução possível e escolha a melhor solução. Faça uma lista de quaisquer obstáculos que possam impedi-lo de implementar essa solução e gerar idéias para superar esses obstáculos. Comunique a solução aos outros e então direcione a implementação de seu plano. Avalie os resultados e modifique o plano, se necessário. A parte dessa etapa que se refere à escolha será mais detalhada adiante, as etapas do processo de tomada de decisão e as etapas de implementação e avaliação serão exploradas mais plenamente durante todo o livro.

O senhor Fergus escolheu implementar o segundo e o terceiro cursos de ação imediatamente, e o quarto mais tarde, se necessário.

A Natureza de Decisões

Como você acaba de ver, decisões menores são tomadas constantemente no processo de solução de problemas. Por exemplo, à medida que você coleta dados e interpreta informações, precisa tomar decisões sobre quais dados coletar e como interpretá-los. Esses tipos de decisões rotineiras costumam ser facilmente aprendidos e acabam se tornando instintivos com a experiência. Conforme você caminha no processo de solução de problemas para as etapas sete e oito, pode tomar decisões cada vez mais complicadas, como avaliar opções e escolher a melhor alternativa. As sessões a seguir tratam dessas decisões, as quais têm implicações importantes para você em termos de conseqüências, riscos, imprevisibilidade e atingir seus objetivos a longo prazo.

O Processo de Tomada de Decisões

Identificar cursos de ação traz poucos benefícios, salvo se os prós e contras não forem ponderados, não for determinado qual deles é o melhor e não forem considerados as conseqüências de implementá-lo. Tais conseqüências poderiam incluir a probabilidade de sucesso ou problemas potenciais de implementação. Um caminho lógico depois de determinar a causa de um problema, portanto, é pensar detalhadamente na melhor forma de eliminar a causa ou causas e implementar a solução com sucesso, apesar dos desafios, barreiras e incerteza. Esta é a tomada de decisão.

Identificar cursos de ação lhe trará poucos benefícios, salvo se os prós e contras não forem ponderados, não for determinado qual deles é o melhor e não forem consideradas as conseqüências de implementá-lo.

Quais São as Restrições de Tempo para Tomar Esta Decisão?

Depois de identificar quando você tomará a decisão, então você poderá traçar um processo de tomada de decisão baseado em um programa realista. Supondo que você tenha tempo suficiente e que comece o processo imediatamente, você contará com um maior número de recursos dentre os quais poderá escolher, como assistência de grupo, ferramentas avançadas de tomada de decisão e pesquisa extensa. Você pode usar vários métodos para ajudá-lo na tomada de decisão; alguns são simples e fáceis de aplicar a todas as facetas do trabalho, enquanto outros são muito mais complicados, mais demorados e exigem muito cálculo matemático. Este capítulo se concentrará no uso de processos de tomada de decisão simples e que poupam tempo. Você poderá explorar, depois, métodos mais avançados, conforme quiser.

Questões para Tomada de Decisões

O processo de solução de problemas antes descrito lhe fornecerá a estrutura para explorar e analisar problemas plenamente. Cabe a você construir um processo de tomada de decisão para cada situação, usando técnicas que são mais adequadas para aquela decisão específica. Você pode fazer isso melhor explorando e entendendo algumas das importantes questões envolvidas na tomada de decisão, fazendo para si mesmo estas cinco perguntas:

- Quais são as restrições de tempo para tomar esta decisão?
- Quem participará da tomada de decisão?
- Esta decisão será recorrente ou única?
- Quais são os componentes desta decisão?
- Que técnicas serão usadas para se tomar esta decisão?

Quem Participará da Tomada de Decisão?

Uma vez que o processo de tomada de decisão geralmente envolve vários indivíduos, coordene suas ações com as deles a fim de gerenciar melhor o processo. Isso o ajudará a eliminar o re-trabalho, minimizar frustração e assegurar que você tomará a melhor decisão. Procure sugestões daqueles indivíduos cujas contribuições certamente irão ajudá-lo a avaliar cursos de ação, incluindo especialistas técnicos em áreas como marketing, recursos humanos, jurídica, atendimento ao cliente e contabilidade. Entre em contato com aquelas pessoas que serão afetadas por sua decisão ou que devem se comprometer com ela para que você a implemente com sucesso; estas incluem seus superiores, funcionários, integrantes da equipe e clientes. Você não está, necessariamente, consultando esses indivíduos para obter a aprovação deles, mas para ter informação, experiência e orientação que o ajudem a estruturar seu processo de tomada de decisão, a identificar as implicações da decisão a longo prazo e a identificar interesses concorrentes que possam afetar a decisão ou sua implementação. Além dos benefícios imediatos de envolver outros em sua tomada de decisão, provavelmente você verá que, a longo prazo, sua decisão terá mais aceitação por parte dos participantes.

Esta Decisão será Recorrente ou Única?

As decisões são programadas ou não programadas. A maior parte de suas decisões é programada se ocorre como rotina, se é previsível e se pode ser programada. Estas incluem decisões como novos pedidos de estoque ou dúvidas no atendimento ao

Solução de Problemas e Tomada de Decisões

cliente. As respostas a essas situações são previsíveis e podem, portanto, ser padronizadas sempre que possível usando-se procedimentos ou regras que mostram claramente como se tomar a decisão. Isso facilitará as decisões em toda a sua organização e permitirá que você delegue mais autoridade a seus funcionários para tomarem decisões.

Decisões não programadas ocorrem com menos freqüência e podem ter enormes conseqüências para você e para sua organização. Exemplos incluem a abertura de uma nova fábrica de manufatura ou loja de varejo, a reestruturação de uma organização, a reformulação de processos ou a revisão do programa de incentivo. Uma vez que essas decisões não são de rotina, e possivelmente não têm precedentes, podem envolver um alto grau de incerteza e em geral são de importância vital para sua organização, você deve ter o máximo conhecimento possível delas para orientar-se durante o processo de tomada de decisão.

Quais são os Componentes Desta Decisão?

As decisões têm três elementos: condições, cursos de ação e conseqüências. As *condições* referem-se à incerteza e ao risco sempre existentes em seu ambiente pessoal e profissional. Uma vez que muito poucas de suas ações terão resultados completamente certos, em razão dos fatores e circunstâncias que geralmente são incontroláveis, você deve identificar e estimar a incerteza e o risco envolvidos em cada decisão. Os *cursos de ação* são simplesmente soluções potenciais para um problema. *Conseqüências* são as implicações resultantes de cada curso de ação.

A receita de vendas da loja de roupas do senhor Fergus em um dado dia poderia ser parcialmente condicionada pelo comparecimento de toda a equipe de vendas, de parte dos vendedores, da maioria deles ou de nenhum deles. Antes de abrir a loja, o gerente avaliará as *condições* reais, isto é, verificará quantos vendedores estão no trabalho. Se há menos ou mais que o programado, então ele tem uma decisão a tomar quanto à convocação de funcionários. Ele deve implementar um de vários *cursos de ação* possíveis: ligar para um ou mais vendedores, enviar um ou mais para casa ou não acrescentar nem tirar ninguém. Cada uma dessas alternativas tem *conseqüências* diferentes no total de vendas para o dia. Em termos ideais, o gerente teria determinado antecipadamente alguns cursos de ação que previa as condições no local de trabalho, sua probabilidade de ocorrência e as conseqüências de cada curso de ação.

> As decisões têm três elementos: condições, cursos de ação e conseqüências.

Que Técnicas serão Usadas para Tomar Esta Decisão?

Há várias técnicas para ajudá-lo a estruturar decisões e guiá-lo para a melhor decisão. Use-as individualmente ou combinadas. Adiante são discutidas as técnicas mais populares.

> *Há várias técnicas para ajudá-lo a estruturar decisões e guiá-lo para a melhor decisão.*

Priorização. Ao estabelecer um sistema para classificar os possíveis cursos de ação, será mais fácil fazer sua escolha. Por exemplo, se você precisa decidir quem, entre vários voluntários, terá a oportunidade de fazer horas extras, você poderia priorizá-los de acordo com a quantidade de tempo extra trabalhada durante o mês. Sua escolha poderia ser a pessoa que fez menos horas extras até a data. A priorização funciona melhor para decisões recorrentes, como a alocação de recursos ou procedimentos de atendimento; mas não é tão boa para decisões tomadas uma única vez.

Checklists. Na tomada de decisão simples, que envolve poucas alternativas como aceitar ou não aceitar, comprar ou não comprar, pode ser de alguma ajuda fazer uma lista dos fatores significativos que afetam a decisão, como custo, confiabilidade e atendimento. Então, você pode marcar os fatores como aceitáveis ou não, decidir o impacto de qualquer fator inaceitável e então escolher a melhor alternativa: aceitar a proposta ou rejeitá-la, comprar o novo sistema de computador ou não comprá-lo. Esse processo ajuda porque, antes de checar um fator, você o examina em detalhes e compreende profundamente suas implicações. A principal desvantagem dessa técnica é que ela não lhe permite ponderar os fatores a menos que você modifique-a para se adequar às suas necessidades.

Brainstorming. O *brainstorming* encoraja os membros de um grupo a deixarem sua mente vaguear em um ambiente livre de críticas e julgamento, para encontrarem maneiras criativas de resolver problemas e desenvolverem cursos alternativos de ação. Como líder de grupo, você designa alguém para registrar as idéias enquanto conduz a sessão. Uma vez que essa técnica o ajudará a gerar idéias e soluções alternativas, é uma ferramenta não apenas para a tomada de decisões, mas para ajudar a gerar opções que eventualmente o levarão à sua decisão.

Intuição. Você desenvolve sua intuição por meio de experiência no trabalho, solução de problemas e tomada de decisões. Esse conhecimento refina suas habilidades intuitivas a ponto de lhe permitir, às vezes, confiar totalmente em seus sentimentos. Como você verá durante a discussão dos quadros de compensação, a intuição pode lhe prover uma base para iniciar o processo de decisão. Embora alguns líderes tenham muito sucesso ao basicamente usar sua intuição para a tomada de decisões, a

Solução de Problemas e Tomada de Decisões

maioria dos líderes não confia totalmente em seus palpites sem ter outras técnicas mais objetivas para contrabalancear.

Matrizes de Ganhos. Quando uma decisão importante é necessária, você pode usar uma matriz de ganhos para ajudar a estruturar suas opções de uma maneira clara e concisa. Uma matriz de ganhos consiste em um diagrama simples que mostra cada um dos vários cursos de ação e suas conseqüências. Construir esse quadro o força a pensar em todos os detalhes de sua decisão. Um exemplo completo de como usar uma matriz de ganhos é dado na seção a seguir.

> *Você desenvolve sua intuição através de experiência no trabalho, solução de problemas e tomada de decisões.*

Árvores de Decisão. Essa ferramenta popular é usada quando várias decisões são tomadas em momentos diferentes, uma situação que não pode ser gerenciada pela matriz de ganhos. Uma árvore de decisão lhe permite traçar graficamente decisões, conseqüências e condições em um diagrama fácil de ler, que se ramifica como uma árvore. É indispensável para traçar decisões complicadas e seus efeitos nas decisões subseqüentes. É melhor consultar um guia detalhado que explique as várias nuances na construção de árvores de decisão para ajudá-lo a integrá-las em sua tomada de decisão.

Técnicas Avançadas. Há dezenas de técnicas de tomada de decisão avançadas. Estas incluem *synectics*, um processo de solução de problemas que enfoca a criatividade do grupo; análise morfológica, procurar conexões e ligações entre conceitos; e pesquisa de operações e teoria da decisão; ambas as quais buscam a melhor solução usando processos intensivos de estatística e matemática. Não existe uma técnica melhor porque cada uma tem limitações, é aplicável em certas situações e tem condições ideais de uso. Se qualquer delas lhe interessar, consulte os vários textos instrucionais disponíveis.

A Matriz de Ganhos

Condições, cursos de ação e conseqüências — os três elementos da análise de decisão — são mostrados em detalhes em uma matriz de ganhos. Essa matriz lista todos os cursos práticos de ação, que são distintos uns dos outros. Um exame atento a um exemplo detalhado de matriz de ganhos pode ajudá-lo a usar essa técnica em suas próprias situações.

Suposições para uma Matriz de Ganhos da Decisão de Empregar Funcionários

No exemplo da loja de roupas, o senhor Fergus espera que oito vendedores cheguem para trabalhar. O número real de comparecimento de funcionários resulta em conseqüências diferentes, ou na receita líquida de vendas, que é a receita total menos os salários de vendas. Suponha o seguinte:

- Cada vendedor recebe $ 50 por dia no salário-base, mais $ 20 se ele for avisado sem antecedência e cobrir a falta de um colega.
- A maior receita possível para a loja é de $ 8.000 por dia, quando uma equipe normal de oito vendedores trabalha — $ 1.000 por vendedor — e se menos de oito trabalharem, então a receita para a loja é de $ 1.000 por vendedor.
- Há 11 vendedores.

A matriz de ganhos sobre a decisão de preenchimento de vagas (Tabela 5-1) indica qual o curso de ação (CA) é melhor para cada condição (C) e mostra claramente que, quando um vendedor não aparece no trabalho, é sempre melhor chamar um substituto, às vezes dois. Isto pode parecer óbvio, mas ao construir um quadro simples, você pode ver detalhadamente suas opções e as conseqüências antecipadas de cada uma sob várias condições.

Nesse exemplo, o gerente deve assegurar que não estejam trabalhando vendedores demais em qualquer dia, ou a renda potencial será perdida. Usamos um exemplo simples. Em outras palavras, a maioria dos gerentes de loja reconheceria intuitivamente que é uma boa idéia ter oito vendedores trabalhando por dia porque isso maximizaria a receita da loja e seria ótimo telefonar para arrumar um substituto se alguém não comparece ao trabalho.

A matriz de ganhos tem inúmeras limitações. A primeira delas é que ela pode ser usada apenas quando uma decisão é necessária, e não quando há várias decisões em um período de tempo. Embora você pudesse construir um quadro para cada fase de uma decisão múltipla, é mais prático usar ferramentas mais avançadas como uma árvore de decisão. Em segundo lugar, a matriz de ganhos não mostra completamente todas as condições possíveis para o gerente de loja. É possível, por exemplo, que nenhum trabalhador apareça para trabalhar ou que chegue ao mesmo tempo um número muito grande de clientes, o que exigiria todos os 11 vendedores. Em terceiro lugar, a matriz de ganhos não conta com a incerteza inerente a qualquer situação de decisão. No exemplo, o gerente sabia quantos funcionários estavam no trabalho em cada manhã porque ele os contava. Mas pode haver ocasiões em que o

Solução de Problemas e Tomada de Decisões

gerente da loja não consiga funcionários de reposição pela manhã, e deve decidir na noite anterior quantos funcionários provavelmente aparecerão para trabalhar.

Na maioria das decisões há incertezas como essa. Raramente um líder toma uma decisão com certeza absoluta. Você pode tratar com essa preocupação por meio de duas opções, usando intuição ou probabilidades.

	Curso de Ação (CA)			
Condição (C)	CA 1: Não fazer nada	CA 2: Acrescentar 1 vendedor	CA 3: Acrescentar 2 vendedores	CA 4: Acrescentar 3 vendedores
C1: 8 vendedores chegam para trabalhar	$ 7.600 Melhor CA	$ 7.530	$ 7.460	$ 7.390
C2: 7 vendedores chegam para trabalhar	$ 6.650	$ 7.580 Melhor CA	$ 7.510	$ 7.440
C3: 6 vendedores chegam para trabalhar	$ 5.700	$ 6.630	$ 7.560 Melhor CA	$ 7.490
Totais	$ 19.950	$ 21.740	$ 22.530	$ 22.320

Figura 5-1 Matriz de Ganhos da decisão de alocação de funcionários.

Estime a Incerteza Usando sua Intuição

Uma matriz de ganhos lhe permite decidir rapidamente qual a ação a ser tomada, conforme você se sinta otimista, pessimista ou nenhum dos dois quanto às condições que prevalecerão realmente. Esses sentimentos são importantes porque, ao tomar uma decisão rápida, você pode ser forçado a contar com eles. Além disso, à medida que você ganha mais experiência como líder, você começará a confiar cada vez mais em sua intuição. Isso pode se tornar valioso na sua avaliação das condições que mais provavelmente ocorrerão em diferentes situações.

Voltemos à matriz de ganhos da decisão de alocação de funcionários. Se você está otimista e acha que todos os oito funcionários trabalharão, poderia decidir rapidamente que o CA 1 é a melhor opção, visto que tem a compensação mais alta dos três cursos de ação possíveis quando os oito funcionários comparecem. Se você estiver pessimista e acreditar que apenas seis comparecerão, simplesmente escolha a compensação mais baixa ou mais pessimista em cada CA, que são $ 5.700, $ 6.630, $ 7.460 e $ 7.390. Então selecione o mais alto desses valores, $ 7.460 em CA 3, como sua melhor opção. Finalmente, se você não for nem otimista nem pessimista e acredita que cada condição é tão provável de ocorrer quanto qualquer outra, você poderia escolher o CA que tem o total mais alto para suas três condições ou conseqüências esperadas. No exemplo, CA 3 com seu total de $ 22.530 é a melhor opção.

Estime a Incerteza Usando Probabilidades

É melhor que as decisões mais importantes não sejam deixadas completamente ao acaso, impulsionadas por sentimentos. Os métodos mais formais estão disponíveis para avaliar a chance ou probabilidade de uma condição prevalecer em relação às outras. Esses métodos fornecem a estrutura necessária para a intuição, a experiência e a informação usadas pelo tomador de decisões. Este capítulo examina apenas um método simples e evita os detalhes da probabilidade, que você poderá aprender se o tempo permitir. Há muitos livros bons disponíveis para lhe ensinar esses fundamentos e ajudá-lo a desenvolver as habilidades importantes para avaliar a incerteza inerente a uma decisão e escolher o curso certo de ação. O propósito aqui, no entanto, é dar-lhe um método que você possa aplicar imediatamente.

Raramente um líder toma uma decisão com certeza absoluta. Você pode tratar dessa preocupação por meio de duas opções, usando intuição ou probabilidades.

O próximo quadro (Figura 5.2) mostra as probabilidades, ou as melhores estimativas, quanto à probabilidade de cada condição ocorrer. Mostra que o gerente de loja, com base em suas experiências e no conhecimento pessoal de sua força de vendas, acredita que haja uma probabilidade de 60% de todos os oito funcionários comparecerem, uma probabilidade de 30% para sete comparecerem, e uma probabilidade de 10% para apenas seis trabalharem. Essas probabilidades são mais específicas que as previsões otimistas e pessimistas intuitivas feitas na seção anterior. Nesse exemplo, multiplique cada probabilidade pelas receitas resultantes para cada curso de ação em cada condição; você obterá uma receita esperada (RE). Essa é a receita ponderada que responde pela incerteza ao se prever a probabilidade das condições de número um, dois ou três ocorrerem. Nesse exemplo, depois de totalizar as REs individuais em cada curso de ação, escolha a CA 3, porque ela tem a compensação esperada mais alta, $ 7.485, dentre todos os quatro cursos de ação.

Solução de Problemas e Tomada de Decisões | 67

O principal ponto deste exercício é que, para tomar decisões efetivas, você deve considerar a incerteza em seu ambiente, depois prever a probabilidade de suas condições potenciais e então tomar a decisão. A melhor forma de fazer isso é usar os conceitos de probabilidade. Uma vez que este capítulo mal arranha a superfície da teoria da probabilidade, leia mais sobre o assunto quando tiver tempo livre, porque é essencial para o seu desenvolvimento como tomador de decisões.

Condição (C)	Probabi- lidade	Curso de Ação (CA)			
		CA 1: Não fazer nada	CA 2: Acrescentar um vendedor	CA 3: Acrescentar 2 vendedores	CA 4: Acrescentar 3 vendedores
C1: 8 vendedores chegam para trabalhar	0,6	$ 7.600 ER = $ 4.560	$ 7.530 ER = $ 4.518	$ 7.460 ER = $ 4.476	$ 7,390 ER = $ 4.434
C2: 7 vendedores chegam para trabalhar	0,3	$ 6.650 ER = $ 1.995	$ 7.580 ER = $ 2.274	$ 7.510 ER = $ 2.253	$ 7.440 ER = $ 2.232
C3: 6 vendedores chegam para trabalhar	0,1	$ 5.700 ER = $ 570	$ 6.630 ER = $ 663	$ 7.560 ER = $ 756	$ 7.490 ER = $ 749
Totais	1,0	$ 19,950 ER = $ 7.125	$ 21.740 ER = $ 7.455	$ 22.530 ER = $ 7.485	$ 22,320 ER = $ 7.415

Figura 5-2 Matriz de ganhos da decisão de alocação de funcionários — probabilidade e receitas esperadas (RE).

Pensamento Crítico e Criativo

Alguns dizem que os líderes são pagos para resolver problemas e tomar decisões. Uma afirmação melhor seria que eles são pagos para resolver problemas corretamente e tomar a decisões certas. Neste capítulo, você viu vários métodos e técnicas para ajudá-lo a resolver problemas corretamente e tomar as decisões certas. A seção final irá colocá-los em ampla perspectiva, mos-

Os líderes são pagos para resolver problemas corretamente e tomar as decisões certas.

trando como suas capacidades de solucionar problemas e tomar decisões podem aprimorar-se simplesmente pela forma como você pensa sobre seus desafios.

Pense no Seu Estilo

As pessoas tendem a pensar em um dentre dois estilos, adaptativo ou inovador. Nenhum deles é certo ou errado. O que é certo é o que é natural para cada pessoa. Aqueles que pensam de modo adaptativo são caracterizados pela orientação para objetivos; adesão a políticas, procedimentos e estrutura; e excelentes capacidades organizacionais. O hemisfério esquerdo de seu cérebro, que é o lógico, analítico e orientado para detalhes, domina. Os pensadores inovadores, por outro lado, tendem a ser aqueles com espírito mais livre, menos organizados e abertos a novos métodos de resolver problemas. O hemisfério direito do cérebro, que é o emocional e criativo, domina.

Não importa qual seja sua orientação, você pode praticar usando a orientação proposta para fortalecer aquelas características e, de um modo geral, se tornar um pensador melhor. Por exemplo, se você não é inovador demais, tente usar idéias não convencionais em seu trabalho, como conhecer novos clientes, mudar sua rotina diária de trabalho ou tentar novas técnicas para solucionar problemas. Se você quer se firmar mais no pensamento adaptativo, tente implementar progressivamente os princípios gerenciais do tempo ou prestar mais freqüentemente atenção aos objetivos de seu departamento ou aos seus próprios.

Analise Cuidadosamente, Perguntando aos Outros

Como você notou, neste capítulo a solução de problemas e a tomada de decisão envolvem os outros. À medida que você passa pelo processo, lembre-se de que não é capaz de fazer todo o trabalho sozinho. Pergunte aos clientes, funcionários, pares e superiores o que eles pensam sobre o problema, e faça perguntas norteadoras que identificarão tanto o problema quanto as soluções potenciais. Você logo descobrirá quais são as preocupações deles e terá mais capacidade de conceber excelentes soluções a longo prazo que beneficiarão a todos.

Pense em Outras Coisas

Deixar de pensar no problema por um momento renovará sua criatividade. Ouvir uma música tranqüila, observar um peixe no aquário ou fazer exercícios lhe dará chance para examinar o problema sob uma nova perspectiva. Além disso, ao focar nos atributos da música ou do peixe, você poderá ser capaz de associar o que vê com as soluções potenciais ao seu problema. Por exemplo, um peixe em seu aquário pode estar nadando devagar e competindo com outro, mais rápido. Isso o levará a imaginar se a linha de produto proposta ganhará participação de mercado com rapidez suficiente, em comparação aos produtos de seu concorrente.

Pense em seu Objetivo

Se você se lembra periodicamente por que está resolvendo problemas e tomando decisões — para atingir um objetivo específico —, então é mais provável que permaneça no caminho do pensamento crítico. Use ferramentas e técnicas relevantes e minimize distrações.

Decida com Confiança

Às vezes você toma várias decisões por minuto; decisões mais complexas podem levar dias ou semanas. Você resolve alguns problemas completamente sozinho, e outros com membros da equipe ou comitês.

Você já usa uma gama de experiências e capacidade intuitiva ao solucionar problemas e tomar decisões. Ao combinar esse conhecimento com as técnicas deste capítulo, você tomará melhores decisões independentemente do volume de informação, dos prazos e da incerteza. Com métodos que você pode usar prontamente em sua empresa e outros desafios, você será capaz de abordar problemas com confiança e sabe que poderá sentir-se orgulhoso dos resultados.

Resumo, Questões e Exercício

Resumo

A solução de problemas e a tomada de decisões, assim como a comunicação, são as habilidades mais utilizadas por um líder, pois se relacionam com toda a atuação da liderança. A solução de problemas e a tomada de decisões estão intimamente relacionadas no sentido de que ambas são processos de ação e freqüentemente se sobrepõem.

Torna-se imprescindível fazer uso do processo de solução de problemas constituída de oito etapas:

- Identificar sintomas.
- Coletar informações.
- Comparar os resultados desejados com os atuais.
- Definir o problema e seus efeitos.
- Listar, analisar e eliminar possíveis causas.
- Escolher as prováveis causas.
- Identificar e examinar possíveis cursos de ação.
- Escolher e implementar o melhor curso de ação, então avaliar.

No que se refere ao processo de tomada de decisão, identificar cursos de ação traz poucos benefícios se os prós e contras não forem ponderados, não for determinado qual deles é o melhor, e consideradas as conseqüências de implementá-lo.

As decisões são formadas por três elementos: condições, cursos de ação e conseqüências. Existem algumas técnicas que são as mais utilizadas para a tomada de decisões, sendo elas a priorização, *checklists, brainstorming*, intuição, matriz de ganhos, árvores de decisão e técnicas avançadas.

Alguns autores comentam que os líderes são pagos para resolver problemas e tomar decisões. Dentro dessa perspectiva, um fator importante é o pensamento crítico e criativo. As pessoas tendem a pensar em dois estilos, adaptativo ou inovador. Nenhum deles é certo ou errado. O que é importante é que o líder conheça a sua orientação e verifique se precisa inserir algumas práticas na sua vida diária para se tornar um pensador melhor.

Questões:

- Por que a solução de problemas e a tomada de decisões são consideradas as habilidades mais utilizadas no dia-a-dia da liderança?
- De que maneira a solução de problemas e a tomada de decisões estão correlacionadas?
- Quais as etapas para solucionar um problema?
- Qual a implicação de um diagnóstico adequado e da definição correta do problema no processo de resolução do problema?

- Por que é importante envolver as pessoas que serão afetadas com a decisão?
- As decisões podem ser programadas ou não programadas. Explique essa diferença.
- Qual a correlação entre o estilo adaptativo ou inovador com a teoria da dominância cerebral?

Exercício:

Considere um problema que você esteja enfrentando e aplique as etapas da solução de problemas e as técnicas para a tomada de decisão que você aprendeu neste capítulo.

Capítulo 6

Gerenciamento de Prioridades

Robert parece sempre ter o dia bem planejado. Ele é organizado, eficiente e desperdiça pouco tempo. Quais são os segredos do sucesso dele?

A maneira como você gerencia suas prioridades como líder está irrefutavelmente ligada ao seu êxito em alcançar os objetivos. Este capítulo discutirá como gerenciar bem as prioridades, dadas as restrições de tempo e a inevitabilidade do estresse. Você logo será capaz de realizar mais em menos tempo e ganhará mais tempo valioso para gastar com sabedoria na tarefa essencial de conduzir sua organização.

Controle seu Tempo

O tempo, uma das poucas coisas comuns entre as pessoas, é um recurso que você usa para colocar sua vida em ordem no trabalho, em casa e no lazer. Embora todos tenham o mesmo número de horas por semana para realizar uma série de tarefas e obrigações, algumas pessoas são mais eficientes que outras no gerenciamento de seu tempo. Felizmente, não é difícil observar pessoas que gerenciam seu tempo com sucesso para ver como elas alcançam suas prioridades. Elas usam técnicas e princípios

Gerenciamento de Prioridades

simples para ajudá-las a se antecipar e escolher o que querem e precisam fazer.

Uma vez que os líderes, em sua maioria, têm considerável contato pessoal com os outros, às vezes eles acreditam equivocadamente ter pouco controle sobre como esse tempo é gasto. Isso simplesmente não é verdade. A chave para o gerenciamento efetivo do tempo é saber controlá-lo e tomar medidas para manter esse controle. Não importa o quanto você seja ocupado ou quais sejam as circunstâncias de seu trabalho, você pode aprender a controlar seu tempo e a ter tempo disponível para trabalhos mais importantes. Por exemplo, você pode não estar realizando trabalhos importantes porque seus funcionários e colegas de trabalho o interrompem constantemente durante o dia. Há muitas soluções para essa situação, como limitar a quantidade de tempo que você gasta conversando com qualquer pessoa que o interrompa, pedindo a alguém para falar com a pessoa que o interrompe ou reservando horários específicos durante o dia exclusivamente para você.

A maneira como você gerencia suas prioridades como líder está irrefutavelmente ligada ao seu êxito em alcançar os objetivos.

Você pode usar o processo de gerenciamento de tempo a seguir não só para conseguir controlar seu tempo, mas também para manter esse controle, repetindo periodicamente o processo.

A chave para o gerenciamento efetivo do tempo é saber controlá-lo e tomar medidas para reter esse controle.

1) Analise o uso atual de seu tempo.
2) Elimine tarefas não essenciais e inadequadas.
3) Delegue tarefas.
4) Aprimore o desempenho de tarefas essenciais.
5) Mantenha o controle de seu tempo.

1) Analise o Uso Atual de seu Tempo

Seu objetivo nessa etapa é traçar e avaliar o que você faz durante um dia típico e quando você faz isso. Você consegue isso usando uma agenda, na qual registra suas atividades divididas em períodos de três horas durante toda a sua semana. Você levará vários minutos por dia para documentar suas atividades, mas a recompensa é substancial, como você verá. Pegue um caderno espiral de 20 páginas e organize-o de modo que cada página seja dedicada a um segmento de três horas para um determinado dia da semana. Os segmentos de tempo de três horas são agrupados para facilitar a comparação deles mais tarde.

- Páginas 1-5: período de tempo das 7 às 10 da manhã, de segunda à sexta.
- Páginas 6-10: período das 10 da manhã à 1 da tarde, de segunda à sexta.

- Páginas 11-15: período da 1 às 4 da tarde, de segunda à sexta.
- Páginas 16-20: período das 4 da tarde às 7 da noite, de segunda à sexta.

Guarde o caderno com você o tempo todo e documente exatamente, a cada poucos minutos, o que você fez durante os minutos anteriores. Seja específico e anote honestamente os nomes das pessoas com quem você falou e os tópicos ou projeto específico no qual você estava trabalhando, a duração da tarefa (por exemplo, 9h45-9h55 da manhã) e qualquer ocorrência importante, como se você fez o que pretendia ou se foi interrompido. Faça isso para cada um dos quatro períodos durante os cinco dias. No final de cada período de três horas, some todo o tempo gasto em atividades importantes como visitas *in-office*, planejamento, conversas ao telefone, leitura de correspondências e reuniões.

Depois de cinco dias documentando suas atividades, você chegará a conclusões importantes sobre o que faz diariamente. Você ficará surpreso ao notar que a leitura de e-mails levou 45 minutos, as chamadas telefônicas tomaram duas horas ou negócios pessoais ocuparam uma hora. Provavelmente você encontrará várias horas durante um dia típico que poderiam ser caracterizadas como perda de tempo, tempo de espera ou tempo não gasto para apoiar suas funções básicas. Além disso, você perceberá que há um certo período de tempo durante o dia em que você parece trabalhar mais, pensar mais criativamente ou estar mais alerta. Esse é o seu horário mais produtivo e será discutido na etapa quatro.

2) Elimine Tarefas Não Essenciais e Inadequadas

Ao adotar um olhar crítico em sua agenda, você pode localizar tarefas que não deveria estar fazendo, porque não são essenciais aos seus objetivos pessoais ou à missão de sua organização, ou por serem irrelevantes às suas responsabilidades básicas de liderança e, por isso, deveriam ser delegadas. Alguns exemplos típicos de tarefas não essenciais são compilar dados que raramente precisa ou usa, participar de uma reunião que não diz respeito às suas responsabilidades e ler revistas que não têm relevância para as suas responsabilidades profissionais. Alguns exemplos típicos de tarefas inadequadas são compilar dados necessários que outro departamento já coleta regularmente, aprovar solicitações de rotina que um funcionário poderia ser incumbido de fazer e abrir e ler seu e-mail quando você tem um assistente capaz disso.

Pare de fazer tarefas não essenciais e transfira aquelas inadequadas aos encarregados de direito em outros departamentos ou delegue-as.

Gerenciamento de Prioridades   75

Pare de fazer tarefas não essenciais e transfira aquelas inadequadas aos encarregados de direito em outros departamentos ou delegue-as. Essas ações recuperarão uma parte significativa de seu tempo. Você pode parar uma tarefa não essencial rapidamente se tiver autoridade para isso. Caso contrário, terá de convencer sua equipe ou superiores das razões para querer eliminar a tarefa. Se você explica que a tarefa não é pertinente às suas responsabilidades, essa persuasão deveria ser simples.

3) Delegue Tarefas

Sem dúvida, a delegação é um dos melhores métodos para poupar tempo ao lidar com responsabilidades. Esse processo envolve transferir responsabilidades e autoridade aos funcionários e a outros, para que realizem tarefas com autonomia. Se você seguir algumas diretrizes simples, a delegação aumentará acentuadamente seu tempo disponível para tarefas prioritárias; treine seus funcionários e a equipe para trabalharem mais sem sua forte supervisão; aprimore o desempenho, o moral e a satisfação no emprego dos outros; e aprimore o desempenho, a criatividade e a reputação de sua organização.

Há seis diretrizes básicas para um processo efetivo de delegação.

- Decida o que delegar.
- Escolha a pessoa certa.
- Comunique a tarefa.
- Dê responsabilidade e autoridade para toda a tarefa.
- Verifique o progresso.
- Avalie resultados.

Decida o Que Delegar. Um princípio geral é delegar sempre que outra pessoa possa efetivamente fazer a tarefa para você. Isso lhe permite concentrar-se em suas atribuições mais importantes como líder ou em tarefas especiais relacionadas à sua capacidade pessoal, suas habilidades ou o que lhe dá prazer. Uma tarefa que pode ser delegada normalmente é de rotina e apresenta risco e importância médios. Porém, esses critérios não são absolutos, uma vez que você pode querer delegar uma tarefa arriscada e extremamente difícil com a intenção de desenvolver as capacidades de um funcionário importante, por exemplo. Além disso, se você delega freqüentemente tarefas comuns, desagradáveis ou não recompensadoras, e mantém as interessantes e empolgantes para você, a efetividade de sua liderança será prejudicada a longo prazo.

> *Um princípio geral é delegar sempre que alguém mais pode efetivamente fazer a tarefa para você.*

Um de seus principais objetivos deveria ser que tanto você quanto os membros de sua equipe cresçam profissionalmente para serem os melhores líderes que você pode ter. Nesse contexto, pense inicialmente em delegar tarefas importantes associadas ao nível primário das habilidades de liderança, como implementar soluções ou supervisionar projetos individuais. À medida que os membros de sua equipe provem capacidade para aceitarem maiores responsabilidades, delegue mais a eles. Lembre-se de manter-se profundamente envolvido com os relacionamentos importantes e com as áreas estratégicas, como lidar com as necessidades e preocupações dos membros de sua equipe, estruturar sua organização e implementar mudanças importantes.

Escolha a Pessoa Certa. Considere vários fatores ao escolher a pessoa a quem você quer delegar uma tarefa. Pergunte-se quem é o indivíduo mais novato com experiência no trabalho ou interesse na tarefa, quem precisa da tarefa em termos de desenvolvimento de carreira e quem tem a disponibilidade para assimilar a atribuição. Ao associar as capacidades de uma pessoa com os requisitos da tarefa, você aumenta radicalmente a probabilidade de sucesso.

A maneira mais efetiva de escolher a pessoa certa é entender completamente os objetivos profissionais e pessoais e a motivação dos integrantes da equipe ou dos colegas de trabalho. Uma vez que você sabe um pouco mais sobre com quem está trabalhando, use esse conhecimento para guiá-lo para as escolhas certas ao delegar.

Comunique a Tarefa. Explique seu conceito da tarefa à pessoa, inclusive os resultados finais esperados, detalhes pertinentes, mas não todos os detalhes, prioridades, restrições, recursos disponíveis, marcos e prazos, expectativas e qualquer outra orientação importante. Para assegurar o compromisso da pessoa, explique por que a tarefa deve ser feita, sua história e importância para você e para a sua organização. Peça para repetir com suas palavras os detalhes da atribuição; isto garantirá que ela receba e entenda sua comunicação, sendo menos provável afastar-se de suas intenções. Especifique que uma vez que você confia uma atribuição a essa pessoa, não verificará constantemente seu progresso, mas espera que ela o procure quando quiser, com dúvidas ou problemas sem solução. Mantenha um registro dos detalhes dessa conversa para que você possa consultá-lo depois, ao verificar o andamento.

Dê Responsabilidade e Autoridade para Toda a Tarefa. Diga à pessoa que essa tarefa é um projeto que ela executará totalmente, usando a orientação que você forneceu. A pessoa deve entender que você está comprometido a apoiar a autoridade dele ou dela para completar a tarefa e que você fornecerá os recursos exigidos e qualquer assistência ou intervenção necessária. Quando você delega integralmente uma tarefa multifacetada, seus funcionários ganharão muito mais experiência do que se eles fossem responsáveis por apenas um componente da tarefa.

Diga à pessoa que essa tarefa é um projeto que ele ou ela executará integralmente, usando a orientação que você forneceu.

Se a pessoa for incapaz de realizar certos aspectos da tarefa sozinha, ela, por sua vez, poderá preferir delegar um componente da responsabilidade e, ao fazer isso, aprender a habilidade de delegar. Nesse caso, monitore cuidadosamente as decisões da pessoa para assegurar que ela retenha controle suficiente sobre a tarefa.

Se você decide que é impraticável atribuir uma tarefa completa a uma única pessoa, assegure que todos os indivíduos entendam a importância das responsabilidades deles para com você e a organização. Como resultado, você inspirará sua equipe a se comprometer com a atribuição, até que a tarefa seja concluída.

Verifique o Progresso. Monitore o progresso dos integrantes de sua equipe e oriente os esforços deles mediante reuniões periódicas para discutir detalhes e fornecer *feedback*. Se eles tiverem dificuldades e tentarem delegar a atribuição novamente para você, o que às vezes ocorre quando os funcionários enfrentam tarefas desafiadoras, resista. Em vez de concordar avidamente em resolver um pequeno problema para eles, deixe-os resolvê-lo fazendo perguntas importantes como: "O que você acha?" ou "Esta é uma opção viável?". Esse treinamento, encorajamento e assistência serão valiosos e os ajudarão a assegurar não apenas que seu projeto permaneça no caminho certo, mas também que os membros de sua equipe desenvolvam novas habilidades e experiência adicional em liderança.

Avalie Resultados. Note o que fez o projeto ter sucesso ou encontrar dificuldades. Discuta essas lições com os funcionários envolvidos e integre o que você aprendeu na sua próxima oportunidade para delegar. Elogie as realizações deles na frente dos seus pares e de seu supervisor.

4) Aprimore o Desempenho de Tarefas Essenciais

Agora que você se livrou de tarefas não essenciais e inadequadas, examine atentamente as remanescentes. Determine seus objetivos e ligue-os a suas tarefas mais importantes. Seu sucesso no desempenho de tarefas relacionadas ao trabalho e ao seu êxito geral como líder depende de estabelecer objetivos a curto, médio e longo prazo que sejam realistas, atingíveis, mensuráveis e em um tempo determinado.

Determine seus objetivos e ligue-os a suas tarefas mais importantes.

Os objetivos são um dos motivadores mais fortes, porque com eles você pode superar desafios que normalmente seriam intransponíveis. Inúmeros estudos têm mostrado que as pessoas mais bem-sucedidas, apesar de obstáculos ou incapacidades, são aquelas que identificam claramente seus objetivos pessoais e profissionais e se comprometem com eles. Pense em seu lazer e na comunidade nas próximas semanas, meses e anos. Esses objetivos poderiam incluir uma promoção no emprego, um certo nível de renda, um relacionamento saudável ou uma família. Anote esses objetivos, mantenha-os perto de você e revise-os diariamente para ajudá-lo a priorizar suas atividades. Uma vez que você determina por que está trabalhando todos os dias, ou seja, para atingir objetivos específicos, então você terá avançado bastante no seu preparo pessoal para fazer o que é necessário para atingi-los.

Planeje e priorize suas tarefas diárias, semanais, trimestrais ou anuais. A priorização consiste em classificar suas tarefas em termos de seu valor para você e sua organização. Pense em cada tarefa em termos da importância e urgência. Seu objetivo é passar a maior parte de seu tempo em tarefas importantes e não urgentes, como planejar, resolver problemas a longo prazo ou atingir objetivos. Uma vez que essas tarefas altamente gratificantes são aquelas que você mais contribui para a organização, faz sentido dedicar uma quantidade significativa de tempo a elas. Durante todo o dia, você encontrará tarefas importantes e urgentes, planejadas e não planejadas, como crises com pessoal ou com clientes. Você deve atendê-las, mas também deve minimizar as perturbações que elas causam e o tempo que tomam de outras prioridades importantes. Passe menos tempo em tarefas urgentes e sem importância, como ler e-mails ou certos deveres administrativos porque não o ajudam significativamente a realizar suas prioridades mais importantes, embora possam fazê-lo se sentir como se estivesse realizando um trabalho importante. Evite as atividades remanescentes, que não têm importância nem urgência, como fofocas ou jogos de computador.

Seu objetivo é passar a maior parte de seu tempo em tarefas importantes e não urgentes, como planejar, resolver problemas a longo prazo ou atingir objetivos.

Se você anotar suas tarefas em algum tipo de documento de planejamento, é mais provável que você as realize. Essas tarefas refletem planejamento a curto (diárias e semanais), médio (trimestrais) e longo prazo (anuais). Antes de sair do trabalho ou de começar a trabalhar, desenvolva seu plano diário e liste as tarefas exigidas por ordem de prioridade. Tomar simplesmente alguns minutos para planejar suas atividades e tarefas o ajudará a se concentrar no mais importante. Lembre-se: você tem tempo para planejar e o planejamento é crucial para manter-se concentrado em seus objetivos mais importantes. Mantenha o plano perto de você para que possa consultá-lo facilmente durante todo o dia e coordená-lo com as tarefas de seu plano semanal, que você quer realizar durante um período de cinco dias. Você segue seus planos semanais a curto prazo, realizando as tarefas detalhadas incluídas nos planos diários. Você segue seu plano trimestral — seus objetivos e atividades para os próximos três meses — ao realizar as tarefas em seus planos semanais. Da mesma forma, o plano anual mostra seus importantes objetivos para os próximos 13 meses e para os dois a cinco anos seguintes.

Use seu tempo mais produtivo para as tarefas mais importantes. Ao desenvolver uma agenda, como fizemos nas páginas anteriores, você identificou um período em que conseguiu realizar mais trabalho e parecia mais alerta. Para a maioria das pessoas, às vezes isso acontece antes do almoço, mas pode variar. Uma vez que seu nível de energia é mais alto durante o período que você identificou, use esse tempo com sabedoria para trabalhar em suas tarefas mais importantes.

Programe um período específico sem interrupções, atividades específicas e eventos de rotina. Deixe seu planejamento diário liberá-lo para programar o que você precisa programar. Primeiro, reserve um período durante cada dia em que você não permitirá que qualquer pessoa o interrompa, pessoalmente ou por telefone. Coordene esse bloco programático com seu assistente ou funcionários. Então você poderá se concentrar melhor em suas tarefas de alta prioridade. Em segundo lugar, programe sempre tempo suficiente para qualquer evento planejado que exija sua presença, como reuniões, cerimônias, sessões de treinamento ou entrevistas. Terceiro, dê tempo durante o dia para poder agrupar atividades de rotina, como retornar telefonemas, assinar documentos ou ler.

Evite programar coisas demais. Ao tentar programar cada hora do dia com alguma atividade, não se esqueça de deixar um tempo de folga para que qualquer crise ou acontecimento não planejado não o faça atrasar sua programação.

Elimine perdas de tempo. Sempre que você fizer alguma coisa que não esteja relacionada a realizar suas prioridades mais importantes, estará perdendo tempo. Exemplos de coisas que desperdiçam tempo incluem fofocas, acumular papéis e adiar tarefas.

Veja sete dicas para ajudá-lo a eliminar perdas de tempo.

1) Evite acumular papéis.
2) Reduza interrupções.
3) Mantenha o foco.
4) Evite adiar tarefas.
5) Gerencie telefonemas.
6) Gerencie crises.
7) Evite esperar por eventos ou respostas.

Desperdício de Tempo

Outros exemplos de desperdício de tempo originados de eventos externos são visitas não programadas, telefonemas, crises e períodos de espera. Em seu registro de atividades certamente constarão vários destes — uma prova clara do quanto eles sorrateiramente invadem sua agenda e distraem você de suas tarefas mais importantes. Você pode poupar um tempo significante simplesmente focando em eliminar o desperdício de tempo. A melhor maneira de detectar se você está desperdiçando tempo, e assim rapidamente retomar as tarefas importantes, é simplesmente se perguntar várias vezes ao dia: "Isso que estou fazendo agora está ajudando a realizar as tarefas prioritárias do dia?".

Evite Acumular Papéis. Quando você não consegue encontrar um documento ou arquivo em dois minutos, ou se você perde prazos porque não acha os documentos que estavam na sua mesa, é hora de reorganizar seu escritório. Há muitos livros disponíveis sobre como controlar documentos, sistemas de arquivamento e layout do escritório, mas aqui estão alguns pontos-chave que podem ajudá-lo imediatamente.

> *Quando você não consegue encontrar um documento ou arquivo em dois minutos, ou se você perde prazos porque não acha os documentos que estavam na sua mesa, é hora de reorganizar seu escritório.*

Use documentos até não precisar mais dele imediatamente, então guarde-os em seu sistema de arquivo pessoal perto de sua mesa — caso você precise acessá-los para um determinado projeto —, em um sistema de avisos que o lembre da ação exigida em uma determinada data, ou permanentemente nos arquivos centrais, para que outros o encontrem se você estiver fora. Nunca deixe documentos soltos em sua mesa de um dia para o outro. Com a ajuda de seu assistente, remova periodicamente os arquivos e descarte documentos que não têm mais valor para você ou sua organização. Mantenha apenas itens críticos que devem ser guardados por exigência da lei, documentos únicos ou informações-chave que provavelmente serão necessárias como referência.

Identifique itens da mesa que você usa pouco e guarde-os em gavetas ou os dê para alguém que possa usá-los.

Selecione rotineiramente papéis ou correspondências com o objetivo de manipulá-los apenas uma vez. Se isso for impraticável, cada manuseio deve mover a tarefa um passo mais perto de sua conclusão. Se você é quem tomará as providências quanto a um item, coloque o documento em uma pasta para providências juntamente com os documentos relacionados. Tome as providências de acordo

Gerenciamento de Prioridades 81

com a prioridade delas e limite o número de vezes que você lida com a papelada. Coloque todo o restante, inclusive correspondências, em pastas para ler mais tarde, ou descarte-o se não tiver serventia. Coordene os prazos com seu sistema de planejamento de modo que você não perca nenhum deles. Depois de folhear revistas, não fique com elas; recorte os artigos que forem pertinentes ao seu trabalho e livre-se delas.

Reduza Interrupções. Quando as pessoas visitam seu escritório ou espaço de trabalho, lembre-se de que você está no controle porque é o seu domínio. Quando você os convida ao seu escritório, tem um objetivo mais claro e sabe quanto tempo deverá levar para atingir o objetivo. Quando você termina sua agenda com eles, simplesmente se levante para o próximo compromisso e deixe que percebam que você pretende passar a outra atividade. Você pode desencorajar interrupções indesejáveis colocando sua mesa fora da visão dos visitantes. Quando chegam visitantes inesperados, suas três opções são: conversar tendo um propósito; bater um papo rápido e voltar ao trabalho; ou não conversar.

> *Quando as pessoas visitam seu escritório ou espaço de trabalho, lembre-se de que você está no controle porque é o seu domínio.*

Se um visitante não é anunciado, mas é importante e infreqüente — seu supervisor, um vice-presidente, um funcionário-chave ou um cliente, por exemplo —, tome o tempo necessário e converse com ele, tentando manter o foco nos assuntos relacionados ao trabalho. Ainda que essas pessoas sejam uma interrupção, você pode inserir alguma folga na sua programação para questões não planejadas como essa. Tire vantagem da situação para resolver questões importantes ou conhecer o visitante um pouco melhor.

Alguns visitantes inesperados, mas regulares, podem merecer uma conversa breve, como uma rápida atualização sobre um projeto. Levante-se e cumprimente-os, mas não os convide para sentar-se, a não ser que você tenha muito tempo. Vá direto à razão que os levou lá. Quando terminar a conversa, diga ao visitante que você tem outra atividade em andamento.

Habitue-se a dizer a visitantes indesejados firme, mas educadamente, que você simplesmente não tem tempo para conversar. Se eles tiverem negócios a tratar, diga-lhes para ligarem para você mais tarde ou marque um encontro com eles. Esses visitantes acabarão aprendendo a jogar de acordo com suas regras.

Mantenha o Foco. Depois de eliminar a perda de tempo no escritório, concentre-se em suas tarefas prioritárias imediatamente. Você ganha vários minutos simplesmente voltando ao que estava fazendo antes da interrupção.

Evite Adiar Tarefas. Quando você estiver tentado a adiar uma tarefa por qualquer que seja a razão, seja ela monótona, complexa ou sem urgência, por exemplo, lembre-se de que o adiamento só tornará seu trabalho geral muito mais complicado. Além de não terminar a tarefa, você também pensará constantemente nisso, o que afetará a maneira como você conduzirá outras tarefas. Sua melhor solução é comprometer-se a terminar a tarefa, dizer a alguém sobre seu compromisso, estabelecer um prazo para conclusão, pensar no quanto você se sentirá bem quando terminar a tarefa ou o que você fará como auto-recompensa por tê-la terminado, e começar a trabalhar na tarefa imediatamente. Outras dicas para não adiar incluem delegar e dividir a tarefa em etapas mais simples.

> *Quando você estiver tentado a adiar uma tarefa por qualquer que seja a razão, seja ela monótona, complexa ou sem urgência, por exemplo, lembre-se de que o adiamento só tornará seu trabalho geral muito mais complicado.*

Gerencie Telefonemas. Embora quase todos pareçam reclamar de telefonemas, eles podem ser efetivos e eficientes se você aprender a controlá-los. Quando você está ao telefone, seja breve, objetivo e focado nos tópicos relacionados ao trabalho. Seu assistente, se você tem algum, trabalha o tempo todo o ajudando a eliminar chamadas de rotina e não relevantes. Retorne ligações de rotina durante períodos de tempo específicos; resolva as urgentes imediatamente.

Se você deixa uma mensagem para alguém por meio de um assistente ou correio de voz, faça quatro coisas: dê o seu nome; especifique o assunto na chamada; diga quando você poderá ou não atender (para eliminar a gravação padrão); e dê seu número de telefone duas vezes (para confirmar). Sua mensagem de correio de voz deve pedir àqueles que ligam para deixarem essas mesmas quatro informações. Quando o receptor de uma mensagem sabe o motivo da chamada, ele pode se preparar melhor para retornar a ligação. Finalmente, por gentileza, se você diz a alguém que retornará a ligação dele ou dela, faça isso ou peça para alguém retorná-la por você.

Gerencie Crises. Quando ocorre uma emergência inesperada, ela tem prioridade na sua programação e você adia ou cancela alguma coisa que tinha planejado fazer. Sua missão, então, é lidar com a crise para poder voltar a seus deveres importantes e não urgentes. A chave para eliminar essa perda de tempo é prevenir crises, se possível. Você pode evitar algumas crises ao analisar os detalhes das crises passadas, ao fazer um planejamento de modo a tornar crises similares menos prováveis, ou pelo menos ao saber que ações você deverá tomar quando elas acontecerem. Manter certas peças de caminhão na fábrica, por exemplo, pode evitar outra demora de várias horas se o seu único caminhão de entrega quebrar outra vez. Isso, por sua vez, pouparia o tempo que você gastou para encontrar as peças em uma situação de crise.

Evite Esperar por Eventos ou Respostas. Esperar rouba seu tempo basicamente de duas formas: quando você fica temporariamente imobilizado, aguardando o início de uma atividade, ou quando está esperando respostas ou informações para poder continuar seu trabalho. Na primeira situação, a chave é ter sempre alguma coisa produtiva a fazer quando confrontado com a situação inevitável de espera; isso minimizará sua perda de tempo. Muitas pessoas recebem bem períodos de espera porque podem usar esse tempo produtivamente para pensar ou ler sem interrupção. Aqueles que fazem longas viagens a trabalho freqüentemente ouvem áudio de desenvolvimento profissional em seus automóveis. Para evitar perder seu tempo esperando respostas ou informações, vá e procure o que precisa em vez de esperar que ela venha até você. Se alguém está demorando para lhe fornecer informações, procure-o e ressalte a importância de obter essa informação assim que possível. Quando você explica educadamente a uma pessoa como precisa dessa informação para uma de suas tarefas prioritárias, ela provavelmente irá considerá-la mais urgente.

5) Mantenha Controle de seu Tempo

Há dúzias de sistemas de gestão de tempo que você ou sua organização podem comprar ou conceber. Os sistemas mais usados para a gestão de tempo incluem calendários, listas de afazeres, documentos de planejamento máster, e planejadores e organizadores. Se você tiver opção, examine o que existe no mercado e escolha o que você acha mais prático de usar como sua única ferramenta organizadora. Embora a gestão de tempo tenha evoluído consideravelmente com os anos, desde listas escritas à mão até sistemas elaborados que registram seus objetivos e valores pessoais e profissionais, você pode exigir inicialmente apenas um sistema simples, dependendo da amplitude e da complexidade de suas responsabilidades.

Os calendários e listas de afazeres lhe permitem anotar facilmente reuniões, várias tarefas ou planos a longo prazo. Usados isoladamente, entretanto, eles não costumam lhe permitir consolidar efetivamente tudo o que você poderia fazer durante o dia, como fazer anotações, acompanhar tarefas ou projetos complicados que você delegou aos outros, ou gerenciando prazos freqüentes e recorrentes.

Sistemas de Gestão de Tempo

As considerações mínimas para o sistema de gestão de tempo são que ele seja simples de usar, atualizável e móvel; que mantenha o acompanhamento de suas tarefas e objetivos a curto, médio e longo prazo; que possa ser expandido para anotar números de telefone, despesas e outras informações importantes; e que o ajude a controlar efetivamente o tempo. A maioria dos sistemas é abrangente o suficiente para lhe permitir parar permanentemente de usar pedaços de papel ou blocos de notas para anotar compromissos, telefonemas ou informações de rotina. Tendo isso em vista, provavelmente você desejará um sistema mais avançado que uma lista de afazeres, mas possivelmente não tão elaborado quanto um organizador eletrônico. Alguns líderes podem exigir um sistema informatizado se supervisionam ou participam de projetos difíceis, gerenciam relações múltiplas com clientes e fornecedores, ou precisam de lembretes freqüentes.

Um documento do planejamento máster faz essas coisas registrando suas tarefas e atividades mais importantes nas próximas semanas e meses. Ele agrupa todas essas atividades por prioridade ou as prioriza durante dias ou semanas específicos. Uma visão tão ampla de suas responsabilidades lhe mostrará as atividades em um só relance e facilitará a execução do planejamento diário detalhado. Você pode listar atividades simples juntas em uma folha e dedicar uma folha separada a cada um dos projetos e tarefas mais complicados. A maioria das pessoas que usa documentos de planejamento máster elabora um formato com o qual se sente bem ou usa um dos vários produtos comerciais.

Planejadores e organizadores são excelentes para pessoas que viajam freqüentemente e precisam de rápido acesso a uma ampla gama de informações. Eles consolidam as características das ferramentas discutidas anteriormente e as aprimoram, integrando tempo e gestão de objetivos. Com a intenção de torná-lo muito mais produtivo, alguns deles o encorajam a examinar seus valores e alinhá-los a outras ações diárias.

Viajar — embora seja útil ou mesmo necessário para visitar clientes ou membros da equipe, inspecionar operações ou participar de conferências — não é uma razão para perder o controle de seu tempo. Determine primeiro se a viagem é necessária ou se o trabalho pode ser feito mediante de meios alternativos como telefonemas ou videoconferência. Se a viagem for necessária, alguém poderia ir em seu lugar ou poderia vir alguém até o seu local de trabalho? Se você precisa ou prefere viajar, considere a viagem uma extensão de seu local de trabalho e continue a usar suas habilidades de estabelecer prioridades e gerir o tempo. Uma lista de checagem bem preparada lembrará rapidamente a você ou ao seu assistente de que itens pessoais e relacionados ao trabalho você precisa levar para que a viagem transcorra bem.

Uma vez que você estará conduzindo sua organização e coordenando as atividades à distância, há quatro pontos a notar. Primeiro, tome cuidado especial para informar aos membros de sua equipe com antecedência que você está saindo, de modo que eles possam planejar adequadamente sua ausência e evitar inundá-lo com perguntas de última hora. Segundo, seu superior e seu colega que trabalha mais próximo devem ser capazes de entrar em contato com você a qualquer hora. Uma boa idéia seria dar a eles uma cópia de seu itinerário; escrever nele seu hotel e número do celular. Terceiro, como viajar envolve mais incerteza do que trabalhar no escritório, confirme duas vezes todos os compromissos e reuniões para estar certo de que eles ainda estejam marcados. Finalmente, para ajudá-lo a manter sua sanidade e capacidade de reagir a crises no caminho, deixe bastante tempo entre os compromissos e as conexões de vôo. Se você é um viajante freqüente, considere associar-se ao clube de vantagens da empresa aérea, da locadora de carros e de hotéis, porque eles lhe oferecem atrativos e economias extras que podem tornar sua viagem muito mais prazerosa e produtiva.

Como sugestão final para manter controle de seu tempo, considere fazer um curso de compreensão de leitura. Embora sejam conhecidos tradicionalmente como cursos de leitura dinâmica, esses seminários fazem muito mais: eles o ajudam a atingir níveis mais altos de produtividade e desempenho. Além de ler mais rápido, você aprenderá a aumentar sua memória e compreensão do que lê. Como líder, isto o ajudará de diversas formas. Primeiro, você processará eficientemente as montanhas de papelada que fluem por sua mesa e terá tempo para ler mais ou para tomar providências sobre o que acabou de ler. Segundo, você aprenderá técnicas comprovadas para anotar abreviadamente e logo as usará durante reuniões, viagens ou na supervisão local. Finalmente, você aprenderá a compreender melhor materiais difíceis e extensos, como documentos técnicos, financeiros ou legais.

Gerencie o Estresse

Junto com a enormidade de seu trabalho vem o inevitável estresse, que o afeta diferentemente dos outros desafios. Ele é útil, portanto, desde que você desenvolva seu conhecimento sobre ele, de modo que possa reconhecê-lo e gerenciá-lo. Isso permitirá a você, a seus funcionários e aos membros da equipe lidar mais efetivamente com as situações estressantes que ocorrem no local de trabalho e, por sua vez, lhe permitirá focar melhor suas prioridades diárias.

O que é estresse? O estresse é sua resposta interna a tudo o que acontece com você. Níveis mais altos de estresse geralmente se manifestam de duas maneiras: em suas circunstâncias inerentes, como em seus problemas familiares, desafios de trabalho ou restrições de tempo; e em suas reações particulares a circunstâncias, como dores de cabeça, ansiedade, negação ou sérios problemas físicos. A intensidade do estresse pode variar de um nível baixo, como quando se lê um documento, a um nível alto, como quando se faz uma apresentação a uma platéia. Picos temporários em seus níveis de estresse não são prejudiciais nem difíceis de prevenir. Quando os seus sistemas estão rotineiramente sob níveis de moderado a alto de estresse, entretanto, você terá desequilíbrios hormonais que poderão causar sérios problemas de saúde.

Uma de suas responsabilidades como líder é se antecipar, identificar e reduzir o estresse em sua organização. Isto é importante por duas razões: a primeira, identificando indivíduos estressados e então se comprometendo a ajudá-los, você não só os tornará mais produtivos como freqüentemente identificará importantes problemas organizacionais, resolvendo-os também. Em segundo lugar, ao se tornar mais ciente do estresse das outras pessoas, você pode ficar mais atento aos seus próprios sintomas e então tomar uma iniciativa para ajudar a si mesmo. Você sente os mesmos tipos de estresse que os integrantes de sua equipe, mas uma vez que você carrega responsabilidades adicionais de liderança, seus níveis de estresse afetam aqueles à sua volta; seu objetivo é não deixar que isso os afete negativamente.

> *Uma de suas responsabilidades como líder é se antecipar, identificar e reduzir o estresse em sua organização.*

Identificando o Estresse

Conversando com sua equipe e sabendo o que está acontecendo no local de trabalho, você pode identificar alguns dos sintomas mais comuns de estresse, inclusive um aumento na hostilidade do funcionário, uma diminuição nas atitudes positivas, no uso excessivo de horas extras e um aumento nos conflitos familiares. Você pode permanecer alerta a outras situações estressantes observando indicadores específicos do funcionário como letargia, doenças, faltas, uso de medicamentos, irritabilidade e uma diminuição no desempenho no trabalho.

Há quatro medidas específicas que você pode tomar para gerenciar o estresse no trabalho.

Crie e Mantenha um Excelente Ambiente de Trabalho

À medida que você usar as habilidades de liderança apresentadas neste livro, fará um tremendo progresso em minimizar o estresse em sua organização. Preste atenção a todas as áreas sob sua responsabilidade e lide com os desafios à medida que forem surgindo, e não depois.

Os funcionários precisam de você para ser realistas, justos, razoáveis, honestos, ponderados, participativos e atenciosos. Eles não precisam de ambigüidade, volatilidade ou indecisão. Se estiverem convencidos de que você está preocupado com o bem-estar pessoal e profissional deles, lidarão melhor com o estresse no local de trabalho.

Encoraje a Comunicação Aberta

Se os seus funcionários podem consultá-lo facilmente quanto a questões do local de trabalho, como prazos no serviço, desenvolvimento de carreira, ou qualquer preocupação ou insatisfação, eles continuarão a aliviar seu estresse em vez de o alimentarem internamente. Falar periodicamente sobre assuntos que causam estresse é uma forma simples de eles ganharem algum controle e poder no local de trabalho, e constitui uma excelente oportunidade para você oferecer o incentivo e treinamento de que eles precisam regularmente.

Defenda a Vida Saudável

Uma vez que a maioria das pessoas não dorme o suficiente, não faz exercícios com regularidade, não relaxa o suficiente, nem se alimenta adequadamente, pense na oportunidade que você tem de promover um estilo de vida saudável para aqueles que trabalham com você. Não só eles apreciarão você ser atencioso o suficiente para pensar neles, mas também desenvolverão hábitos que diminuirão o estresse e os ajudarão a viver mais tempo.

Especialistas em Estresse

Há especialistas em praticamente qualquer cidade que podem falar aos seus funcionários sobre a vida saudável; você também pode distribuir amplamente a literatura disponível. As vantagens desses métodos são que eles o ajudam a evitar forçar as pessoas a cooperar, além de permitirem que as pessoas se informem e procedam ao seu próprio ritmo. Lembre-se de que suas ações de liderança falam mais alto que as palavras; por isso, siga seu próprio conselho e procure um estilo de vida saudável.

Conduza o Treinamento de Gerenciamento do Estresse

Programe treinamento para seus trabalhadores e exponha-os a esses conceitos de gerenciamento de estresse. A empresa de assistência médica de sua empresa pode oferecer esse treinamento ou um hospital local será capaz de lhe recomendar alguém qualificado para falar sobre o assunto. Finalmente, é da responsabilidade de cada pessoa gerenciar seu próprio estresse. Uma vez que o estresse perpassa todas as áreas da vida, inclusive família, social e trabalho, quase todos se beneficiarão imensamente do treinamento formal de gerenciamento do estresse.

Mantenha a Liderança

Um líder encontra uma variedade maior de desafios e geralmente tem responsabilidades mais complexas no dia de trabalho que os outros funcionários. Este capítulo mostrou técnicas específicas para priorizar essas tarefas de uma forma que lhe permita realizar muito mais. O processo de gestão do tempo o ajudará a focar seus objetivos profissionais e pessoais mais importantes, a usar seu tempo com mais eficiência, a gastar menos tempo e a deixar os outros assumirem mais atividades. A prevenção do estresse garantirá que você continue a usar seu tempo de maneira eficiente e efetiva, aumentando assim o seu sucesso como líder.

Resumo, Questões e Exercício

Resumo

A maneira como o líder gerencia suas prioridades interfere no alcance dos objetivos. Todas as pessoas têm o mesmo número de horas por semana para a realização de tarefas e obrigações, porém algumas são mais eficientes que outras no gerenciamento do tempo. A chave para o gerenciamento efetivo do tempo é saber controlá-lo e tomar medidas para manter esse controle.

Existe um processo que auxilia no controle do tempo, que é composto de cinco etapas. São elas:

- analise o uso atual de seu tempo;
- elimine tarefas não essenciais e inadequadas;
- delegue tarefas;
- aprimore o desempenho de tarefas não essenciais;
- mantenha o controle do tempo.

A idéia central do gerenciamento do tempo é o planejamento e a priorização das tarefas diárias, semanais, trimestrais ou anuais. A priorização consiste em classificar as atividades em termos do valor destas para o líder e para a empresa. Dentro dessa perspectiva, uma das prerrogativas essenciais é, antes de sair do trabalho ou de começar a trabalhar, desenvolver o plano diário listando as tarefas exigidas por ordem de prioridades.

Este capítulo apresenta sete dicas para eliminar perdas de tempo: evite o acúmulo de papéis; reduza interrupções; mantenha o foco; evite adiar tarefas; gerencie telefonemas; gerencie crises e evite esperar por eventos ou respostas.

Modernamente, o tema gerenciamento do tempo está se correlacionando com o estresse, pois pela demanda de trabalho, pressão no ambiente pelo cumprimento das metas desafiadoras e do alcance dos resultados, o estresse é inevitável. Dessa forma, é vital saber o que é o estresse e como ele funciona, pois uma das responsabilidades do líder é se antecipar, identificar e reduzir o estresse em sua organização. A prevenção do estresse garantirá que o líder use o seu tempo de maneira eficiente e efetiva.

Questões:

- Explique a seguinte proposição: "A maneira como o líder gerencia suas prioridades está irrefutavelmente ligada ao seu êxito no alcance dos objetivos".
- O que fazer para controlar as interrupções constantes no dia-a-dia de trabalho?
- Relacione as cinco etapas do processo do gerenciamento do tempo.
- Por que a delegação é considerada um dos métodos fundamentais para o gerenciamento do tempo?

- Cite as diretrizes básicas para um processo efetivo de delegação.
- Qual a implicação em analisar as atividades em termos do importante e do urgente?
- Qual a correlação entre gestão do tempo e estresse?

Exercício:

Reflita sobre a sua forma de administrar o tempo, analise o que poderia estar contribuindo como um desperdiçador do tempo (falta de planejamento, dificuldade em administrar prioridades, fazer várias atividades ao mesmo tempo, falta de delegação, perfeccionismo, incapacidade de dizer não, desorganização pessoal, procrastinação, interrupções telefônicas etc.) e estabeleça um plano de ação para melhorar o gerenciamento do seu tempo.

Capítulo 7

Gerenciamento de Projeto

Liz é uma colega veterana na seção de análises de um departamento de marketing em uma corporação de tamanho médio. Seu diretor lhe pediu para implementar um sistema já aprovado, de resposta ao cliente, em toda a empresa, que faria parte de uma área supervisionada por outra seção dentro do departamento de marketing. Gene é gerente regional de vendas e se ofereceu para organizar e implementar um encontro de vendas de três dias, envolvendo vários distritos dentro de seu estado. Que processo Liz e Gene podem usar para realizar suas tarefas com sucesso?

Um projeto é uma realização única que tem um início e um final distintos, um orçamento separado e o objetivo de produzir um produto, serviço ou evento específico, de acordo com determinados padrões. Todos trabalham com projetos, sejam eles pequenos, como preparar uma festa de aniversário, ou gigantescos, como planejar uma conferência anual ou construir uma instalação de manufatura.

Os projetos diferem de suas responsabilidades usuais diárias porque são empreendimentos únicos, e não repetitivos como seus deveres habituais; exigem apoio interdepartamental consideravelmente maior, ao contrário do grau de autonomia departamental que existe normalmente; e são divididos em seções específicas, se-qüenciadas e avaliadas independentemente, ao contrário das tarefas não ordenadas que ocorrem diariamente.

Há semelhanças, entretanto, entre projetos e suas operações diárias. Estas incluem a necessidade de usar recursos disponíveis para fazer o trabalho e a necessidade de áreas funcionais adequadas ou especialistas em determinados assuntos para assumir a responsabilidade e a autoria de tarefas técnicas específicas. Essa autoria da tarefa ocorre embora a tarefa possa fazer parte do projeto de outra pessoa.

Independentemente de seu tamanho, os projetos têm características e processos parecidos. Este capítulo apresentará uma abordagem de liderança ao gerenciamento de projetos que você pode aplicar a todos os seus desafios no trabalho, em casa ou na comunidade. O objetivo é fornecer um processo de fácil implementação para o gerenciamento de projetos, ajudá-lo a organizar seus projetos e lhe dar a flexibilidade para usar seus procedimentos de gerenciamento de projetos organizacionais atuais. Em tempo, por meio da prática no trabalho ou de treinamento específico, você aprenderá muitos outros detalhes, técnicas e estilos para gerenciar projetos.

Gerenciar projetos envolve utilizar suas habilidades, as habilidades da equipe, e princípios e métodos estabelecidos para conduzir com eficiência uma série de atividades até o final (que de outra forma não seria possível gerenciar). Se você analisar suas tarefas diárias, poderá relacionar quase tudo a um projeto específico. Um telefonema pode fazer parte de sua decisão de comprar um novo sistema de gestão de informações. Sua sessão de *brainstorm* com colegas importantes pode ser o início do lançamento de um novo produto. Todos os projetos contêm tarefas semelhantes que devem ser desempenhadas com a colaboração de vários indivíduos de diferentes departamentos dentro e fora da organização. O objetivo do gerenciamento de projetos é simplesmente planejar, organizar, dirigir e monitorar esse processo com a finalidade de produzir o melhor produto ou serviço final possível.

> *Gerenciar projetos envolve utilizar suas habilidades, as habilidades da equipe, e princípios e métodos estabelecidos para conduzir com eficiência uma série de atividades até o final (que de outra forma não seria possível gerenciar).*

Se você está em uma organização que depende de projetos, é provável que siga uma metodologia prescrita para gerenciar projetos e você e os membros de sua equipe fazem treinos regulares sobre o assunto. Sua empresa pode ser até fortemente orientada para o gerenciamento de projetos como um método primário de estruturar o trabalho, e você pode ter acesso a programas de computador de ponta para acompanhar cada detalhe de um projeto. Os princípios que você aprenderá neste capítulo ainda se aplicam, entretanto, e são im-

Gerenciamento de Projeto

portantes para lhe fornecer uma formação sólida que você poderá usar independentemente do quanto você seja proficiente agora, quais técnicas você usa atualmente ou o tamanho de sua empresa.

Há várias etapas para o gerenciamento bem-sucedido de projetos; a extensão de seu envolvimento em cada etapa variará com cada projeto.

- Escolha o gerente de projetos.
- Estabeleça objetivos e requisitos.
- Selecione a equipe.
- Planeje o projeto.
- Gerencie o projeto.
- Monitore o projeto.
- Coordene atividades de *follow-up*.

Escolha o Gerente de Projetos

Como líder em sua organização, você trabalhará freqüentemente como um gerente de projetos e será encarregado de todos ou alguns dos aspectos de um projeto. Normalmente você terá essa atribuição além de suas responsabilidades regulares. Outras vezes, você designará gerentes de projeto e exercerá responsabilidade de supervisão sobre eles. Esta seção o ajudará a escolher essas pessoas corretamente.

Avaliar três fatores o ajudará a escolher a pessoa certa para gerenciar seu projeto: capacidade de liderança, habilidades e experiência.

É importante designar gerentes de projeto assim que possível; isso lhes permitirá ser parte integral do processo de planejamento desde os primeiros estágios do projeto. Em razão da importância de terminar o projeto correta e pontualmente, você não pode fazer uma escolha arbitrária dos gerentes de projetos. Eles devem ter capacidades de liderança comprovadas, habilidades técnicas adequadas e experiência multifuncional suficiente. Se você tiver o luxo de escolher entre vários candidatos, avaliar três fatores o ajudará a escolher a pessoa certa para gerenciar seu projeto: capacidade de liderança, habilidades e experiência.

Capacidade de Liderança

O gerente de projetos deve saber como liderar com energia uma equipe de indivíduos a realizar um projeto multifacetado. Examine os candidatos e julgue se eles têm a diversidade de experiências de liderança necessária para o seu projeto. Uma vez que o projeto exigirá habilidades de liderança, os candidatos devem ter experiência em usar as habilidades apresentadas neste livro.

Habilidades Técnicas

É fundamental que os gerentes de projetos entendam a tecnologia e os processos envolvidos no projeto. Eles não precisam ser especialistas na área, mas devem ter conhecimentos aprofundados para planejar, monitorar e completar o projeto efetivamente.

Experiência Multifuncional. O gerente de projeto guiará uma equipe composta de indivíduos de vários departamentos e áreas funcionais dentro da organização. Procure alguém que tenha trabalhado em várias áreas ou que tenha a sabedoria organizacional de modo a saber como abordar esses departamentos para reunir apoio e recursos.

Capacidades dos Gerentes de Projetos

A pessoa certa será um líder confiante e determinado, que seja extremamente capaz de planejar, implementar, delegar, solucionar problemas e conduzir várias prioridades. Uma vez que o gerente de projeto se empenhará em dirigir os esforços de uma equipe diversa, o profissional deve estar extremamente apto em habilidades de relacionamento como comunicação, trabalho de equipe, solução de conflitos e treinamento. Alguns candidatos já tiveram experiência em gerenciar projetos parecidos, outros não, mas não os exclua automaticamente.

Estabeleça Objetivos e Requisitos

Como gerente de projetos, seu trabalho inicial será identificar claramente e definir os principais aspectos do projeto. Ao se dar tempo para fazer isso correta e completamente, você poupará tempo para si mesmo, despesas e evitará acúmulos mais tarde. Desde o início, faça anotações detalhadas em um caderno ou fichário chamado de *arquivo de projeto*, que funciona como um diário e documenta claramente decisões, comentários e promessas importantes feitos por qualquer um dos envolvidos no projeto. Ele serve como conhecimento institucional e renovará facilmente sua memória quando necessário ou atualizará as outras pessoas, se for preciso.

Converse com o cliente para que você possa captar plenamente suas intenções e necessidades. O cliente do projeto é um indivíduo responsável, e não indivíduos

ou departamentos, que está comprometido em completar o projeto com sucesso e orientá-lo quando necessário. Seu cliente pode ser a pessoa que o encarregou
do projeto ou alguém que ele designou ou recomendou
dentro da organização. Mais provavelmente, entretanto,

Converse com o cliente para que você possa captar plenamente suas intenções e necessidades.

o cliente será alguém que tem o máximo interesse no projeto ou que está fundando
o projeto. Você pode ter de se reunir com o cliente duas ou três vezes para identificar os objetivos e requisitos do projeto. Então você terá informações suficientes
para desenvolver um plano tentativo e discuti-lo mais tarde, em sua reunião com
indivíduos-chave.

Obtenha aprovação para começar o projeto. Prepare uma proposta de projeto
para o cliente que incorpore concisamente todas as informações que você reuniu.
A chave é tratar sucintamente de todas as questões importantes, de informações
básicas e suposições que você e o cliente fizeram. A proposta serve como seu registro oficial do que você entende que o cliente quer. Ela também servirá como um
documento-chave que você e sua equipe de projeto usarão até completar o projeto.

Pontos a Cobrir com um Cliente

Quais são os objetivos do projeto? Determine o que o cliente está procurando,
como o projeto atenderá à necessidade ou resolverá problemas, se há qualquer
risco especial e se houve tentativas de projetos semelhantes anteriormente.

- O que é a programação antecipada? Crie uma linha do tempo com início,
  fim e marcos.
- Quem são as pessoas-chave? Determine a autoridade final de aprovação,
  outros tomadores de decisão e ligações com a comunidade.
- Os recursos são aprovados para o projeto? Se não, determine quando serão
  aprovados e qual é o custo-alvo.
- Quais são as especificações para o produto final, os padrões e as restrições?
  Especifique detalhes de qualidade, desempenho, confiabilidade, regulações
  aplicáveis e considerações especiais. Quantifique essas informações sempre
  que viável.

Reúna indivíduos-chave para definir o projeto. Programe uma reunião de planejamento que inclua alguns destes: o cliente, os gerentes de linha que tenham
experiência relevante, seu supervisor — se solicitado — e qualquer pessoa ou colega
de cuja contribuição você precisa. Seu cliente pode preferir não participar dessa

O propósito da reunião de planejamento é comunicar aos participantes as respostas já conhecidas, comprovar a validade de suas conclusões experimentais, solucionar problemas das áreas principais e gerar a adesão dos participantes, cujos esforços serão cruciais para a conclusão bem-sucedida do projeto.

reunião porque ele pode não querer se envolver com os detalhes neste momento. Encoraje o cliente a participar de parte da reunião, se possível, porque ele será precioso para fornecer esclarecimentos imediatos sobre qualquer questão. Informe aos participantes antecipadamente qual o propósito da reunião e que você espera que eles venham preparados para discutir o projeto de acordo com sua perspectiva e experiência. Essa reunião lhe fornecerá respostas suficientes para atualizar o cliente com conclusões ou desafios significativos, para chegar a estimativas melhores e proceder à etapa de planejamento mais detalhado.

Solicitando a contribuição de todos os membros do grupo, analise e discuta o projeto em detalhes. Você já tem as respostas a algumas das questões mais importantes, mas o propósito dessa reunião é comunicá-las aos participantes, comprovar a validade de suas conclusões, solucionar problemas das áreas principais e gerar a adesão dos participantes, cujos esforços serão cruciais para a conclusão bem-sucedida do projeto. Durante a reunião, primeiro apresente as conclusões a que você e seu cliente chegaram. Então discuta o projeto em detalhes. Busque a resposta a estas questões:

- Como o projeto deveria ser organizado?
- Quais são as tarefas mais importantes e suas subtarefas principais?
- Quais são os requisitos de recursos para cada categoria, como pessoal, equipamento e dinheiro?
- Como esses recursos serão estimados, distribuídos e controlados?
- O prazo é realista ou atingível?
- Quais são os problemas potenciais que podem ocorrer?

Selecione a Equipe

Você sozinho não pode completar o projeto; você requisitará os esforços de um grupo coeso de indivíduos hábeis, comprometidos, motivados e responsáveis. Se você prestar atenção especial à composição, responsabilidades e liderança da equipe, completará seu projeto mais eficientemente gerando planejamento e táticas de implementação melhores. Esta seção delineará os pontos sobre o trabalho de equipe dentro do contexto da gestão de projetos. O Capítulo 11 tratará mais extensamente do tópico do trabalho de equipe.

Estas são as etapas para criar uma equipe de projetos:

- Faça uma lista dos principais requisitos para preencher posições.
- Identifique as origens dos membros da equipe.
- Selecione membros específicos da equipe.
- Crie um inventário de habilidades.
- Associe habilidades com responsabilidades.
- Reúna, informe e organize a equipe.

Faça uma Lista dos Principais Requisitos para Preencher Posições

Para identificar seus principais requisitos de preenchimento de posições, estime o número de pessoas e tipos de habilidades que você precisará para completar o projeto. Para cada posição exigida, escreva uma breve descrição de cargo que definirá exatamente o tipo de indivíduo que você precisa.

Identifique as Origens dos Membros da Equipe

As origens incluem seu pessoal, pessoal permanente de outros departamentos e assistência em tempo parcial como funcionários temporários ou consultores. Geralmente, o departamento de recursos humanos o ajudará a analisar funcionários, profissionais que trabalham em período parcial ou consultores que costumam dar assistência à empresa. O departamento de recursos humanos pode até centralizar o processo de preenchimento de posições nos projetos ou lhe dar sugestões sobre a etiqueta envolvida no preenchimento de posições de dentro da empresa; nesse caso, isso pode simplificar sua tarefa.

Procure aqueles que têm forte desempenho e que já trabalharam com você anteriormente. Note especialmente potenciais membros da equipe com habilidades fundamentais. Evite excluir pessoas que seriam qualificadas, se não lhes faltasse determinada habilidade; mais tarde você poderá ser capaz de programar treinamento para elas.

Selecione Membros Específicos da Equipe

Uma vez que você conhece o tipo de membros de equipe de que precisa e os departamentos em que eles trabalham, recrute-os. Procure individualmente cada

> *As origens incluem seu pessoal, pessoal permanente de outros departamentos e assistência em tempo parcial como funcionários temporários ou consultores.*

supervisor, explique suas necessidades e como ele pode ajudar suprindo membros da equipe. Se sua organização costuma ter projetos ou se sua cultura apóia projetos, os supervisores provavelmente trabalharão facilmente para que você obtenha o quadro de pessoal certo. Caso contrário, você terá de negociar para conseguir o que precisa; isso envolverá o dar e receber tanto de você quanto dos supervisores. Se os seus esforços não satisfazem suas necessidades de pessoal, você pode procurar outros supervisores ou seus líderes seniores para pedir ajuda.

Selecione com Cuidado

Faça uma seleção cuidadosa e sensível, com um firme respeito pela cultura de sua organização. Embora você tenha autoridade para montar o quadro de seu projeto, pode contar com certa resistência dos supervisores dos futuros membros da equipe, uma vez que eles não poderão contar integralmente com seus funcionários se você selecioná-los para seu projeto.

É sempre sensato entrevistar as pessoas que você selecionou antes de que elas façam parte oficialmente de sua equipe. Você quer assegurar que elas tenham boa atitude e habilidades de relacionamento em equipe, e que sejam suficientemente disponíveis no período de realização do projeto. A entrevista lhe permitirá explorar a experiência deles no cargo, habilidades técnicas e qualquer outra habilidade especial que eles possam ter. Se no final da entrevista você acreditar que eles são as pessoas com quem você quer trabalhar em seu projeto, faça a oferta a eles.

> *É sempre sensato entrevistar as pessoas que você selecionou antes de que elas façam parte oficialmente de sua equipe.*

Crie um Inventário de Habilidades

Uma vez que você identificou todos os membros da equipe, classifique as habilidades por itens, usando uma listagem simples chamada *inventário de habilidades*. Esse documento valioso registrará claramente as habilidades da equipe e depois garantirá que você tenha tanto o grupo certo de integrantes quanto a sobreposição suficiente entre as habilidades, caso um membro torne-se indisponível durante o projeto. Embora nenhum integrante da equipe tenha as mesmas habilidades e experiência que outros, você certamente desejará que duas ou mais pessoas apresentem um dos principais requisitos de habilidades, conforme descrito a seguir.

Associe Habilidades com Responsabilidades

Prepare um quadro de *responsabilidades* que mostre claramente quem tem as responsabilidades básicas pelas tarefas e quem tem as responsabilidades de apoio. O quadro registra oficialmente as responsabilidades de cada membro da equipe. Você o utilizará durante o projeto para fazer novas atribuições de trabalho e manter os supervisores dos membros da equipe informados sobre o que seus funcionários estão fazendo. Faça uma lista de todas as tarefas verticalmente na coluna da esquerda e coloque os nomes dos membros da equipe no alto. O objetivo é incumbir das tarefas principais as pessoas mais qualificadas e então dar apoio às tarefas das pessoas menos qualificadas. Antes de atribuir permanentemente tarefas a cada membro da equipe, use o bom senso para estabelecer qual será a contribuição deles. Isso o ajudará a identificar qualquer conflito potencial agora, e não mais tarde, aumentando o compromisso dos membros da equipe para com suas responsabilidades pelo projeto a longo prazo.

Reúna, Informe e Organize a Equipe

Reúna a equipe para apresentar os integrantes uns aos outros e para explicar o projeto — histórico e detalhes, inclusive objetivos, o trabalho feito até então, a estratégia e o quadro de responsabilidades. Então os empolgue. Eles precisam saber o quanto o projeto é importante para a organização, que eles são a melhor equipe para o projeto e como é crucial para eles realizarem suas tarefas pontualmente, como equipe, dentro do orçamento e de acordo com os padrões do projeto.

Deixe claro que você é o líder deles no projeto. Explique que, embora eles façam parte de outro departamento, você terá o controle operacional sobre eles no projeto e fornecerá detalhes do desempenho deles aos seus respectivos supervisores.

Agora é o momento para trabalhar com sua equipe e começar a planejar o projeto em detalhes.

Antes da reunião

Antes da primeira reunião da equipe, cuide para que todos os supervisores expressem pessoalmente aos seus funcionários o apoio deles ao projeto e seu desejo de que os funcionários tratem o projeto como uma extensão de seus deveres normais. Também seria uma boa idéia você agradecer aos supervisores funcionais pelo apoio ao projeto; um relacionamento sólido com cada supervisor o ajudará mais tarde, quando você precisar ter as tarefas, as decisões e os favores especiais resolvidos rapidamente e sem conflito.

Planeje o Projeto

Seu objetivo é desenvolver um plano de projeto, que consiste em uma série de documentos para explicar os detalhes de todo o projeto. É acima de tudo um plano de comunicação que fará todas as partes interessadas saberem exatamente quem está na equipe, para onde a equipe está se encaminhando e como ela chegará lá.

O propósito do planejamento do projeto é desenvolver os detalhes de uma estratégia que liga as metas e os objetivos do projeto à implementação de atividades

> *O propósito do planejamento do projeto é desenvolver os detalhes de uma estratégia que liga as metas e os objetivos do projeto à implementação de atividades específicas.*

específicas. Durante esse processo, você examina todos os seus recursos e restrições, como pessoal, suprimentos, tempo e orçamentos, e os organiza em uma estratégia com o apoio de ferramentas de planejamento. Essas ferramentas serão descritas em detalhes mais tarde, neste capítulo.

Você planeja com sua equipe. Uma vez que você sozinho possivelmente não pode ter todas as informações para criar um plano efetivo, espere envolver no processo de planejamento tantas pessoas experientes quanto for necessário.

Há cinco etapas na criação do plano de um projeto:

- Elabore o projeto.
- Estime o projeto.
- Programe o projeto.
- Faça o orçamento do projeto.
- Finalize e aprove o projeto.

Elabore o Projeto

Na elaboração de um projeto, primeiro você especifica as tarefas reais a ser realizadas durante o mesmo. Essa lista de tarefas é chamada

> *A divisão do trabalho é uma das ferramentas mais importantes do projeto, porque mostra concisamente quais necessidades devem ser atendidas, além de fornecer uma estrutura de trabalho para outros documentos do projeto.*

de *estrutura de divisão de trabalho*. Ela é uma das ferramentas mais importantes do projeto, porque mostra concisamente quais necessidades devem ser atendidas, além de fornecer uma estrutura de trabalho para outros documentos do projeto. Para detalhes e exatidão, desenvolva a estrutura de divisão do trabalho durante várias reuniões com sua equipe e, se necessário, use questionários direcionados para supervisores funcionais.

Gerenciamento de Projeto

Primeiro, faça uma lista de todas as principais categorias de atividades do projeto. Você pode basear essas categorias em qualquer um dentre vários fatores, como período de tempo, ciclo de desenvolvimento de produto, áreas de trabalho funcional e principais componentes do produto ou serviço.

A seguir, determine os níveis secundário e terciário de atividades que devem ser completados para atingir cada produto final do primeiro nível. Uma vez identificados todos os níveis, faça uma lista das tarefas que devem ser completadas para cada nível.

Projeto: Redesenho do Escritório				
Nível 1:	*Atividade Principal* Construção		*Atividade Principal* Escritório Temporário	
Nível 2:	*Atividade* Design físico	*Atividade* Instalação de computadores	*Atividade* Locação	*Atividade* Mudança
Nível 3:	*Tarefas* • Reter arquiteto • Revisar proposta	*Tarefas* • Determinar necessidades • Examinar equipamento • Buscar ofertas	*Tarefas* • Localizar corretor • Examinar locais • Assinar contrato de aluguel	*Tarefas* • Contratar transportadora • Escolher dia • Reduzir trabalho

Figura 7-1 Quadro (parcial) da estrutura de divisão de trabalho.

A Figura 7-1 mostra um quadro parcial de uma estrutura de divisão de trabalho para um projeto de reforma do escritório. Identifica duas das principais atividades juntamente com suas atividades e tarefas subordinadas. Sua lista de tarefas específicas começa no nível três, mas poderia haver facilmente mais um ou dois níveis de subatividades antes de a listagem de tarefas começar.

Continue esse processo de listagem para cada categoria importante de atividade até alcançar um nível de tarefa onde você possa estimar o tempo de conclusão da tarefa, o custo dos recursos e onde você esteja certo de que nenhuma tarefa importante tenha sido deixada de fora. Geralmente isso ocorre no nível quatro ou cinco, mas poderia ser mais baixo. Você e sua equipe identificam agora, para cada uma das tarefas, os encarregados (aquelas pessoas basicamente responsáveis pelas tarefas), as pessoas que darão apoio a esses encarregados, o produto final e os padrões de qualidade. Durante todo o processo, você poderá dividir a equipe em subgrupos para analisar atividades específicas e suas tarefas. Entretanto, para impedir conclusões falhas, é importante fazer cada subgrupo defender suas conclusões na frente dos outros membros da equipe.

Como gerente de projetos, você deve saber antes do início de sua primeira reunião de equipe quais serão, provavelmente, as atividades de primeiro e segundo nível. Você concluiu isso de suas primeiras discussões com o cliente e pessoas-chave. Saber quais são esses subníveis dará a você e à sua equipe a direção certa a seguir. Inclua detalhes suficientes para ser capaz de, mais tarde, quantificar o custo e a duração do projeto, mas evite usar detalhes demais neste momento. Para promover a discussão na equipe, ajuda representar sua estrutura de divisão de trabalho em uma lousa ou quadro móvel.

A próxima etapa no processo é desenvolver a rede de contatos do projeto. A rede do projeto mostra as associações ou dependências entre as tarefas. O processo de construir a rede é chamado de análise de dependência. Ao seqüenciar as tarefas em um quadro, você verá exatamente como cada tarefa se relaciona às outras.

A primeira parte desse processo é determinar as inter-relações entre todas as tarefas em seu quadro de divisão da estrutura de trabalho, identificando cada um deles com a tarefa que a precede. Uma vez que o quadro da estrutura de divisão do trabalho mostrado lista apenas duas atividades principais em um projeto extenso, nem todas as interdependências de tarefas são dadas, nem a listagem das tarefas é completa. Na realidade, você precisará de todas as tarefas listadas a fim de identificar completamente a interdependência de tarefas. Mas o exemplo lhe mostra como funciona o conceito.

Agrupe as tarefas de acordo com sua atividade principal e atribua a elas um número de identificação de sua escolha. O ponto-chave a lembrar é que toda tarefa é realizada de uma dentre três maneiras: imediatamente após outra tarefa; ao mesmo tempo que as outras tarefas; ou no início ou final de um projeto. Encontre a primeira tarefa que pode começar o projeto e identifique-a por um travessão na quarta coluna no quadro de rede de projeto que segue (Figura 7-2). As tarefas 1.1 e 3.1 são as primeiras e podem começar ao mesmo tempo se você preferir.

A seguir, encontre as tarefas que podem ser feitas imediatamente após as tarefas 1.1 e 3.1; identifique-as com os números das tarefas que as precedem. Para o restante da análise, pergunte sempre quais outras tarefas podem ser iniciadas e executadas junto com cada nova tarefa que você analisa. Estas terão a mesma tarefa predecessora. Se não houver tarefas paralelas, determine qual será a próxima tarefa. Esse processo continua até que todas as tarefas sejam ligadas.

Depois de ter determinado as dependências, defina os produtos finais para cada tarefa. O produto é o resultado de completar a tarefa. Ao contrário da tarefa, que é

Gerenciamento de Projeto 103

listada como um verbo de ação, o produto é um substantivo. A etapa final é estimar o tempo que levará para completar cada tarefa; coloque este número na coluna de duração. A próxima seção discutirá estimativas de duração mais detalhadamente.

Projeto: Reforma do Escritório				
Tarefa ID#	Descrição	Produto Final	Tarefa Precedente	Duração
Construção – Design Físico				
1.1	Contratar arquiteto	Arquiteto comprometido	—	2 dias
1.2	Revisar proposta	Conhecimento da proposta	1.1	3 dias
1.3	Buscar contribuição do funcionário	Colaboração do funcionário	1.2	3 dias
Construção – Parte elétrica				
2.1	Determinar necessidades	Documento necessário	1.3	4 dias
2.2	Examinar equipamento	Opções de equipamento	2.1	2 dias
2.3	Buscar ofertas	Variedade de ofertas	2.2	3 dias
Escritório Temporário – Locação do lugar				
3.1	Localizar corretor	Um corretor empenhado	—	2 dias
3.2	Examinar locais	Conhecimento do local	3.1	4 dias
3.3	Assinar contrato de aluguel	Aluguel assinado	3.2	2 dias
Escritório Temporário — Mudança				
4.1	Contratar transportadora	Contrato de transporte	4.2	2 dias
4.2	Escolher dia de mudança	Mudança de toda a empresa	3.3	1 dias
4.3	Reduzir trabalho	Transferir força de trabalho	4.2	2 dias

Figura 7-2 Quadro de rede de projeto (parcial).

Se você prefere uma abordagem gráfica para a análise de dependência, há um método popular de fazer gráficos que você pode usar. Um quadro PERT (*Program Evaluation and Review Technique*, Programa de Avaliação e Técnica de Revisão) é um tipo de fluxograma que retrata a seqüência de tarefas. Seu objetivo é listar cada tarefa em cartões de anotação e ordená-las da esquerda para a direita em uma lousa ou na parede, a começar pelo primeiro nível de tarefa, que pode naturalmente iniciar o projeto. Então busque tarefas que possam estar acontecendo ao mesmo tempo. Se você acha que algumas tarefas têm o mesmo predecessor, então estas podem começar ao mesmo tempo e devem ser alocadas de acordo.

O quadro PERT da rede de projeto da estrutura de divisão do trabalho (Figura 7-3) retrata graficamente a seqüência de tarefas da rede de projeto.

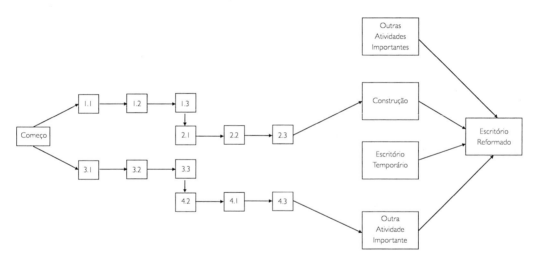

Figura 7-3 Quadro PERT da rede de projeto da estrutura de divisão do trabalho.

Estime o Projeto

Você pode tornar o processo de estimação simples ou complexo, dependendo de seu projeto particular, seu nível de experiência e as técnicas de previsão usadas em sua organização. Apesar da complexidade potencial, o processo é objetivo. Você e sua equipe analisam cada tarefa e decidem realisticamente quanto tempo levarão para completá-la. Escreva as estimativas na coluna de duração de seu quadro de rede de projeto. Se houver discordância quanto à estimativa, atrase a decisão até que o "dono" da tarefa possa analisá-la e fazer uma sugestão para a equipe. Antes de aprovar uma estimativa final para uma tarefa, pergunte se é realista considerar a experiência, o conhecimento e o tempo disponível para a tarefa do "dono" da tarefa.

Uma vez que você determina a duração de cada tarefa dentro do quadro de rede do projeto, você tem informações suficientes para calcular a duração prevista do projeto ou sua *trajetória principal*. Isto é feito simplesmente determinando-se qual é a seqüência mais longa de tarefas, do início ao final do projeto. No exemplo abreviado, as tarefas ao longo da atividade de construção constituem a trajetória principal porque 16 dias são exigidos para a construção e somente 13 para o escritório temporário. Como gerente de projeto, uma de suas responsabilidades principais é monitorar freqüen-

> *A rede do projeto mostra as associações ou a interdependência entre as tarefas.*

temente a atividade das tarefas ao longo da trajetória principal porque interrupções na execução dessas tarefas aumentarão a duração de seu projeto. Se você completar as tarefas mais cedo que o esperado, encurtará a duração deste.

Sua função como líder de projeto é entender todas as nuances da duração das tarefas de modo a poder supervisionar um processo válido de estimação. Você deve saber como acelerar a conclusão do projeto ou o que fazer quando se vir diante de gargalos inesperados. Seria útil antes de iniciar um projeto estudar um manual sobre gestão de projetos ou consultar um gerente de projetos experiente em sua organização. Você terá, então, acesso a conhecimento e técnicas detalhados que só uma fonte abrangente pode lhe dar. Ao praticar a utilização de várias técnicas de estimação, elas se tornarão quase automáticas.

Programe o Projeto

Colocar cada tarefa em um *cronograma* lhe dá um quadro amplo da seqüência de tarefas para o projeto, o que será útil em seu planejamento final. Há muitas maneiras de programar um projeto. No mínimo, seu documento da programação deveria ter dois eixos, uma seqüência vertical das tarefas e uma listagem horizontal do tempo.

Sua organização pode ter seu próprio formato de programação ou usar um dos vários programas de computador. Essas ferramentas o ajudarão a gerenciar melhor seu projeto, mas você não pode contar completamente com eles para monitorar eventos porque você é responsável pelo projeto e não uma ferramenta gerencial.

O documento simples de programação mostrado na Figura 7-4 é inspirado no conhecido quadro de planejamento de Gantt. Note que cada tarefa é programada para ser concluída durante um período específico de tempo. As tarefas da trajetória principal, os números de 1.1 a 2.3, são listadas na posição prioritária no alto da tabela. As tarefas não principais têm um *float time*, tempo adicional para serem realizadas antes de as tarefas da trajetória principal serem concluídas. Se necessário, esse tempo "de folga" pode ser usado para manter seu projeto de acordo com a programação quando eventos não planejados o fazem perder datas previstas.

Se sua programação mostra que você não conseguirá terminar o projeto na data de conclusão, faça ajustes para as tarefas individuais a fim de comprimir seu cronograma. Verifique se todas as tarefas críticas são fundamentais ao projeto, então examine se você pode redesenhá-las de modo a realizá-las mais rapidamente.

Ta-refa ID#	Dias																
	0	1	2	3	4	5	6	7	8	9	10	11	12	13	14	15	16
1.1																	
1.2																	
1.3																	
2.1																	
2.2																	
2.3																	
3.1																	
3.2																	
3.3																	
4.2																	
4.1																	
4.3																	

Figura 7-4 Quadro de planejamento de Gantt (parcial).

Para acelerar essas tarefas, considere redistribuí-las ou atribuir recursos adicionais a elas. Outra alternativa é revisar a seqüência das tarefas e tentar completar mais delas ao mesmo tempo em vez de seqüencialmente. Finalmente, você poderia começar uma tarefa após a sua predecessora ser parcialmente completada, reduzindo assim o tempo total empregado àquela trajetória particular.

Faça o Orçamento do Projeto

Seu próximo objetivo é designar membros específicos da equipe para cada tarefa e identificar outros recursos necessários. O efeito dessa etapa é uma estimativa objetiva do custo do projeto. Essa etapa é chamada comumente de *carga de recursos e custos* e pode exigir várias revisões antes de você desenvolver um orçamento viável.

A chave para a designação de tarefas é distribuir a carga de trabalho equitativamente dentro do projeto. Considere os membros de sua equipe em termos de fatores como experiência, disponibilidade durante o projeto e se um membro tem um papel básico ou de apoio na tarefa. Identifique a porcentagem de tempo que cada membro da equipe trabalhará em cada tarefa durante cada período de tempo. Se, depois de fazer as atribuições, você constatar que existe um desequilíbrio, há formas criativas de equilibrar ainda mais a carga de trabalho e ainda manter seu projeto em curso, como usar hora extra ou ajuda temporária para eliminar a falta de pessoal. Depois de comunicar as atribuições à sua equipe, peça para determinarem quais outros recursos são necessários para a realização de suas tarefas.

> *A chave para a designação de tarefas é distribuir a carga de trabalho equitativamente dentro do projeto.*

Uma vez que você identificou os recursos exigidos, coordene seu uso com outros que precisam deles. Esse equilíbrio intra-organizacional pode ser controlado centralmente dentro de sua organização, mas muito provavelmente será conduzido em cada nível funcional ou departamento. Independentemente disso, essa coordenação é crucial para o sucesso de seu projeto e você deve fazer isso antes de obter a aprovação do projeto final.

Depois de coordenar os recursos, determine com exatidão todos os custos relacionados ao projeto. Usando sugestões da equipe e identificando previamente departamentos que o apóiam dentro da organização, identifique os custos associados a cada tarefa individual. Inclua custos relacionados ao pessoal, despesas gerais, treinamento, pesquisa e todos os demais recursos, como material, equipamento e suprimentos. A maioria dos departamentos poderá identificar facilmente o custo depois que você lhes der informações detalhadas sobre as tarefas, como especificações e padrões. Documente os custos em um orçamento que seja facilmente analisado, como em uma planilha ou um software de gerenciamento de projetos.

> *A coordenação é crucial para o sucesso de seu projeto e você deve fazer isso antes de obter a aprovação do projeto final.*

Finalize e Aprove o Projeto

Por ora, você gastou tempo e esforço consideráveis desenvolvendo o melhor plano possível para seu projeto. Junte todos os seus documentos de planejamento e examine seu trabalho objetivamente para determinar se você fez um projeto viável. Verifique se você está atendendo às orientações do cliente e aos objetivos do projeto, usando os recursos destinados efetiva e eficientemente, identificando marcos freqüentes para avaliar o progresso e atribuindo responsabilidades para cada tarefa.

Planejando Contingências

Uma vez que você e sua equipe já discutiram possíveis fatores que podem interromper o projeto, agora é uma boa hora para formalizar planos contingenciais com eles. Desenvolva esses planos a partir de uma profunda avaliação de risco em que você examina todas as áreas do projeto e as prioriza por seu risco e potencial para o fracasso ou interrupções.

Os planos contingenciais especificam o que você faz quando as coisas não acontecem exatamente como planejado, ou se fatores de recurso e custo mudam. Por exemplo, tarefas cruciais podem demorar mais do que o esperado, você poderia perder um trabalhador-chave ou um importante recurso poderia ser suspenso. Além disso, identifique medidas preventivas que você pode tomar agora para minimizar a possibilidade e o impacto das interrupções, principalmente nas tarefas de alto risco, como atribuir uma tarefa altamente arriscada a um dos melhores membros da equipe ou estimar a duração de uma tarefa crucial com mais exatidão.

Uma vez que você terminou o plano, seu objetivo é obter a concordância final de todos os indivíduos-chave e dar prosseguimento ao projeto. Obtenha aprovação por escrito dos departamentos que estão apoiando o projeto e dos supervisores se necessário. Apresente o esquema final do projeto para seu cliente e explique as principais áreas de seu plano, ressaltando especificamente quaisquer mudanças do que foi estabelecido em reuniões anteriores. O cliente agora decide se o seu plano é aceitável, dado seu conhecimento de requisitos concorrentes dentro de sua organização, como outros projetos, captação de recursos e restrições de recursos. Uma vez que o cliente aprova, notifique sua equipe e todos os demais envolvidos no projeto.

Gerencie o Projeto

Ao completar as etapas até aqui no ciclo de gerenciamento do projeto, você fez a parte mais difícil do trabalho, embora ainda tenha de iniciá-lo. Você agora montou uma equipe de projeto que entende o que vai fazer, como e quando vai fazer.

A Preparação Compensa

Essa preparação detalhada, no final, lhe poupará uma enorme quantidade de tempo e lhe permitirá concentrar-se em completar o projeto com pontualidade. Você contará com suas habilidades de liderança para manter sua equipe entusiasmada, encorajada e focada no caminho certo. Uma vez que essas habilidades são tão importantes, elas serão discutidas profundamente nos capítulos posteriores.

Comece o Projeto

A comunicação durante a fase de implementação é crucial em razão da certeza da mudança, da possibilidade de interrupções e da necessidade de coordenação tanto interdepartamental quanto da equipe. Como líder, é sua responsabilidade criar e manter uma atmosfera onde todos se sintam livres para levantar questões, buscar orientação e fazer sugestões.

Essa comunicação começa na reunião inaugural, durante a qual você apresentará à sua equipe todos os detalhes do projeto. Esses detalhes, que não deveriam surpreender a equipe à luz de sua contribuição recente no processo de planejamento, incluirão a estrutura organizacional, responsabilidades, atribuições, cronograma, políticas, procedimentos e mecanismos de controle, e relações de subordinação. Diga-lhes que você planeja deixá-los — os gerentes funcionais e os clientes — constantemente atualizados, e por isso a equipe deve mantê-lo regularmente informado.

> *A comunicação durante a fase de implementação é crucial devido à certeza da mudança, à possibilidade de interrupções e à necessidade de coordenação tanto interdepartamental quanto da equipe.*

Uma vez que você é a pessoa na equipe que tem o maior conhecimento e a visão geral mais ampla do projeto, é fundamental que você fique envolvido em todos os aspectos dele. Isso facilitará a identificação de tendências e de problemas em fases iniciais, dando a você, assim, mais tempo de reação para resolver os problemas. Ficar envolvido significa monitorar diariamente o progresso da tarefa, o desenvolvimento financeiro e as condições de recurso. A melhor forma de fazer isso é usar continuamente os procedimentos de controle do projeto que você desenvolveu durante o processo de planejamento. Pode contar que você ficará ocupado, conversará com uma infinidade de pessoas e resolverá vários conflitos a cada dia.

Reaja à Mudança

Planeje deparar-se com várias mudanças no seu projeto porque nenhum projeto se completa sem algumas mudanças no plano original. Essas mudanças começarão a ocorrer dentro de horas a partir da obtenção da aprovação final do plano e continuarão até o final do projeto. Sua reação a essas mudanças determinará se você completará ou não seu projeto com sucesso. É sua responsabilidade identificar e estudar essas mudanças, e então reagir com uma solução viável que lhe permitirá continuar com seu gerenciamento de projeto.

> *Planeje deparar-se com várias mudanças no seu projeto porque nenhum projeto se completa sem algumas mudanças no plano original.*

Agora que você notou esse ataque inevitável de modificações, uma solução simples é ter um plano de gerenciamento de mudanças bem preparado que lhe permitirá integrar facilmente as mudanças em seu ciclo de projeto. A capacidade de se adaptar e implementar a mudança como uma habilidade de liderança estratégica é o assunto do Capítulo 18; sua aplicação no gerenciamento de projeto será discutida a seguir.

Mudando o Produto Final. Esses tipos de mudanças, que modificam de alguma forma o seu produto final, originam-se no ambiente interno, com indivíduos-chave envolvidos no processo, como o cliente ou a equipe, ou no ambiente externo, como na tecnologia, governo ou negócios. Por exemplo, seu cliente pode decidir, depois de aprovar o plano, que quer fazer mudanças nas especificações do produto final. Um integrante da equipe pode recomendar uma mudança importante com base em informações que ele descobriu enquanto trabalhava no projeto. Tecnologias emergentes podem afetar a maneira como certas tarefas são completadas. Finalmente, novas restrições reguladoras ou iniciativas da concorrência podem exigir que você altere aspectos do produto final.

Suas respostas a essas preocupações devem ser bem ponderadas porque uma pequena mudança no produto final pode envolver mudanças significativas no plano do projeto, como nos custos, recursos e programação. Para ajudá-lo a escolher uma resposta, envolva outras pessoas em um processo de gerenciamento da mudança. A pessoa que acredita que uma mudança é necessária deveria submeter uma solicitação por escrito em seu nome a um comitê que tenha responsabilidade para considerar, investigar e aprovar a mudança. O comitê é composto de representantes das áreas funcionais ou departamentos envolvidos no projeto, o indivíduo que tem a autoridade para fundar a mudança, executivos organizacionais importantes, e você presidindo. O comitê tem a autoridade para decidir se as solicitações de mudança merecem outras ações ou não e, em caso afirmativo, aprovar uma investigação, se justificada, para determinar os detalhes da mudança e seu impacto no projeto, e aprovar ou desaprovar a solicitação de mudança, além dos recursos para cobri-la.

Como gerente de projetos, você presidirá o comitê e controlará esse processo a fim de assegurar que ele funcione eficientemente e que questões não fiquem paradas. Faça isso monitorando as ações que estejam ocorrendo, mantendo os membros do comitê informados sobre o *status* de cada ação e lembrando os membros do comitê que, uma vez que o tempo deles e de seus funcionários é valioso, eles devem tomar decisões de forma inteligente e rápida. Uma vez que uma mudança foi aprovada, integre-a em seu projeto, atualizando sua programação e documentos de controle, atribuindo responsabilidade por tarefas e mantendo sua equipe atualizada.

Mudando o Plano. Como foi mostrado, uma mudança no produto final do projeto certamente o levará a fazer alguns ajustes em seu plano. O outro tipo de mudança importante não muda imediatamente o produto final, mas altera o plano que você desenvolveu para produzir esse produto.

Ao lidar com mudanças em seu plano, utilize uma abordagem diferente do processo de gerenciamento da mudança do produto final sugerida para mudanças no produto final.

Sempre que qualquer aspecto de seu plano é alterado, como o custo, a programação ou os recursos, a mudança deve ser gerenciada. Esse tipo de mudança pode originar-se do ambiente interno do cliente, da equipe, do processo, dos recursos, e de níveis hierárquicos da organização ou do ambiente externo do governo, regulamentação, economia, concorrência e sociedade. Acrescentando complexidade à situação, a mudança pode ocorrer nos níveis global, nacional, estadual ou local. Independentemente de onde a mudança se origine, ou de qual é a mudança, você tem de esperar ameaças ao seu plano e estar preparado para reagir a elas.

Ao lidar com mudanças no seu plano, use uma abordagem diferente do processo de gerenciamento da mudança do produto final sugerida para mudanças no produto final. Na maioria dos casos, as mudanças ocorrerão quer sejam desejadas ou não. Sua melhor reação, portanto, é desenvolver políticas e procedimentos que lhe permitam integrar facilmente as mudanças em seu plano.

Primeiro, assegure que toda a equipe saiba que você quer ser avisado imediatamente de todas as mudanças significativas, embora mudanças menos importantes possam esperar até uma data programada regularmente, como uma reunião semanal. Cabe a você determinar o que é significativo e comunicar isso à sua equipe. Segundo, defina claramente aquelas mudanças que você quer aprovar pessoalmente e aquelas que delega aos líderes de sua equipe; então, faça cumprir a norma. Terceiro, uma vez que você provavelmente fará mudanças em seu plano regularmente, não deixe de comunicá-las às pessoas que precisam dessas informações, inclusive à equipe, ao cliente e aos outros departamentos. Finalmente, embora percebendo que a mudança é inevitável, não faça mudanças sem considerar seu impacto e se há outras opções para tentar primeiro.

Monitore o Projeto

Monitorar um projeto significa simplesmente saber o quanto você está perto de atingir os componentes de seu plano e então usar essa informação para tornar qualquer ação corretiva necessária para colocar o projeto de volta ao curso. Monitorar, às vezes referido como controlar, envolve muito mais que observar passivamente os eventos de seu projeto se desenrolarem. Esta habilidade da liderança será discutida mais detalhadamente no próximo capítulo, mas é tratada neste capítulo por ser pertinente ao gerenciamento do projeto.

Você pode monitorar melhor envolvendo-se diariamente nas atividades de seu projeto e equipe, e instituindo procedimentos formais de controle. Todo dia, procure estar onde está sendo desenvolvido o projeto. Ao observar os integrantes da equipe à medida que completam suas tarefas, você verá seu plano diretamente em ação

Você pode monitorar melhor envolvendo-se diariamente nas atividades de seu projeto e equipe, e instituindo procedimentos formais de controle.

e acompanhará instintivamente seu progresso. Como resultado, você perceberá problemas rapidamente, antes de eles se tornarem crises, e terá mais condições de tomar providências. Você não só entenderá mais plenamente as tarefas individuais e sua relação com o projeto geral, mas também será capaz de conversar com a equipe em seu próprio ambiente. Eles estarão mais dispostos a falar francamente com você e levantar questões que poderiam ter sido evitadas se você estivesse no escritório. Enquanto conversa com sua equipe, elogie aqueles que estão fazendo um excelente trabalho ou dando sugestões particularmente boas. Isso os motivará a maiores realizações e mostrará a eles que você está envolvido e que é um líder acessível que se interessa não só pelo projeto, mas por eles também.

Além de seu envolvimento diário no projeto, é essencial ter procedimentos formais de monitoramento que suplementarão seus esforços no local. Alguns procedimentos lhe serão impostos pelo cliente, por autoridades de órgãos fiscalizadores ou por sua organização; você pode desenvolver outros. Os resultados, que geralmente você deve reunir e examinar pelo menos semanalmente, o ajudarão a analisar objetivamente o *status* de seu projeto, confirmar o que você descobriu durante o monitoramento informal e obter informações detalhadas que você precisa para preparar relatórios do *status*. Em um processo formal de monitoramento, você deve fazer o seguinte:

- Coletar informações e identificar discrepâncias.
- Analisar as causas e os efeitos das discrepâncias.
- Adotar ações corretivas.
- Comunicar as ações à sua equipe e aos outros.

Colete Informações e Identifique Discrepâncias

Use os documentos de planejamento que você desenvolveu para analisar seu progresso em todas as áreas, inclusive custos, cumprimento da tarefa, programação, mão-de-obra e uso de recursos. Os documentos de planejamento indicarão onde seu projeto deveria estar e as informações que você coleta mostrarão onde o projeto está; a diferença entre os dois é a discrepância.

Colete informações dos integrantes da equipe mediante contato pessoal, reuniões programadas de avaliação e documentos para acompanhar o projeto. Essas documentações devem reunir apenas as informações que você precisa; planeje coletá-las em uma data programada, regularmente. Para manter os integrantes da equipe concentrados no trabalho do projeto, evite pedir informações a eles quando você pode obtê-las em departamentos funcionais de sua organização, como recursos humanos, folhas em pagamento ou contabilidade. Armado com essas informações, identifique as discrepâncias em seu plano.

Analise as Causas e os Efeitos das Discrepâncias

Usando o método de solução de problemas descrito no Capítulo 5, determine as causas das discrepâncias e seu efeito projetado no projeto. Causas possíveis incluem custos de recursos mais altos que o esperado, baixo desempenho dos integrantes da equipe ou estimativas irrealistas. Efeitos possíveis incluem aumentos no custo de projeto, duração ou risco. Se você não antecipa que as discrepâncias terão algum efeito, não faça nada. Entretanto, se você prevê que as discrepâncias afetarão negativamente o projeto, adote ação corretiva.

Adote Ações Corretivas

Modifique o plano para eliminar a discrepância. Freqüentemente você será capaz de fazer mudanças no plano sem alterar significativamente seu orçamento ou cronograma, realocando recursos ou comprimindo o cronograma, por exemplo. Se você determina que precisará de recursos adicionais ou que novos prazos devem ser aprovados a fim de entregar um produto final de qualidade dentro do prazo de tempo planejado, obtenha autorização do departamento funcional ou do cliente se necessário. Se você não obtiver recursos adicionais que lhe permitam completar um projeto de qualidade como planejado, então será obrigado a negociar uma mudança no escopo do projeto.

Comunique as Ações à sua Equipe e aos Outros

Uma vez que sua decisão de corrigir as discrepâncias altere seu plano, você deve comunicar quaisquer mudanças aos integrantes da equipe, departamentos funcionais e ao cliente. Faça isso emitindo relatórios de *status* e planos revisados, e conduzindo reuniões regulares e apresentações formais. Você provavelmente atualizará os integrantes de sua equipe mais freqüentemente que as outras partes; faça atualizações adequadas à sua audiência, dando informações mais detalhadas à sua equipe que aos departamentos funcionais ou ao cliente.

É igualmente importante manter as pessoas que não são da equipe adequadamente atualizadas quanto ao *status* do projeto. Você ganhará mais cooperação se fizer um esforço especial para mantê-los atualizados, tanto informalmente, durante todo o curso do projeto quanto formalmente, em apresentações programadas. A chave para a comunicação efetiva é explicar claramente como o projeto está indo de modo geral, em termos da programação e do custo, o que ocorreu recentemente, que ação corretiva será tomada e o que você precisa que seus ouvintes façam. Lembre-se de usar qualquer encontro com os membros de sua equipe como uma oportunidade para buscar sua colaboração em todos os aspectos do projeto. Além de emitir relatórios de *status* à sua equipe, atualize periodicamente e emita um plano revisado sempre que este mudar. Ressalte as mudanças especificamente, a fim de poupar tempo de leitura a todos.

> *Uma vez que sua decisão de corrigir as discrepâncias altere seu plano, você deve comunicar quaisquer mudanças aos integrantes da equipe, departamentos funcionais e ao cliente.*

Coordene Atividades de *Follow-up*

À medida que você chegar ao final do projeto, coordene a transição do produto final de sua equipe para o cliente. Tipicamente, isso envolve fazer inspeções, testes e instalações, se aplicáveis. Redistribua qualquer excesso de recursos aos departamentos funcionais ou de acordo com seu plano. Prepare um relatório resumido do projeto para o cliente que detalhe suas principais realizações, eventos significativos que alteraram o plano e qualquer lição importante que você aprendeu e que poderia beneficiar o cliente. Também prepare um relatório interno detalhado que compile as principais experiências da equipe durante o projeto. Sinta-se livre para ser franco quanto às dificuldades, sucessos e recomendações.

> *À medida que você chegar ao final do projeto, coordene a transição do produto final de sua equipe para o cliente.*

Sua ação final será recompensar os integrantes de sua equipe pelo trabalho feito. Provavelmente você os tenha recompensado durante todo o projeto, mas agora é hora de assegurar que eles saibam o quanto você, os departamentos funcionais e o cliente reconhecem o esforço deles. No mínimo, programe o cliente para reconhecer pessoalmente os integrantes da equipe e agradecer a eles pela dedicação ao trabalho. Os integrantes da equipe também ficarão honrados com uma carta sua de agradecimento, uma festa de encerramento do projeto e o reconhecimento do supervisor funcional deles.

Resumo, Questões e Exercício

Resumo

Uma das habilidades importantes para o líder é o gerenciamento de projetos independentemente do seu tamanho, uma vez que os projetos têm características e processos parecidos. O gerenciamento de projetos envolve a utilização das habilidades do líder e da equipe, bem como princípios e métodos estabelecidos para conduzir com eficiência uma série de atividades até o final.

O objetivo do gerenciamento do projeto é planejar, organizar, dirigir e monitorar todo processo com a finalidade de produzir o melhor produto ou serviço final possível.

O gerenciamento bem-sucedido de projeto é composto por sete etapas. São elas:

- Escolha o gerente do projeto.
- Estabeleça objetivos e requisitos.
- Selecione a equipe.
- Planeje o projeto.
- Gerencie o projeto.
- Monitore o projeto.
- Coordene atividades de *follow-up*.

Um ponto importante no gerenciamento do projeto é a gestão de contingências. O plano de contingência especifica o que deverá ser feito quando as coisas não acontecerem exatamente como o planejado.

Outro ponto importante é a comunicação durante a fase de implementação. O líder tem a responsabilidade de criar e manter uma atmosfera onde todos se sintam livres para levantar questões, buscar orientação e fazer sugestões.

Questões:

- O que é um projeto?
- Qual o objetivo do gerenciamento do projeto e quais as etapas para ele ser bem-sucedido?
- São necessárias habilidades específicas para ser um gerente de projeto. Quais seriam essas habilidades e por que elas são consideradas fundamentais?
- Qual é a correlação entre o estabelecimento dos objetivos e requisitos com a aproximação do projeto?
- Relate as cinco etapas na criação de um plano de projeto.
- Por que a lista de tarefas é considerada uma das ferramentas mais importantes do projeto?
- O que deve ser feito quando o programa mostrar que não será possível finalizar o projeto dentro da previsão de conclusão?
- Qual a importância de se formalizar um plano de contingência?

Exercício:

Escolha um projeto em andamento dentro da sua empresa e faça uma análise de como está o seu gerenciamento, baseado nas etapas da gestão do projeto e a condução eficaz pelo gerente do projeto.

Capítulo 8

Monitorando

John quer avaliar periodicamente o progresso do projeto de atualização da tecnologia de informação de sua equipe. O projeto é essencial para um plano de expansão de sua empresa e ele quer assegurar que está no caminho certo. Que opções ele tem?

Monitorar é um processo contínuo usado para verificar o progresso em todas as suas atividades de liderança. Ele lhe fornece uma estrutura para transformar seus objetivos em realidade, seus planos em ação, suas instruções aos funcionários e integrantes da equipe em realizações, e os objetivos de sua organização em sucesso.

Um aspecto crucial do monitoramento é um esforço pró-ativo não só de observar o que está acontecendo, mas também de tomar providências se necessário.

Um aspecto crucial do monitoramento é um esforço pró-ativo não só de observar o que está acontecendo, mas também de tomar providências se necessário. Esse esforço envolve intervir no resultado potencial de eventos, mudando o comportamento das pessoas ou outros recursos com os quais você está envolvido. Também o alivia da necessidade de esperar até que o projeto termine, que um funcionário complete uma tarefa ou que surja uma crise para descobrir problemas consideráveis que precisam de correção.

Quando você monitora enquanto está desenvolvendo suas atividades de liderança, você colhe vários benefícios. Primeiro, entenderá melhor os desafios, as questões e as preocupações que sua equipe e organização enfrentam. Saber o que está realmente acontecendo em sua organização, não só o que você acha que vai acontecer, dar-lhe-á o conhecimento e a convicção para conduzir os membros da equipe pelo caminho adequado. Segundo, monitorar lhe permite identificar rapidamente as tendências do resultado financeiro que sinalizam uma ameaça para você e sua organização. Esses perigos incluem quedas inesperadas nos lucros, receita, desempenho operacional ou satisfação do cliente, variações inesperadas de seus planos, diretivas ou intenções; e questões relacionadas a pessoas como descontentamento ou alta rotatividade. Finalmente, se você monitora seus ambientes consistentemente, inclusive seus ambientes de negócio, econômico, político e cultural, identificará mais tendências que, evoluindo lentamente, podem influenciar você, sua equipe e sua organização.

Dicas de Monitoramento

Você pode integrar facilmente o monitoramento em todas as suas atividades porque quase todos conhecem o conceito e esperam por isso. Apesar da necessidade óbvia de monitoramento, algumas pessoas se ressentem dele, considerando-o um processo manipulativo usado para vigiar suas atividades. É tipicamente chamado "controle", um termo que sugere imagens de domínio e poder. Seu desafio é promover o monitoramento como uma atividade útil, necessária e positiva, fundamental para todos na organização. Você faz isso ao comunicar os benefícios do monitoramento à sua equipe, divulgar claramente os métodos que usa e utilizar consistentemente seus resultados para fazer as mudanças necessárias de forma rápida e decisiva.

Uso do Monitoramento

O monitoramento pode ser preventivo ou reativo, e é implementado por sistemas formais ou informais.

Embora monitorar seja uma ferramenta simples de entender e aplicar, convém examinar como usá-la no contexto de suas responsabilidades de liderança. O monitoramento pode ser *preventivo* ou *reativo* e é implementado por sistemas formais ou informais.

Monitoramento Preventivo e Reativo

Os líderes são responsáveis por antecipar tanto eventos futuros quanto antecipar as conseqüências de eventos inesperados. Um sistema de monitoramento bem-concebido lhe dará o *feedback* que ajudará a prever exatamente os resultados, indicando se o seu plano e estratégia estão funcionando como o previsto, como nas áreas de custos, qualidade da produção, retenção de funcionários ou objetivos. Da mesma forma, se ocorre um evento inesperado, como a ausência de funcionários-chave ou uma crise com um cliente, seus hábitos de monitoramento consistente lhe permitirão saber as conseqüências potenciais desses eventos. Dessa forma, você preverá mais rapidamente os resultados e tomará uma decisão melhor sobre como reagir.

Depois de avaliar relatórios, conversas, desempenho ou informações sobre um evento passado, um líder usa seu conhecimento para influenciar positivamente o resultado de eventos futuros e não repetir erros. Por exemplo, se o seu monitoramento mostra que sua organização recebe mais telefonemas às segundas-feiras, você planeja ter mais assistência disponível nesse dia. Se os clientes que saem de seu restaurante lhe dizem que a comida estava excelente, mas que o serviço estava péssimo, você toma providências para eliminar a causa desse serviço fraco.

Procedimentos Formais e Informais

Existem vários procedimentos que permitem a você e a outros líderes monitorarem formalmente seus planos e atividades. A auditoria externa, realizada por contadores governamentais, é um procedimento de rotina utilizado para verificar os registros financeiros da organização. Como líder, você pode estender esse conceito usando pessoal de fora da organização, como consultores, para examinar e comentar quaisquer aspectos de suas responsabilidades. A auditoria interna, ou operacional, é semelhante à auditoria externa, mas é feita por você ou outra pessoa da organização, podendo tratar de qualquer aspecto da organização. O propósito é verificar os sistemas, as operações e os procedimentos organizacionais de modo a certificar-se de que os planos operacionais estão sendo implementados.

Como mencionado no Capítulo 7, durante a discussão de monitoramento do projeto, um líder desenvolve procedimentos de monitoramento situacional, como um cronograma ou um orçamento, para usar na avaliação das atividades e projetos específicos. Um líder também usa esses procedimentos formais em inúmeros casos durante todo o dia, como no gerenciamento do desempenho ou em outros sistemas de prestação de contas. O departamento encarregado da folha de pagamento, por exemplo, pode exigir que você verifique o comparecimento ao trabalho de seus funcionários. Além disso, a organização pode obrigar o uso de procedimentos de monitoramento por todos. Examinaremos alguns desses métodos mais adiante, ainda neste capítulo.

Um método informal para manter suas responsabilidades é uma forma excelente de complementar seus procedimentos formais de monitoramento. Não há nada mágico nesse processo. Ele envolve usar todas as suas habilidades de liderança para permanecer envolvido com as atividades de todos com quem você trabalha, inclusive seus funcionários, pares em todos os departamentos organizacionais, e clientes. A próxima seção apresenta um processo de monitoramento que você pode usar e adaptar a todos os seus deveres.

O Processo de Monitoramento

Monitoramento é um componente essencial de tudo o que você faz. Você deve integrá-lo em todas as suas atividades de liderança. Ele facilitará o seu trabalho, o tornará menos frustrante, fará seus esforços mais efetivos e eficientes, e lhe poupará uma quantidade enorme de tempo. Seu monitoramento será freqüentemente simples, amplo e ocasional; em outros momentos será detalhado, intenso e focado. Além

> *Monitoramento é um componente essencial de tudo que você faz. Você deve integrá-lo em todas as suas atividades de liderança.*

de ajudá-lo a cumprir seus deveres, o monitoramento encorajará seus funcionários e membros da equipe a fazer bem o trabalho deles. Uma vez que sabem que você verificará o desempenho deles, estar cientes de suas potenciais atividades de monitoramento lhes dá um objetivo — ter um bom desempenho de acordo com as expectativas com as quais você e eles concordam.

O processo de monitoramento neste capítulo deriva de muitos processos que você provavelmente vê em sua organização. Use-o como um molde no desenvolvimento de seus sistemas exclusivos de monitoramento informal.

Um processo efetivo de monitoramento inclui estas quatro etapas:

- Estabelecer o plano de monitoramento.
- Comunicar o plano.
- Avaliar o desempenho.
- Orientar o desempenho.

Estabeleça o Plano de Monitoramento

Desenvolva planos de ação separados para monitorar cada uma de suas responsabilidades, inclusive deveres recorrentes, atividades realizadas uma única vez ou tarefas delegadas. Os planos não precisam ser escritos, exaustivos ou únicos; eles simplesmente precisam convencê-lo de que você tem uma maneira efetiva de verificar o progresso de cada atividade. Ao desenvolver o seu plano, defina que atividade monitorar, como os outros devem

> *Desenvolva planos de ação separados para monitorar cada uma de suas responsabilidades.*

desempenhar a atividade e como monitorá-la melhor. Faça isso identificando os padrões objetivos de desempenho e monitorando o procedimento.

O objetivo de cada tarefa ou atividade deve ser claramente identificado, ter a duração de tempo especificada, ser mensurável e enunciado de maneira simples, de modo que você e sua equipe não tenham dúvida do que deverão fazer para completar satisfatoriamente a tarefa. Um objetivo dá a você e à sua equipe um alvo a atingir; quando não se tem um objetivo, não se sabe qual é o alvo. Por exemplo, não é suficiente dizer que você quer ter os clientes satisfeitos; você precisa expressar um objetivo com clareza que declare que quer atingir 95% de comentários positivos por semana em pesquisas com clientes.

Os padrões de desempenho são pontos de verificação intermediários para mantê-lo no caminho certo da realização de seu objetivo. Às vezes chamados de objetivos específicos, critérios ou expectativas, os padrões dividem o objetivo em partes mais gerenciáveis e lhe fornecem uma advertência precoce caso você não esteja no caminho certo. Você pode definir os padrões quantitativa ou qualitativamente, contanto que sejam indicadores claros de desempenho. Os padrões podem ser descritos de diversas maneiras, como em termos do custo, receita, investimento ou mesmo termos intangíveis. Como é o caso de seus objetivos, defina claramente seus padrões de modo que eles tenham um tempo especificado e sejam mensuráveis. No exemplo anterior de atendimento ao cliente, os padrões típicos poderiam incluir esperar no máximo um minuto para ser atendido ao telefone, o limite total de tempo ao telefone de três minutos, ou tolerância zero para a ambivalência ou grosseria do funcionário. Cada um desses padrões contribui para o objetivo geral de 95% de comentários positivos.

Elabore os procedimentos de monitoramento que você usará para a tarefa; eles podem ser estritamente formais, informais ou uma combinação deles. Eles também podem incluir relatórios escritos ou orais, reuniões, apresentações, verificações das operações ou procedimentos elaborados. Como acontece com o seu estilo de liderança, você não pode usar um único tipo de procedimento de monitoramento para todas as suas atividades porque o procedimento pode ser inaplicável ou inefetivo. Adapte o monitoramento, portanto, a cada uma de suas principais responsabilidades.

Escolhendo os Procedimentos de Monitoramento

Sua escolha dos procedimentos de monitoramento depende de vários fatores, que incluem a importância e a natureza da atividade monitorada, seu nível de conhecimento e experiência com a atividade, e o grau de experiência e conhecimento dos participantes na atividade. Os procedimentos devem ser simples para os outros entenderem e implementarem, fácil para você integrar em seus afazeres diários e efetivo para ajudá-lo a dar conta de suas responsabilidades. Eles devem ser flexíveis o suficiente para ainda assim funcionarem efetivamente no caso de que algo realmente atrapalhe seus planos. É importante, no entanto, que você revise regularmente seus procedimentos para assegurar que eles permaneçam realistas. Finalmente, use os procedimentos consistentemente: caso contrário eles não serão de grande valia para você.

Há dois pontos fundamentais a ser lembrados ao elaborar seus procedimentos de monitoramento:

- Faça amplo uso do contato pessoal entre você e aqueles envolvidos na atividade; ouça atentamente, observe as pessoas e faça perguntas. Você obterá muito mais detalhes assim do que se apenas analisasse um relatório, no qual você não poderia perguntar tantos detalhes sobre o que está acontecendo com seus funcionários ou o progresso de suas atividades.
- Integre seu monitoramento ao seu sistema de gestão do tempo, de modo que você possa de fato programar o tempo para monitorar. Utilize o tempo reservado para analisar relatórios, inspecionar processos e interagir com as pessoas.

Comunique o Plano

Seus funcionários e outros devem saber qual é o seu plano de monitoramento, como você avaliará o desempenho deles e quais são as potenciais recompensas para o sucesso na atividade.

Seus funcionários e os outros devem saber qual é o seu plano de monitoramento, como você avaliará o desempenho deles e quais são as potenciais recompensas para o sucesso na atividade. Se você não comunicar adequadamente essas informações, diminuirá acentuadamente a probabilidade de atingir o objetivo de acordo com os padrões. Você pode utilizar vários meios para comuni-

Monitorando 123

car o plano de monitoramento, como em reuniões de equipe, contato pessoal com funcionários-chave ou orientação por escrito. É essencial, no entanto, que o plano de monitoramento, assim como todas as outras informações pelas quais você é responsável como líder, seja transmitido corretamente aos níveis mais rasos de sua organização.

Avalie o Desempenho

Esta etapa é similar à etapa três do processo de solução de problemas do Capítulo 5: você compara os resultados reais com os desejados. Se você definiu os padrões de desempenho com cuidado e consideração, então será simples medir o desempenho e examinar os resultados. Se há uma diferença desfavorável entre os resultados reais e desejados, você como líder deve tomar providências para orientar o desempenho e conduzi-lo na direção certa.

Oriente o Desempenho

Utilizando suas habilidades de liderança, adote as medidas necessárias para corrigir o desempenho e assegurar que a atividade volte ao normal, de acordo com o plano. Isso poderia levar sua equipe a tomar certas ações e corrigir o problema ou conceber e implementar um novo procedimento para resolver o problema. Todo membro da equipe deve entender que há um problema e que eles, trabalhando juntos, vão corrigi-lo e evitar que ele volte a ocorrer. Lembre-se de elogiá-los por qualquer trabalho destacado e lembre-os do quanto eles são importantes para o sucesso da atividade. Depois de orientar o desempenho, continue o processo de monitoramento reavaliando o desempenho e fornecendo orientação adicional até atingir seu objetivo.

> *Usando suas habilidades de liderança, adote medidas necessárias para corrigir o desempenho e assegurar que a atividade volte ao normal, de acordo com o plano.*

Procedimentos Formais de Monitoramento

Há muita informação disponível sobre procedimentos formais de monitoramento para você estudar quando quiser. Para orientá-lo, esta seção enfatizará brevemente alguns dos métodos mais populares, muitos dos quais provavelmente já estejam em uso. Longe de ser exaustiva, esta lista dar-lhe-á pelo menos uma idéia da variedade de procedimentos formais de monitoramento.

Orçamentos

Os orçamentos são basicamente documentos de planejamento numérico que você e sua organização desenvolvem para atingir certos objetivos. Entretanto, eles têm sido tradicionalmente uma forma popular de monitoramento porque lhe permitem comparar facilmente planos com eventos reais e então tomar uma ação corretiva. Tipos de orçamento incluem receita e despesa, ou orçamentos físicos pertinentes a recursos não monetários.

Informação Financeira

Dados financeiros o ajudam a ter acesso à posição financeira passada e à atual de sua organização e departamentos selecionados, a tomar decisões melhores e a entender tendências financeiras e operacionais. Embora você possa não usar informações

Dados financeiros o ajudam a ter acesso à posição financeira passada e à atual de sua organização e departamentos selecionados, a tomar decisões melhores e a entender tendências financeiras e operacionais.

financeiras com a mesma freqüência que outras ferramentas de monitoramento, ela lhe fornecerá conhecimentos e esclarecimentos bastante proveitosos, caso você opte por analisá-la e utilizá-la em conjunto com seus outros procedimentos de monitoramento. Você confiará cada vez mais nessas ferramentas de monitoramento financeiras à medida que assumir mais de um papel de liderança em sua organização. Preste atenção particularmente aos documentos financeiros que são de sua responsabilidade. Peça aos departamentos que os originam se eles podem separar as informações gerais para lhe oferecer detalhes sobre as áreas específicas de sua responsabilidade. Também ajuda ler um livro introdutório de finanças e contabilidade porque este lhe dará mais entendimento e lhe mostrará como as informações financeiras se relacionam a você e às suas responsabilidades. Seu conhecimento dessas áreas também o ajudará quando você conversar com os líderes seniores e de outros departamentos de sua organização.

Vários itens específicos serão de seu interesse. As demonstrações financeiras, inclusive o balanço patrimonial, a demonstração de resultados e a demonstração de fluxo de caixa mostram o quadro financeiro geral da empresa. Quando você os compara com demonstrações anteriores, pode identificar tendências que estão se desenvolvendo em sua organização. Use essas demonstrações, e também outros dados para determinar índices financeiros, os quais lhe darão dados estatísticos para comparar sua organização com outras parecidas em seu setor, além de analisar tendências. Está além do escopo deste capítulo discuti-los em detalhes, mas entenda que esses índices inter-relacionados o ajudarão a identificar problemas potenciais e a resolver deficiências antes de elas piorarem.

Garantia de Qualidade

A garantia de qualidade é fundamentalmente um processo de assegurar que sua organização produza bens e serviços conforme pretendido. É conhecida por vários nomes como, por exemplo, controle de qualidade, garantia de qualidade e qualidade total.

Há praticamente um acordo universal de que a maioria das organizações precisa de alguma forma de programa de qualidade a fim de antecipar e reagir à produção ou a esforços de serviços inferiores. Um programa de qualidade bem-concebido e implementado que monitore as operações em seu departamento ou organização é uma ferramenta sólida de negócio. Há diversas variações desses programas, mas a maioria inclui contar com processos estatísticos, monitorar a satisfação do cliente, controlar custos e comprometer-se com o aprimoramento contínuo.

Como acontece com a maioria dos programas que você implementa como líder, o sucesso de um programa de qualidade depende de você. Você deve criar e sustentar as atitudes certas em toda a sua organização e obter compromissos de sua equipe e dos líderes organizacionais para alcançar a qualidade.

> *Monitorar o desempenho de cada um de seus funcionários e comunicá-los sobre o desempenho deles são componentes essenciais de seus esforços de liderança.*

Feedback do Cliente

Prestar atenção ao que seus clientes pensam de seu serviço ou produto é um método comprovado de monitorar efetivamente eventos em sua organização. Ao buscar ativamente *feedback* de seus clientes, você tem a oportunidade de analisar comentários detalhados que poderiam ter conseqüências enormes no resultado financeiro de sua organização e em sua sobrevivência a longo prazo. Depois de avaliar essa informação, você pode orientar sua equipe para sua estratégia superior de atendimento ao cliente.

Gerenciamento do Desempenho

Monitorar o desempenho de cada um de seus funcionários e comunicá-los sobre o desempenho deles são componentes essenciais de seus esforços de liderança. O processo de treinamento que será discutido no Capítulo 15 apresenta esses fatores em maiores detalhes, mas vários pontos são pertinentes a este capítulo. É essencial identificar claramente os principais objetivos de cada um de seus funcionários para o próximo ano e além, e então concordar quanto a objetivos específicos de desempenho para cada um dos objetivos gerais. Um plano escrito para cada pessoa assegura que todos estejam de acordo quanto ao que deve ser feito e lhe fornece um excelente documento de base para acompanhar o desempenho de seus funcionários. Revisões de desempenho informais com cada pessoa ocorrem pelo menos a cada trimestre e, se necessário, com mais freqüência. Essas revisões geralmente são suplementadas por uma avaliação formal anual.

Se os líderes realizassem tudo exatamente da forma desejada, não haveria necessidade de monitoramento. Entretanto, como você bem sabe, é raro que algo aconteça exatamente de acordo com um plano. Monitorar complementa o processo de planejamento, ajudando os líderes a se envolverem e a tomarem iniciativas responsáveis enquanto a atividade é realizada.

Resumo, Questões e Exercício

Resumo

É um processo contínuo que objetiva verificar o progresso em todas as atividades do líder. O monitoramento assegura que os esforços do líder sejam efetivos, transformando os seus objetivos em realidade, os planos em ação, as instruções em realizações.

A idéia central do monitoramento é que o líder realmente saiba o que está acontecendo em sua organização, bem como identifique o ambiente econômico, político e cultural, os quais podem sinalizar uma ameaça, dessa forma, tendo condições para uma intervenção adequada na busca do sucesso para a equipe e sua organização.

Um dos desafios dos líderes é antecipar eventos futuros e também as conseqüências de eventos inesperados. Existem dois tipos de monitoramento — preventivo e reativo — que possibilitam um sistema de monitoramento que o ajudará a prever exatamente os resultados.

Existem alguns procedimentos que possibilitam o processo de monitoramento conhecidos como formais e informais. Como exemplo desses procedimentos, pode-se citar a auditoria externa e interna.

Um processo de monitoria inclui quatro etapas. São elas:

- Estabelecer o plano de monitoramento.
- Comunicar o plano.
- Avaliar o desempenho.
- Orientar o desempenho.

Monitorar o desempenho de cada um dos seus funcionários e comunicá-los sobre o desempenho deles são componentes essenciais do papel de um líder.

De forma geral, monitorar complementa o processo de planejamento, e contribui para que os líderes possam se envolver e tomar decisões enquanto a atividade se desenvolve.

Questões:

- Quais os benefícios do monitoramento para a liderança?
- Explique a seguinte proposição: "Algumas pessoas se ressentem do monitoramento, considerando-o um processo manipulador".
- O que significa a monitoria preventiva e reativa?
- Relate as quatro etapas do processo efetivo de monitoramento?
- Qual o impacto do elogio e da orientação para correção na melhoria dos resultados?
- Cite alguns procedimentos formais de monitoramento.
- O gerenciamento de desempenho é um dos componentes essenciais da liderança. Explique a razão disso.

Exercício:

Caso exista na sua empresa a ferramenta de gestão de desempenho, descreva o procedimento e os benefícios que você considera oriundos desse processo. Ser não existir, verifique em outras empresas e veja como conduzem o sistema de monitoramento do desempenho dos funcionários.

Capítulo 9

Treinamento e Desenvolvimento

Maria é a líder de uma equipe de manutenção. Ela e um integrante acreditam que a equipe precisa de ajuda para entender o funcionamento de uma nova máquina com tecnologia de ponta que sua empresa receberá em breve. Tim é encarregado do departamento de treinamento da empresa. Quais são as responsabilidades individuais e mútuas para assegurar que o treinamento seja um sucesso? O que deverá acontecer?

Os líderes são responsáveis por treinar corretamente seus funcionários e outros, e, portanto, por transformá-los em membros produtivos e contribuintes de sua equipe. Em geral, há diferenças ou defasagem entre o que os seus funcionários deveriam saber e o que eles realmente sabem sobre seus cargos. O propósito de treinar é eliminar essas defasagens, ajudando sua equipe a adquirir e aplicar conhecimentos e habilidades a fim de aprimorar o desempenho deles.

Treinamento e Desenvolvimento

Desenvolvimento, um processo de prazo mais longo em relação ao treinamento, tem como objetivo básico preparar o indivíduo para cargos cada vez mais difíceis ou que exijam maiores responsabilidades dentro e fora de sua organização. Tanto o treinamento quanto o desenvolvimento ocorrem, acima de tudo, como uma resposta à estratégia de uma organização; são programas dirigidos para o mercado, destinados a ajudar você a atingir objetivos e metas organizacionais.

Treinamento e Desenvolvimento para Todos?

Os líderes com funcionários que se reportam a eles provavelmente acham as habilidades de treinamento e desenvolvimento mais aplicáveis que, por exemplo, um membro da equipe ou colega de trabalho com papéis de liderança e capacidades, mas sem funcionários diretos. Mesmo assim, todos os líderes se beneficiarão dessas habilidades porque é provável que cada uma delas esteja envolvida de alguma forma com treinamento e desenvolvimento em algum ponto.

Trabalhadores bem-treinados, junto com a liderança efetiva, são essenciais para o sucesso de uma organização. Você como líder não precisa pessoalmente conduzir todo o treinamento nem desenvolver cada um de seus funcionários. Em geral, você terá assistência de líderes ou colegas nos departamentos vizinhos, como treinamento ou recursos humanos. Entretanto, você deve se envolver no processo para garantir que os programas de treinamento e desenvolvimento sejam concebidos, implementados e avaliados com suas necessidades em mente. Veja se os programas são conduzidos em um ambiente que apóia a aprendizagem e se eles atendem às necessidades de seus funcionários bem como aos objetivos de sua organização.

Treinamento e desenvolvimento não acontecem uma única vez; começam no dia em que você contrata seus colegas e continuam até eles saírem da organização. Treinamento e desenvolvimento acontecem durante o dia todo, e não apenas em sessões planejadas, formais, de treinamento, por isso você deve integrá-los em suas atividades diárias. Embora você gaste esforço e recursos e não tenha uma noção imediata de gratificação, acabará vendo uma imensa compensação por causa do seu compromisso com o treinamento e o desenvolvimento.

> *Treinamento e desenvolvimento não acontecem uma única vez; começam no dia em que você contrata seus colegas e continuam até eles saírem da organização.*

O valor do treinamento e desenvolvimento está em facilitar a sua vida porque seus funcionários aprenderão a fazer um trabalho melhor, o que significa que você terá de gastar menos tempo auxiliando-os e treinando-os, à medida que eles desenvolvem conhecimentos específicos e experiência.

Quatro Diretrizes de Treinamento de um Líder

Enquanto você imagina que de modo o treinamento contribui para a execução de seus deveres, pense em como estruturar o treinamento de forma que ele seja o mais efetivo possível. O treinamento efetivo inclui três componentes: apresentação do conteúdo, aplicação a sessões práticas específicas e *follow-up* para verificar o desempenho. Esses componentes serão desenvolvidos durante este capítulo. As quatro diretrizes a seguir o ajudarão a tomar as decisões certas ao conduzir um sólido programa de treinamento.

Construa Habilidades para Aprimorar o Desempenho

Muitos líderes têm tradicionalmente visto o treinamento de forma limitada, como um requisito organizacional, uma recompensa ao funcionário ou um meio de oferecer novos conhecimentos. O treinamento é mais efetivo quando usado como veículo para atingir objetivos organizacionais, desenvolvendo habilidades e aprimorando o desempenho. O treinamento em si não eliminará todas as discrepâncias de desempenho porque elas existem por diversas razões, inclusive dificuldades pessoais dos funcionários, o sistema de incentivo e condições organizacionais. Entretanto, quando o treinamento está relacionado às causas das discrepâncias no desempenho, pode ser uma solução que trará enorme benefício.

O treinamento é mais efetivo quando usado como veículo para atingir objetivos organizacionais, desenvolvendo habilidades e aprimorando o desempenho.

Os líderes devem trabalhar de perto e colaborar com os profissionais de treinamento em sua organização para identificar as causas de deficiências no desempenho, desenvolver soluções para superar deficiências, aumentar as habilidades e criar programas de treinamento viáveis. Embora você tenha a responsabilidade básica de assegurar que seus funcionários participem dos tipos certos de treinamento, o departamento de treinamento pode trabalhar com você para integrar esse treinamento em suas operações departamentais. Se o seu departamento de treinamento ainda não opera de maneira pró-ativa, procure os seus líderes e crie esse tipo de relacionamento funcional.

Treinamento e Desenvolvimento

Programas de Treinamento Personalizados

Os programas de treinamento funcionam melhor quando adaptados a um grupo específico de funcionários. Funcionários do escritório e da fábrica, por exemplo, exigem um conjunto diferente de habilidades que aquelas dos gerentes de nível médio. Todos os grupos exigem um conjunto de habilidades de três categorias: habilidades de negócio, como atendimento ao cliente, garantia de qualidade ou marketing; habilidades de liderança e gerenciamento, como trabalho de equipe e solução de conflitos; e habilidades individuais, como fazer apresentações ou redação.

Defenda a Aprendizagem e a Prática Contínuas

Em seu papel de liderança, promova o treinamento como o ímpeto para um processo de aprendizagem contínuo e disseminado, que pode ocorrer informal ou formalmente, em salas de aula dentro ou fora do trabalho, e com a orientação de instrutores oficiais, líderes ou pares. Depois de investir tempo aprendendo as habilidades ou métodos, os funcionários devem empregá-los para praticar, ou logo perderão o domínio deles. Os funcionários devem entender que a aprendizagem e a prática contínua não só levam ao aprimoramento de suas habilidades em seus cargos atuais, mas também abrem portas para muitas oportunidades dentro e fora da organização.

Alinhe o Treinamento com a Missão Organizacional

O treinamento fornece uma oportunidade excepcional para enfatizar aos seus funcionários a missão, as metas e os objetivos da organização. Ao entender como o treinamento e as habilidades no trabalho se relacionam diretamente ao futuro da organização, seus funcionários terão uma noção mais clara de propósito e direção. Um foco intenso nos objetivos estratégicos também o ajudará a identificar rapidamente as habilidades que seus funcionários precisam para ajudarem a atingir os objetivos.

Avalie o Treinamento

Seu desafio é tornar seu treinamento eficiente a ponto de ajudá-lo a atingir seus objetivos e as metas de sua organização. Os indicadores tradicionais de treinamento produtivo, como o volume de treinamento ou o número de participantes, não são muito úteis para você como líder. Você está mais preocupado em medir resultados específicos atribuíveis ao desempenho e ao resultado, à maior satisfação do cliente, ou aos novos negócios gerados. Crie métodos específicos de controle, como sessões de questionário ou de *feedback* para coletar informações que ajudarão a medir resultados de treinamento. Esses métodos não precisam ser elaborados ou complexos, mas devem indicar o quanto seu treinamento é efetivo.

Três Papéis de um Líder no Treinamento

O treinamento é uma atividade abrangente que afeta quase tudo o que você faz como líder. Em razão dos enormes benefícios que o treinamento pode ter em ajudá-lo a cumprir seus deveres, você deveria entender seu papel no processo de treinamento. A maioria dos líderes concordará que passa muito tempo ensinando, orientando e informando os funcionários e a equipe em inúmeras questões e habilidades. Outras vezes, os líderes dirigem e monitoram os esforços de outros

Os três papéis que você tem no processo de treinamento são os de treinador, gerente de treinamento e criador de treinamento.

que ensinam, orientam e informam. Ocasionalmente, os líderes estão envolvidos ou são responsáveis por criar um programa de treinamento. Essas atividades de rotina representam os três papéis que você tem no processo de treinamento: treinador, gerente de treinamento e criador de treinamento.

Você como Treinador

Você pode freqüentemente conduzir treinamentos com seus funcionários ou agir como um treinador convidado para outros departamentos. Quando você treina os outros, é uma tremenda oportunidade para refinar seus negócios, liderança e habilidades individuais; de liderar pelo exemplo, partilhando sua experiência com os outros; e de se envolver na orientação de seus funcionários para atingir objetivos organizacionais e individuais. Ao se preparar para o papel de treinador, seus dois objetivos mais importantes são desenvolver a experiência de treinamento e entender as capacidades e preferências de seus aprendizes.

O seu primeiro objetivo é desenvolver a experiência de treinamento. Para ser um treinador efetivo e responsável, você deve aprender a treinar adequadamente

Como treinador, seus dois objetivos mais importantes são desenvolver a experiência de treinamento e entender as capacidades e preferências de seus aprendizes.

os indivíduos. A maneira mais efetiva é fazer um curso para treinador que seja apresentado comercialmente ou dentro de sua organização. Se isto não for possível, peça a alguém no departamento de treinamento para lhe ensinar os fundamentos; você pode complementar essa instrução lendo um livro sobre treinamento e praticando as habilidades que aprende. Embora mais tarde você possa ficar extremamente proficiente como treinador, em que desenvolva várias habilidades especializadas de treinamento, seu objetivo inicial deve ser aprender e praticar as habilidades mínimas necessárias para conduzir uma sessão de treinamento. Estas incluem usar apropriadamente recursos de ensino, apresentar material efetivamente, entender e ouvir os participantes, criar um ambiente de aprendizagem e conhecer seu material.

Seu segundo objetivo é entender o aprendiz. Como líder, você trabalha com colegas que têm todos os tipos de formação pessoal, níveis educacionais, motivações, habilidades e experiência. Da mesma forma, como treinador, você estará trabalhando com pessoas que têm capacidades e preferências variadas de aprendizagem. É possível, no entanto, entender melhor os participantes e então ajustar suas abordagens de treinamento de acordo com dois fatores principais de aprendizagem.

As Pessoas Aprendem de Formas Diferentes. Como discutido no Capítulo 5, as pessoas geralmente têm uma maneira dominante de pensar. Aqueles que pensam com o lado esquerdo do cérebro tendem a ser mais analíticos e orientados para detalhes, enquanto os que pensam com o lado direito são mais criativos e têm uma mente mais aberta. As pessoas também aprendem em termos de seu lado esquerdo e direito do cérebro.

Em sessões de treinamento em grupo, é mais difícil satisfazer as necessidades de todos os participantes por todo o tempo. Você pode, no entanto, variar os métodos usados, de palestras, leituras e instrução individualizada a exercícios de equipe, jogos e simulações.

Esquerdo ou Direito

Aqueles que aprendem com o lado esquerdo do cérebro gostam de seguir seu próprio ritmo, recebendo o máximo de detalhes possível e tirando suas próprias conclusões. Os que aprendem com o lado direito, por outro lado, preferem captar uma conclusão geral primeiro, conversar com os outros, e então buscar detalhes para apoiar a conclusão geral. Portanto, quando você treina um indivíduo, pode adaptar o método para se adequar à abordagem preferida dele. Esta é uma simplificação grosseira, mas é uma maneira útil de pensar no aprendizado.

A Motivação é uma Variável. Embora a motivação seja examinada em mais detalhes no Capítulo 12, esta seção tratará de questões motivacionais pertinentes à aprendizagem. Uma de suas tarefas como treinador é determinar os motivos de seus participantes para aprender e se eles têm qualquer barreira ou impedimento à aprendizagem. Pode ser necessário investigar isso porque as pessoas não são todas motivadas pelas mesmas coisas.

Então você usará essa informação para criar uma experiência positiva de aprendizagem. Antes ou no início da sessão de treinamento, faça uma pesquisa de opinião com os participantes, individual ou coletivamente, para ver qual é o valor que eles associam ao treinamento. Você pode fazer perguntas abertas como por que eles estão participando do treinamento, que benefícios este trará ou se eles têm idéias preconcebidas sobre o assunto. Provavelmente você terá uma amplitude de respostas, de positivas a negativas, que podem ajudá-lo a entender melhor os motivos deles para aprender.

À medida que você continua com o treinamento, faça um esforço especial para superar os medos deles e reforçar seus motivos para aprender. A maioria das pessoas acabará tirando suas próprias conclusões sobre o valor do treinamento. Entretanto, você pode influenciar as conclusões deles ao explicar os benefícios à luz do que os motiva, como promoção ou reconhecimento. Além disso, você pode assegurar que o treinamento seja orientado para soluções, que seja pertinente a condições realistas de trabalho, e que os participantes possam aplicá-lo prontamente no trabalho.

Você como Gerente de Treinamento

Não só você terá a oportunidade de liderar e conduzir pessoalmente o treinamento, mas também se envolverá nos aspectos gerenciais do treinamento. Assim como muitos de seus outros deveres importantes, o gerenciamento do treinamento inclui atividades como dirigir, monitorar e influenciar a implementação de programas e eventos. Como você verá na próxima seção, há muitos detalhes envolvidos na criação de treinamentos. Depois de conceber um programa de treinamento, quase todos esses detalhes serão revisados quanto à relevância quando o treinamento começar. Você pode imaginar, portanto, os benefícios de se envolver no processo de concepção desde o início.

> *Assim como muitos de seus outros deveres importantes, o gerenciamento do treinamento inclui atividades como dirigir, monitorar e influenciar a implementação de programas e eventos.*

Você como Criador do Treinamento

É útil entender o processo de criação porque, uma vez que o departamento de treinamento desenvolve um curso pertinente ao seu departamento, ele precisa de sua experiência e conhecimentos específicos para desenvolvê-lo adequadamente. Como um líder que será afetado pelo programa de treinamento, você deverá estar envolvido em todas as etapas do processo de concepção, porque as informações que você fornecer ao departamento de treinamento serão importantes para elaborar o melhor programa possível para os problemas de desempenho de seu departamento. Dependendo da complexidade do programa de treinamento, o processo de concepção pode ser abreviado para programas de rotina ou ser feito em mais detalhes para programas fundamentais ou desafiadores.

Seu Papel ao Gerenciar o Treinamento

Mesmo que você não esteja envolvido na concepção ou em dar pessoalmente o treinamento, provavelmente você estará comprometido em sua implementação. O departamento de treinamento precisará de sua assistência como líder na supervisão de sessões bem-sucedidas de treinamento, no estímulo a seus funcionários para participarem e se beneficiarem do treinamento, e na avaliação do impacto deste no desempenho profissional. Gerenciar o treinamento é algo que evolui de seus deveres básicos de liderança; portanto, é sua responsabilidade como gerente de treinamento fazer o sistema de treinamento funcionar para você, e não aceitar desculpas pelo treinamento ineficaz, ou mal elaborado ou, pior ainda, pela ausência total de treinamento.

Elaborando um Programa de Treinamento

Elaborar um programa de treinamento é uma iniciativa extremamente cuidadosa que tem sido, tradicionalmente, de responsabilidade dos departamentos de treinamento ou de recursos humanos. Portanto, é improvável que você seja, freqüentemente, o maior responsável pela concepção de um programa de treinamento, a não ser que seja um líder e esteja trabalhando basicamente em uma função de treinamento. Uma vez que a maioria do pessoal de treinamento em tempo integral participa de um curso formal sobre o assunto, que às vezes dura uma semana ou mais, você pode entender que a elaboração do treinamento envolve muitas complexidades que não podem ser tratadas em poucos parágrafos. Entretanto, esta seção pode ressaltar as seis etapas envolvidas na concepção de um programa de treinamento:

- Determine necessidades de treinamento.
- Faça um esboço do plano.
- Desenvolva o plano.
- Descreva objetivos e elabore os testes.
- Desenvolva o curso.
- Avalie o curso.

Determine Necessidades de Treinamento

Como discutido no primeiro parágrafo deste capítulo, a finalidade de treinar é corrigir falhas no desempenho. Se estiver evidente por que você tem problemas de desempenho e você souber quais são suas necessidades de treinamento, então essa etapa poderá ser abreviada. Caso contrário, faça uma análise cuidadosa das necessidades de treinamento, um processo de três etapas que lhe dará as informações essenciais para elaborar o programa.

Colete Dados sobre Falhas no Desempenho. Você pode fazer isso observando e entrevistando as pessoas responsáveis por completar as tarefas. Depois, procure seus supervisores para resolver e esclarecer qualquer problema.

Identifique a Causa da Falha no Desempenho. Investigue detalhadamente todas as áreas relacionadas ao problema de desempenho, inclusive as condições sob as quais o problema ocorre e recentes mudanças organizacionais que poderiam ter gerado o problema. Se a causa está relacionada a conhecimento e habilidades, então o treinamento é uma solução. Se a causa for outra, como condições do local de trabalho, comunicação individual, ou incentivos, então o treinamento não será a resposta; considere redesenhar o local de trabalho, aconselhamento, um novo programa de incentivos ou outras soluções possíveis.

> *Investigue detalhadamente todas as áreas relacionadas ao problema de desempenho, inclusive as condições sob as quais o problema ocorre e recentes mudanças organizacionais que poderiam ter gerado o problema. Se a causa estiver relacionada a conhecimento e habilidade, então o treinamento será uma solução. Se a causa for outra, então o treinamento não será a resposta.*

Determine os Custos e os Benefícios da Solução de Treinamento. Estime com a máxima precisão possível quanto custará para criar, conduzir e avaliar o treinamento necessário. Compare isto com os benefícios econômicos, entre outros, de eliminar a falha no desempenho. Esses benefícios poderiam incluir um aumento na produção, melhor atendimento ao cliente, um aumento na qualidade, uma redução nos custos ou o desempenho aprimorado no trabalho. Se os benefícios excederem o custo, então você terá identificado uma necessidade viável de treinamento.

Faça um esboço do o Plano

Como acontece com qualquer projeto, comece identificando os detalhes cruciais. Embora a princípio você não saiba muitas particularidades de planejamento, você pode fazer um progresso tremendo levantando algumas preocupações importantes com os líderes de departamento ou com seu cliente. Estas incluem detalhes relacionados aos participantes, recursos, local do treinamento, instrutores, especialistas no assunto e outros que podem auxiliá-lo. Quando você terminar essa etapa, terá informação suficiente para saber o que fazer, quem serão os participantes, quando e onde o treinamento ocorrerá, e que restrições podem existir.

Desenvolva o Plano

Desenvolver o plano envolve analisar profundamente os dois componentes principais de seu programa de treinamento — seus treinandos e o conteúdo de seu curso. Use o entendimento que você tem dos treinandos para desenvolver o ponto central de seu programa de treinamento, que é a análise da tarefa.

Na discussão anterior das características dos aprendizes, você viu a importância de entender seus treinandos à medida que se prepara para treiná-los; esse entendimento é vital enquanto se cria o treinamento. Caso você considere os participantes de seu treinamento como clientes, perceberá que seu produto — o treinamento — terá muito mais sucesso se você souber o máximo que puder sobre seus participantes. Analise a educação e os níveis de habilidade deles, a experiência no trabalho e os conhecimentos específicos, demografia e motivação para aprender. Então você pode direcionar o treinamento para as características e necessidades de seus participantes, como oferecer várias sessões de treinamento ou usar métodos inovadores de treinamento.

> *Caso você considere os participantes de seu treinamento como clientes, perceberá que seu produto — o treinamento — terá muito mais sucesso se você souber o máximo que puder sobre seus participantes.*

Em seguida, você desenvolverá uma análise de tarefas. Em um processo muito parecido com o desenvolvimento da estrutura da divisão de trabalho no Capítulo 7, seu objetivo é organizar o treinamento em partes gerenciáveis. Você faz isso com a colaboração das pessoas que melhor sabem os deveres do cargo, ou seja, aquelas que fazem o trabalho. Por exemplo, se o seu programa de treinamento diz respeito ao cargo de técnico de manutenção, primeiro determine os principais deveres de um técnico, como manutenção de equipamento e solicitação de peças.

Separe cada um desses deveres em tarefas, ou partes importantes do trabalho, que um técnico deve efetuar para cumprir com esse dever. A seguir, divida cada tarefa em subtarefas. Então, faça uma lista das etapas detalhadas para cada subtarefa. Se você seguir o formato que acabamos de mostrar, terá certeza de obter cada nível de detalhe que precisa para completar a análise da tarefa. Aqui está um exemplo resumido para o técnico de manutenção:

Cargo: técnico de manutenção

Deveres: fazer a manutenção dos equipamentos e solicitar peças.

Tarefas para fazer a manutenção do equipamento: ler manuais, desmontar máquinas, efetuar manutenção, diagnosticar problemas, remontar máquinas.

Subtarefas para desmontar máquinas: parar máquina, acionar mecanismos de segurança, remover a caixa externa, remover a correia do motor.

Etapas para parar a máquina: notificar a equipe com dois minutos de antecedência, apertar o botão "Desligado", tirar o plugue da tomada usando luvas.

Esse pode parecer um trabalho desnecessário para desenvolver o conteúdo do curso, mas é extremamente útil por diversas razões. Além de determinar a composição exata dos deveres que serão o foco da instrução, você e sua equipe podem descobrir áreas de discordância, como as subtarefas para uma determinada tarefa. Esse é um processo saudável que assegura que o treinamento que você desenvolve será o mais pertinente e livre de erros possível. Primeiro, pode ajudá-lo a criar procedimentos necessários que talvez não existam para certos deveres. Segundo, a análise das tarefas pode ser usada como um esquema do curso que os treinadores apreciarão imensamente. Finalmente, a análise da tarefa também o ajudará a descrever objetivos e a criar testes, o que é seu foco na próxima etapa, para conceber um programa de treinamento.

Descreva Objetivos e Elabore os Testes

Uma vez concluída a análise de cada tarefa no treinamento designado, use-a para compor um objetivo para cada uma delas; não é necessário estabelecer objetivos para as subtarefas e etapas. Então desenvolva avaliações e testes de revisão, de modo a assegurar que o participante domine as tarefas.

Uma tarefa objetiva afirma com clareza o que o participante do treinamento deve fazer. Consiste em três partes: definição, condições e padrões. A *definição da tarefa* é uma reafirmação da tarefa em si. As *condições* indicam as circunstâncias,

> *Uma vez concluída a análise de cada tarefa no treinamento designado, use-a para compor um objetivo para cada tarefa.*

como recursos e local, sob as quais a tarefa será desempenhada. Os *padrões* mostram como, quanto ao tempo ou à exatidão, você quer que o participante desempenhe a tarefa. Aqui está uma exemplificação de objetivo para o técnico de manutenção.

Objetivo: dadas todas as ferramentas necessárias para a manutenção de equipamentos no local do trabalho, o funcionário desmontará a máquina. Todas as etapas devem ser completadas dentro de 30 minutos de acordo com a lista de verificação de desempenho.

Os testes de revisão servem como pontos de checagem que indicam o progresso do participante durante a sessão de treinamento. Para cada subtarefa, crie um teste simples de revisão a fim de assegurar que o participante será capaz de realizá-la durante uma sessão de prática. Um teste de avaliação é dado depois que os participantes aprendem uma subtarefa e antes de aprenderem a subtarefa seguinte. Os testes de avaliação podem ser de desempenho, que são simulações feitas em condições realistas, ou aqueles que não envolvem o desempenho, como perguntas escritas para medir o conhecimento adquirido durante o treinamento.

Teste de avaliação que não envolve o desempenho: faça uma lista das etapas para parar a máquina.
Teste de avaliação de desempenho: demonstre como preparar o mecanismo de segurança.

Uma prova final abrangente mostra se o participante é capaz de atingir o objetivo da tarefa. Se o participante é aprovado, então o seu treinamento foi um sucesso.

Mais tarde, depois de ter completado o curso de treinamento, não deixe de fazer um *follow-up* para garantir que o funcionário é capaz de desempenhar a tarefa no trabalho. Se os resultados de treinamento não forem inspecionados e cobrados periodicamente, os benefícios do treinamento podem se perder.

Prova Final: dadas todas as ferramentas necessárias para a manutenção de equipamentos no local do trabalho, o funcionário desmontará a máquina de acordo com as etapas necessárias. O treinador completará a lista de verificação de desempenho durante a prova. Todas as etapas devem ser completadas na ordem e em 30 minutos, de acordo com a lista de verificação do desempenho.

> *Há três métodos gerais, usados individualmente ou em conjunto, para conduzir o treinamento: pelo treinador em uma sala de aula ou no trabalho; por um participante ou grupo de participantes; ou pelo material de treinamento, como manuais ou recursos auxiliares no trabalho.*

Desenvolva o Curso

Neste ponto, você já está pronto para montar o conteúdo de seu curso e decidir como este será apresentado, como os participantes aplicarão o treinamento e que recursos você usará para conduzir o treinamento.

Escolha os métodos de apresentação. Há três métodos gerais, usados individualmente ou em conjunto, para conduzir o treinamento: pelo treinador em uma sala de aula ou no trabalho; por um participante ou grupo de participantes; ou pelo material de treinamento, como manuais ou recursos auxiliares no trabalho.

Métodos de Apresentação

Dentro dessas categorias, há vários métodos que têm suas vantagens e desvantagens específicas com base em seu tipo particular de necessidades de treinamento e público. A primeira diretriz é selecionar o método que leva mais rapidamente você e os participantes à fase de aplicação, a fase prática onde os participantes devem passar a maior parte de seu tempo de treinamento. Em segundo lugar, varie os métodos com base no conhecimento que você tem dos participantes e seus estilos de aprendizagem. Inclua métodos que lhe permitam intercalar atividades interessantes e realistas, a interação do participante, a reflexão individual, ler, ouvir e ver. Os métodos usados freqüentemente incluem palestras, assistência no trabalho e leitura.

Considere vários métodos de aplicação. A aplicação é a oportunidade que você dá aos participantes de praticar as habilidades que acabaram de aprender. Como líder, você quer que seus colegas não só ganhem o conhecimento, mas também o coloquem em prática durante a sessão de treinamento e no emprego; caso contrário, o treinamento seria inútil. Como acontece com os métodos de treinamento, há várias aplicações a escolher. Lembre-se de considerar os diferentes estilos de aprendizagem ao fazer sua escolha. Métodos populares incluem exercícios práticos, demonstrações, questionários, simulações, *workshops* e representação de papéis.

> *A aplicação é a oportunidade que você dá aos participantes de praticar as habilidades que acabaram de aprender.*

Alguns métodos de treinamento combinam as fases de apresentação e aplicação. Essas técnicas progressivas podem ser valiosas no desenvolvimento de uma combinação de métodos que inclua o treinamento baseado em computador, o treinamento individual, o treinamento no trabalho e *workshops*.

Reúna seu material de treinamento. Uma das últimas medidas que você adota para criar um treinamento é consolidar sua informação em um conjunto de materiais de treinamento. Cada indivíduo no treinamento precisará de informações. O participante precisa de um conjunto de materiais do curso que inclua todas as informações pertinentes ao treinamento, inclusive os objetivos do treinamento, programação dos eventos e formas de avaliação. Desenvolva blocos de anotações práticos nos quais os participantes possam escrever com facilidade e usar durante o treinamento. Distribua qualquer material de leitura bem antes, de modo que os participantes possam se preparar adequadamente. Da mesma forma, o treinador precisa de tudo o que os participantes precisam, com um pouco mais de antecedência. Além disso, você deve preparar um plano de aula que funcione como auxílio para o treinador. Ele deve conter a maior parte das informações relacionadas ao treinamento consolidada em um folheto. Com o plano de aula, inclua cópias de todo o material distribuído, referências, informação sobre os participantes, materiais audiovisuais, listagens de recursos e qualquer outra informação pertinente que o treinador precise para ensinar efetivamente.

Avalie o Curso

Antes de qualquer treinamento oficial começar, teste o seu programa treinando indivíduos selecionados. A finalidade é garantir que o programa de treinamento funcione bem. Verifique especialmente a seqüência lógica, ligações claras entre os objetivos e o que é realmente ensinado, e a apresentação dinâmica. Passe por todos os aspectos do treinamento. Faça anotações, observe tudo e peça a esses primeiros participantes para avaliarem o curso. Faça as revisões necessárias no programa e teste-o novamente com outras pessoas. Se o tempo e os recursos permitirem, teste outra vez com um grupo de participantes parecido aos grupos que você treinará realmente.

Antes de qualquer treinamento oficial começar, teste o seu programa treinando indivíduos selecionados.

Como criador do curso, você também desejará saber imediatamente depois do término do treinamento se o curso foi bem-apresentado, organizado e relevante. A melhor forma de determinar isso é usar avaliações de curso. Avaliações bem-concebidas podem incluir várias páginas; peça comentários por escrito sobre todos os aspectos do treinamento inclusive a apresentação do instrutor, instalações de treinamento e o assunto abordado. As respostas de avaliação dos participantes, treinadores e supervisores lhe dirão se o treinamento foi efetivo. A informação básica que você quer é se o seu curso fez o que pretendia, ou seja, aprimorar o desempenho dos participantes no trabalho. Você pode determinar isso fazendo perguntas aos participantes e supervisores antes do treinamento começar, e novamente várias semanas depois da instrução. Peça sempre sugestões para mudar ou aprimorar o treinamento.

Desenvolvimento de seus Funcionários

Um programa de desenvolvimento prepara seus funcionários para assumir posições de maior responsabilidade, ajudando-os a adquirir conhecimento e habilidades aplicáveis a várias posições no emprego. Também os expõe a inúmeras oportunidades de progresso na carreira. Embora o desenvolvimento possa parecer contradizer

Um programa de desenvolvimento prepara seus funcionários para assumir posições de maior responsabilidade, ajudando-os a adquirir conhecimento e habilidades aplicáveis a várias posições no emprego.

seu objetivo de liderança, de manter seus funcionários felizes e estáveis em suas atuais posições, há várias razões para prepará-los para novos desafios por meio de um programa de desenvolvimento.

O desenvolvimento dá a eles a oportunidade de ir em frente com suas carreiras e evitar que fiquem entediados. Se você desafia os funcionários a aproveitar ao máximo suas habilidades e lhes fornece apoio, esperança e meios de irem em frente, eles ficarão muito mais satisfeitos, serão mais produtivos e leais a você e à sua organização. O investimento no progresso deles torna-se evidente e eles apreciarão sua organização e a verão como um parceiro que investe em suas necessidades profissionais de carreira. Os funcionários entenderão que, embora você possa não ser capaz de garantir-lhes emprego para a vida toda, você está oferecendo o melhor que pode, considerando o ambiente econômico em constante mudança. Quando você se compromete com o desenvolvimento deles, eles responderão reciprocamente com lealdade e compromisso. Trabalhadores leais e altamente treinados, que constituem a memória institucional vital da organização, são cruciais para a sobrevivência da organização a longo prazo. Isso é especialmente importante durante períodos de agitação e mudanças, como em reestruturação, *downsizing* ou intensa concorrência.

Um programa de desenvolvimento o ajuda a manter um sistema para preencher internamente vagas de emprego sempre que saem trabalhadores. Sabendo os interesses de carreira, competências e objetivos de seus funcionários, você poderá alinhar mais facilmente as necessidades da organização às necessidades do seu recurso mais importante, seus funcionários. Saber que a promoção interna e o sistema de progresso é viável estimula muito o moral de seus funcionários. Além disso, geralmente custa menos, a longo prazo, promover pessoas que já trabalham na organização.

Mesmo que os funcionários acabem saindo de seu departamento ou organização, eles sairão mais contentes se tiverem participado do programa de desenvolvimento. Será mais provável que eles transmitam sentimentos positivos sobre você e a organização em suas próximas posições, ou enquanto estiverem em contato com os pares. Sua organização, como resultado, construirá uma reputação de cuidar do bem-estar de seus funcionários e continuará a atrair candidatos diferenciados. Além disso, é improvável que você prefira reter integrantes da equipe que estejam realmente insatisfeitos com suas posições e com o futuro deles em sua empresa; às vezes você terá vantagem em deixá-los ir, se eles desejarem, e substituí-los.

O Paradoxo do Desenvolvimento

Apesar de diversas vantagens, um programa de desenvolvimento envolve uma questão que amedronta muitos líderes. O sistema de recompensa da empresa pode não encorajar os líderes a desenvolver e promover seus funcionários. O sistema de recompensa age freqüentemente como um desincentivo quando o líder é avaliado apenas em medidas como a produtividade do departamento, custos de treinamento ou custos na folha de pagamento. No entanto, paradoxalmente, cada uma dessas áreas é afetada negativamente mais tarde, quando você tiver de recrutar e treinar alguém para substituir um trabalhador plenamente treinado que está saindo em razão da falta de oportunidades de desenvolvimento. As maneiras de superar essa desvantagem serão discutidas mais tarde.

Tipos de Programas de Desenvolvimento

Uma vez convencido de que um programa de desenvolvimento é uma excelente maneira de aprimorar o recurso mais valioso de sua empresa — seus funcionários — você terá de escolher qual programa oferecerá. Três tipos de programas de desenvolvimento serão discutidos: planejamento de carreira, orientação assistida (*mentoring*) e desenvolvimento da liderança.

Três tipos de programas de desenvolvimento serão discutidos: planejamento de carreira, orientação assistida (mentoring) e desenvolvimento da liderança.

Programa de Planejamento de Carreira

Esse programa trata de todos os aspectos da carreira potencial de uma pessoa dentro da organização. Mesmo com a incerteza no emprego que existe na maioria das organizações, é fundamental que você comunique claramente a cada funcionário as habilidades e o conhecimento que ele precisa ter para ascender na organização. Um programa de plano de carreira deve servir a três finalidades: ajudar os funcionários a avaliar e promover suas carreiras enquanto trabalham na organização, oferecer oportunidades para os funcionários assumirem responsabilidades pelo crescimento de sua própria carreira, e formar uma reserva de funcionários qualificados para atender a futuras necessidades da organização.

Para atingir esses objetivos, o departamento de recursos humanos trabalhará junto com você e com outros líderes a fim de desenvolver documentos detalhados de auto-avaliação que determinarão as competências, as fraquezas e os objetivos dos funcionários. Essas ferramentas incluirão avaliação de habilidades, capacidades e conhecimentos; inventários de interesses e aptidão; planilhas de avaliação de objetivos; e planos de ação da empresa. Embora o departamento de recursos humanos tenha responsabilidade pelo programa, líderes de todos os níveis são responsáveis pela implementação do programa com seus funcionários.

Programa de Orientação Assistida (*Mentoring*)

Um mentor é um líder que aconselha e incentiva um funcionário que estima em uma variedade de questões, inclusive o planejamento de carreira, como lidar com a política e o poder organizacional, e como aprimorar o desempenho. Os programas de orientação assistida têm sido utilizados, tradicionalmente, para beneficiar os líderes de uma organização, mas certamente eles podem ser aplicados em toda a organização. Um programa bem-elaborado de orientação assistida deve estar disponível a todos os funcionários interessados e ser implementado desde o líder no comando, passando por seus líderes imediatos e promovido em toda a organização. Você pode agir como mentor de seus funcionários ou outro voluntário pode assumir esse papel.

> *Um mentor é um líder que aconselha e incentiva um funcionário que estima em uma variedade de questões, inclusive o planejamento de carreira, como lidar com a política e o poder organizacional, e como aprimorar o desempenho.*

Programa de Desenvolvimento da Liderança

Um programa de desenvolvimento da liderança é elaborado especificamente para ajudar os líderes a se tornarem mais efetivos. É um plano desafiador e de longo

Treinamento e Desenvolvimento

prazo que está ligado à sua visão e estratégia organizacional. Suplementa fontes tradicionais de treinamento e educação em liderança, que são a experiência no trabalho e a orientação supervisionada. Esses programas fornecem a estrutura necessária para a maneira freqüentemente não planejada em que os líderes aprendem a liderar.

> *Um programa de desenvolvimento da liderança deve ter objetivos específicos que estejam ligados aos objetivos e estratégias de negócios de sua organização.*

É um processo de desenvolvimento que pode lhe dar, como líder, a oportunidade de explorar questões de liderança, desenvolver e cultivar suas habilidades, resolver desafios e aprender com conhecimentos específicos de líderes comprovados.

Esse processo de desenvolvimento fornece um sistema para os altos líderes identificarem futuros líderes promissores na organização. Você e seus colegas líderes são incumbidos da responsabilidade de continuar e expandir os sucessos da organização. Uma parte vital de sua resposta a esse desafio é encontrar e nutrir a próxima geração de líderes. À medida que a pressão e os desafios da concorrência, inovação, comércio global e da sociedade continuam a aumentar, haverá tremenda necessidade de desenvolver fortes líderes capazes de liderar equipes e trabalhar dentro dessas pressões externas. O desenvolvimento da liderança, portanto, é tarefa de todo líder e é feito em conjunto com seus deveres diários.

Programas de desenvolvimento da liderança assumem diferentes formatos para cada organização. Eles podem ser designados internamente, criados com ajuda externa, ou ser comprados como pacotes de organizações de treinamento comercial e consultores. Independentemente de sua origem, um programa de treinamento de liderança deve ter objetivos específicos que estejam ligados aos objetivos e estratégia comerciais de sua organização. Você pode derivar esses objetivos de uma análise cuidadosa das necessidades, a qual examina o que seus líderes fazem atualmente em suas posições, o que os líderes precisam fazer para assegurar o crescimento e o sucesso de sua organização, e o que os líderes precisam para seu próprio crescimento pessoal. Não suponha automaticamente que instruções gerais sobre liderança bastarão para sua organização. Se você fizer isso, os líderes ficarão sob pressão para transferir esse conhecimento geral para suas circunstâncias específicas de trabalho. Isso coloca um peso desnecessário sobre eles. É melhor primeiro conduzir uma análise que o ajude a identificar corretamente suas necessidades e então desenvolver o conteúdo específico do programa de desenvolvimento.

Recursos de Desenvolvimento da Liderança

Muitos detalhes envolvidos na elaboração de um programa de desenvolvimento da liderança são parecidos aos detalhes da elaboração de qualquer programa de treinamento. Entretanto, você deve ser cuidadoso para não entrar em conflito com ou sobrecarregar as responsabilidades cruciais de seus líderes no dia-a-dia. Dependendo das necessidades de sua organização, você pode designar seu programa para incluir um ou mais dos recursos a seguir.

Rotação de Cargo

A rotação de cargo permite aos indivíduos trabalhar em uma sucessão de posições na organização, executando atividades de assistência, estagiário, treinando, ou até mesmo supervisão. A experiência prática e o desafio de ver como o trabalho é feito em outras áreas funcionais ou em diferentes locais fornecem aos líderes amplo conhecimento e habilidades para irem em frente em suas carreiras. Uma organização que se compromete com um programa de rotação de cargo logo desenvolverá níveis de liderança profundos, será mais capaz de mover os líderes para outros departamentos quando houver necessidade e, finalmente, será capaz de lidar melhor com o crescimento e a concorrência. Para que a rotação de cargo seja uma experiência produtiva, é importante que o indivíduo ofereça um serviço útil e necessário ao departamento que o receberá, e que ele ganhe experiência no trato com as pessoas e na tomada de decisões. Os líderes de todos os departamentos que o receberem devem se lembrar de explicar o propósito do programa de rotação de cargo às suas equipes. Isto para que a equipe entenda por que a rotação ajuda a organização, o departamento e o participante, e como a colaboração deles é necessária para ajudar o programa a dar certo.

Educação Interna e Treinamento

Você verá que há inúmeros recursos para a educação e o treinamento de liderança no local de trabalho. Estes incluem seminários, palestras, simulações ou discussões intermediadas pelos líderes organizacionais; *workshops* e treinamentos liderados pelos consultores ou empresas que promovem seminários; atribuições de comitê, projetos especiais e apresentações formais; e programas de leitura dirigida. Seus líderes farão um progresso significativo se eles relacionarem as razões para sua educação para liderança às aplicações específicas no emprego. A educação interna pode prover essa aplicabilidade se for bem concebida e se for ajustada ao nível dos líderes envolvidos, como básico, médio ou alto. Você pode apresentar e avaliar a maior parte do treinamento de habilidades de liderança no local. As habilidades apresentadas neste livro são exemplos daquelas que você pode incluir em seu programa. Programas de leitura, que consistem de livros relacionados a todos os aspectos de liderança ou habilidades técnicas específicas, reforçam o princípio de que os líderes são os responsáveis pelo desenvolvimento de sua carreira.

Educação Externa e Treinamento

Muitas faculdades e universidades, associações profissionais e empresas que promovem seminários estão dispostas a educar seus líderes. Dependendo de seu orçamento, você pode pagar parcial ou integralmente a participação em programas que ofereçam uma variedade de assuntos com duração de um dia a várias semanas.

Perguntas Sobre Educação Externa

Embora seja tentador supor que esses programas possam ser a resposta a alguns desafios de desenvolvimento da liderança, faça várias perguntas a você mesmo antes de se comprometer com a educação externa. Os programas o ajudarão significativamente a atingir seus objetivos de desenvolvimento? Os programas aprimorarão o desempenho de liderança dos participantes? O treinamento é específico e realista o suficiente para ser aplicado à sua organização ou há teoria demais? Quais são as qualidades e o profissionalismo da instrução?

Atividades Sociais

Não subestime o efeito de atividades informais que se destinam a reunir pessoas. Seja um churrasco, um jantar ou um evento esportivo, essas experiências partilhadas fornecem oportunidades maravilhosas para líderes de todos os níveis discutirem desafios relacionados ao trabalho, oportunidades de carreira e vida familiar. Muitos líderes lembram-se com carinho de como encontros pessoais nesses eventos alteraram suas vidas significantemente.

Pré-requisitos para Programas de Desenvolvimento

Como qualquer iniciativa organizacional significativa, o processo de planejar e implementar seu programa de desenvolvimento exige tempo, esforço e colaboração. Se você é responsável por criar o programa ou fornecer apoio aos seus proponen-

Você pode ajudar a garantir seu sucesso se estiver atento a quatro pré-requisitos: apoio da alta liderança, acesso imediato, igualdade de acesso e um sistema de recompensa.

tes, pode ajudar a garantir seu sucesso se estiver atento a quatro pré-requisitos: apoio da alta liderança, acesso imediato, igualdade de acesso e um sistema de recompensa.

Obtenha a Adesão da Alta Liderança

É essencial que os líderes organizacionais seniores façam comentários durante o processo de criação, aprovem os programas, os anunciem para a organização e os apóiem com entusiasmo. Para dar um bom início aos programas e entender em que os seus funcionários estarão envolvidos, a alta liderança e seus funcionários imediatos podem dar um bom exemplo, por serem os primeiros a participar dos programas.

Forneça Recursos Adequados

Assegure que seus participantes recebam informações completas quanto aos detalhes do programa, tempo adequado para participarem do desenvolvimento e acesso fácil a seminários, *workshops* de treinamento e material de auto-ajuda. Compre uma variedade de livros de desenvolvimento de carreira e manuais para manter disponíveis em seu departamento ou biblioteca da empresa.

Administre os Programas de Forma Igualitária

Uma vez que os indivíduos podem perceber equivocadamente que os programas de desenvolvimento favorecem uma pessoa ou grupo a outro, você deve planejar e administrar cuidadosamente os programas de forma a minimizar iniqüidades e ressentimentos. Áreas a observar incluem o processo de seleção, a atribuição e a escolha de posições vagas, o efeito nas operações organizacionais e a distribuição de despesas para treinamento.

Exija e Recompense o Desenvolvimento

Incentive seus líderes e funcionários a participarem de programas de desenvolvimento e a desenvolverem seus funcionários e recompensá-los também. Para assegurar que isto ocorra, você pode tomar várias providências. Primeiro, pode exigir que seus líderes desenvolvam os respectivos funcionários como parte de seus deveres. Eles devem saber que você acredita nesse processo e, portanto, eles devem acreditar nele também. Segundo, quando os líderes conseguirem desenvolver seus funcionários, recompense-os com reconhecimento, *status* especial, pagamento por mérito se

Treinamento e Desenvolvimento

disponível e proteção dos custos departamentais relacionados ao processo de desenvolvimento. Finalmente, se sua empresa não tem programa oficial de desenvolvimento, organize o seu, porque afinal você é o responsável por cuidar de sua equipe.

Como você viu neste capítulo final para as habilidades de nível básico de liderança, o treinamento e o desenvolvimento oferecem oportunidades específicas para realizar o potencial de sua organização, sua equipe e você mesmo. Uma vez que esses programas são de tamanha importância para o seu sucesso, promova vigorosamente treinamento e desenvolvimento, incentivando os outros a verem seus benefícios também. Nenhuma habilidade de liderança pode ser a chave para o seu sucesso, mas o treinamento e o desenvolvimento ajudarão os outros a melhorar e a se sentirem melhor no que fazem e a sustentarem o sucesso de sua organização a longo prazo.

Resumo, Questões e Exercício

Resumo

Um dos principais papéis da liderança é treinar os seus funcionários corretamente com o objetivo de torná-los mais produtivos e contributivos à sua equipe. Isso acontece por meio da identificação das causas de deficiências no desempenho e do desenvolvimento de soluções para aumentar as habilidades dos funcionários.

O treinamento efetivo inclui três componentes: apresentação do conteúdo; aplicação das sessões práticas efetivas; e *follow-up* para verificar o desempenho.

Algumas convicções são importantes no processo de treinamento e desenvolvimento, uma delas é que ele é mais eficaz quando usado para atingir objetivos organizacionais. Outra convicção é que o treinamento personalizado e as práticas contínuas contribuem para uma melhor aprendizagem. Outro componente-chave é que as pessoas aprendem de formas diferentes e isso deve ser considerado na formatação do treinamento. Por fim, a avaliação e o monitoramento do treinamento contribuem para assegurar a efetividade desse processo.

O líder pode atuar da seguinte forma no processo de treinamento: como treinador, como gerente de treinamento ou criador de treinamento.

Existem três tipos de programas de desenvolvimento. São eles:

- Planejamento de carreira.
- Orientação assistida (*mentoring*).
- Desenvolvimento da liderança.

O treinamento e o desenvolvimento contribuem de forma efetiva para sustentar o sucesso de uma organização a longo prazo.

Questões:

1. Faça uma explanação sobre a proposição: "Os líderes são responsáveis por treinar corretamente seus funcionários e transformá-los em membros produtivos e contributivos na equipe".
2. Qual é o propósito do treinamento e do desenvolvimento de pessoal?
3. Qual é a relação que deve existir entre a área de recursos humanos e a liderança para um treinamento bem-sucedido?
4. O que significa programa de treinamento personalizado? Dê um exemplo.
5. De que forma o líder pode estimular o aprendizado contínuo?
6. Como medir a eficácia dos programas de treinamento?
7. Que correlação pode ser feita entre o método de apresentação do treinamento e o estilo de aprendizagem?
8. Faça uma síntese dos três tipos de programas de treinamento: – planejamento de carreira, orientação assistida e desenvolvimento de liderança.

Exercício:

Faça uma retrospectiva e pontue os treinamentos que, nos últimos tempos, foram essenciais para a sua qualificação profissional e que contribuíram para a performance da sua equipe e da sua área de trabalho. Analise e descreva o papel do seu líder na condução desse processo.

Parte Três

Habilidades de Relacionamento
(Habilidades de Liderança de Nível Intermediário)

Capítulo 10

Comunicação

Três altos executivos de uma corporação de tamanho médio têm dificuldades para se comunicar entre si e com seu pessoal imediato. Eles também observavam que muitas de suas diretrizes e pronunciamentos nunca se espalham pela empresa; como resultado, a maioria dos funcionários desconhece informações importantes e de rotina. Como eles podem melhorar sua comunicação pessoal e organizacional?

A comunicação é a mais importante de todas as suas habilidades de liderança. É também a primeira habilidade aprendida pelos seres humanos. A comunicação é a ponte usada pelos líderes para transferir com sucesso seu conhecimento, planos e orientação às pessoas que os ajudarão a cumprir seus deveres. Da mesma forma, também é o meio pelo qual os líderes recebem informações de dentro e fora da organização. Embora a maior parte das habilidades de liderança funcione em conexão com e tendo o apoio de outras habilidades durante o dia, a comunicação é a aquela que você mais usa. Se você está trabalhando com um funcionário, um colega, um supervisor ou um cliente, praticamente todos os seus deveres de liderança envolvem a ajuda e contribuições dos outros. A comunicação clara é fundamental para conquistar a cooperação deles, reter apoio para futuras colaborações

> A comunicação é a mais importante de todas as suas habilidades de liderança.

e construir relacionamentos duradouros que ajudarão você, eles e a organização a prosperar.

Comunicação de qualidade não é a solução completa aos desafios de liderança, mas é um fator crucial que permeia todas as áreas de seus deveres de liderança. Comunicar-se claramente envolve muito mais que dizer a alguém o que você pensa. Envolve determinar a mensagem que você quer enviar, escolher como você a transmitirá, transmiti-la com exatidão e então certificar-se de que a pessoa que a receber entendeu-a como você pretendia. Uma vez que você está em posição de liderança, não pode arbitrariamente enviar mensagens a seus funcionários e a outros. As pessoas o vêem como um mensageiro respeitável, e esperam que você prepare e apresente uma troca de comunicação não ambígua e sensata. Se você fizer menos que isso, perderá a efetividade e a estima aos olhos de seus funcionários.

O Processo de Comunicação

Felizmente, há um processo de três etapas para ajudá-lo a se comunicar. Você pode comunicar-se centenas de vezes por dia; este processo simples pode facilmente guiá-lo por qualquer situação de comunicação. Você também pode ensinar este processo a funcionários para aprimorar a comunicação que recebe deles. No processo de comunicação, você deve fazer três coisas:

Examinar o processo, o receptor e o conteúdo de sua mensagem lhe dará esclarecimentos para preparar a mensagem mais efetiva para enviar.

- Determinar sua mensagem.
- Escolher o método de transmissão e enviar sua mensagem.
- Acompanhar o recebimento e entender sua mensagem.

Determine sua Mensagem

Examinar o processo, o receptor e o conteúdo de sua mensagem lhe dará esclarecimentos para preparar a mensagem mais efetiva para enviar.

Propósito

Saber por que você precisa enviar uma mensagem o preparará mentalmente para construí-la de maneira correta. Há vários propósitos que sua mensagem poderia ter, como solicitar informação ou ação, ou transmitir informações gerais ou específicas. Pense por um momento em por que você quer se comunicar com o receptor. Determinar o propósito específico lhe permite focar no objetivo de sua comunicação e desenvolver uma mensagem concisa, clara e exata.

Receptor

Pense em quem receberá a mensagem e imagine como será a transmissão dela ao receptor. Uma consciência aguçada do receptor o ajudará a formular uma mensagem que reflita seu conhecimento da questão, seu relacionamento e experiência de trabalho com essa pessoa, e por que ele precisa da mensagem. Se o receptor for alguém que você não precisa conhecer pessoalmente, como um cliente ou um alto executivo, imagine suas preocupações e o que esta pessoa pode esperar da sua mensagem.

Conteúdo

Em algum lugar da sua mente, você sabe exatamente os detalhes da mensagem que deseja enviar. Sua mente, que é um vasto banco de dados de pensamentos, percepções e experiências, permite-lhe processar estes e vários outros detalhes rápida e subconscientemente. Quando for hora de codificar sua mensagem, você deverá selecionar essas informações para poder compor sua mensagem com exatidão. Em particular, lembre-se de focar na informação importante e essencial, e de eliminar o que for irrelevante e não essencial, que pode confundir o receptor ou, até pior, fazer sua mensagem se perder.

Escolha o Método de Transmissão e Envie sua Mensagem

Depois de determinar sua mensagem, a próxima etapa é escolher o melhor método de transmissão e fazê-lo. Como na etapa um, convém considerar mais uma vez o propósito da mensagem e seu receptor. Isto lhe permitirá estreitar rapidamente sua seleção, eliminando alguns métodos de transmissão disponíveis e tentando selecionar alguns. Embora haja inúmeras formas de transmitir uma mensagem, elas caem em duas classificações gerais: falada e escrita. Mais adiante, neste capítulo, você descobrirá técnicas para aprimorar seus métodos de transmissão. Primeiro, no entanto, você examinará esses dois tipos de transmissão. Como acontece com a maioria das habilidades usadas por eles, os líderes variam seus métodos de comunicação dependendo da situação.

Falar é o método mais personalizado por meio do qual você ou alguém que você designa transmite sua mensagem ao receptor. Se você a transmite pessoalmente, poderá assegurar que o fez da forma pretendida; não havendo a possibilidade de deixar de fora informações cruciais.

Falar ou Escrever a Mensagem?

Use seu bom julgamento e selecione o método mais adequado com base em sua situação específica. Freqüentemente, você usará tanto a fala quanto a escrita para comunicar uma mensagem. Isto combina as vantagens de cada tipo de transmissão e ajuda a assegurar que você comunique sua mensagem com eficiência e clareza.

Você também tem a oportunidade de responder direta e imediatamente a perguntas ou esclarecer qualquer confusão que o receptor possa ter. Se você designa um funcionário ou alguém para transmitir sua mensagem, isso não significa automaticamente que as vantagens acima se transformam em desvantagens. Você só precisa preparar cuidadosamente o mensageiro com o máximo de detalhes que puder para que ele transmita a mensagem corretamente. O método de transmissão oral pode ser usado individualmente com uma pessoa ou mais, na frente de um grupo ou por meio de dispositivos como um telefone ou uma câmera de vídeo.

Escrever é útil principalmente quando se divulgam informações de rotina, permanentes, não delicadas, técnicas ou discutidas anteriormente. Pode ser feita de inúmeras formas, como uma carta, um arquivo de computador ou correio eletrônico, um informe ou uma publicação organizacional. A transmissão por escrito não tem uma vantagem importante da falada, no sentido de que é mais difícil avaliar a reação do receptor à mensagem. Isso pode não ser importante quando você está informando seus funcionários sobre uma reunião próxima, mas poderia ser fundamental ao anunciar novas políticas de atendimento ao cliente.

Acompanhe o Recebimento e o Entendimento de sua Mensagem

Você já tentou dar um telefonema e não conseguiu falar porque a linha estava ocupada ou porque a pessoa que o atendeu deixou-o pendurado por causa de problemas na linha? Já esperou receber uma carta por correio que nunca chegou, ou chegou atrasada, ou chegou no endereço de outra pessoa, ou rasgada?

Os líderes podem enviar a mensagem mais clara pelo método mais seguro de transmissão, mas se a pessoa não a receber ou não a entender, a mensagem é inútil.

Incidentes como estes acontecem todos os dias quando você se comunica com pessoas em sua organização. Os líderes podem enviar a mensagem mais clara pelo método mais seguro de transmissão, mas se a pessoa não a receber ou não a entender, a mensagem é inútil. Por exemplo, você pode imaginar a calamidade que ocorreria se o seu novo memorando sobre procedimentos de emergência em caso de incêndio nunca fosse distribuído pela organização ou se os representantes de atendimento ao cliente não soubessem do lançamento do novo produto no dia anterior.

Por que as Mensagens Não São Recebidas?

É extremamente útil para um líder saber por que o receptor não recebeu ou não entendeu a mensagem. Não só você deve corrigir a dificuldade específica, mas ela poderia ser o sintoma de um problema organizacional pessoal ou mais profundo para você remediar. Se, por exemplo, uma receptora não está disposta a receber uma mensagem, ela pode sugerir baixo moral ou desinteresse. Se você pedisse a alguém para divulgar uma mudança de política, seu mensageiro poderia falhar por não saber como se comunicar adequadamente; isto indicaria a necessidade de treinamento específico. O mensageiro também poderia falhar porque se esqueceu de esclarecer uma suposição com você. Se você determinar que seu método de entrega foi a causa do problema, poderá escolher facilmente um método melhor ou aprimorar suas habilidades de escrita e fala, como verá mais adiante, neste capítulo.

Como discutido no Capítulo 8, monitorar é uma das várias soluções aos seus desafios de liderança. Também é um meio de assegurar a comunicação efetiva. Você deve verificar consistentemente se sua orientação, diretivas e outras formas de comunicação são recebidas, entendidas e retidas. Se você pretende transmitir a mensagem para um funcionário, um superior, um colega ou um cliente, é possível que, apesar de seu esforço, alguém não receba ou entenda a mensagem. Isso ocorre por várias razões: o receptor pode não estar disposto ou ser incapaz de receber a mensagem, pode haver um problema com o método de transmissão, ou algum tipo de ruído interfira na recepção ou no entendimento da mensagem.

O ruído, que é qualquer tipo de distorção, distração ou interferência no processo de comunicação, é a categoria ampla citada com mais freqüência como a razão para a má recepção ou a falta de entendimento da comunicação. Aqui estão alguns exemplos de ruído:

- As pessoas não ouvem atentamente a mensagem porque estão ocupadas pensando em outros deveres ou problemas.
- As pessoas fazem julgamentos e tiram conclusões precipitadas sobre a mensagem antes de ela ser enviada completamente.
- Questões e problemas organizacionais que impedem ou nublam as comunicações efetivas.
- Condições físicas que impedem a mensagem de ser entendida.

- Barreiras à comunicação, como psicológica, social, semântica ou física.

Você deve procurar constantemente ruídos em seu ambiente para que possa minimizá-los ou eliminá-los, aprimorando a comunicação.

Dez Métodos para Aprimorar a Comunicação da Liderança

Você deve procurar constantemente ruídos em seu ambiente para que possa minimizá-los ou eliminá-los, aprimorando a comunicação.

Você pode se tornar um líder muito mais efetivo simplesmente aprimorando seu estilo de comunicação. Aqui estão dez métodos aplicáveis especialmente para líderes.

Aprimore as Comunicações Face-a-Face

Situações um-a-um e em pequenos grupos são onde a comunicação mais acontece. Tente aumentar a qualidade e a quantidade de seus encontros um-a-um e em pequenos grupos porque eles são o meio mais eficaz de transmitir sua mensagem. Aqui estão outras sugestões específicas a considerar.

Seja Acessível. Se os seus funcionários e os outros perceberem que você é receptivo e acessível, eles o procurarão quando precisarem e não evitarão levar preocupações até você. Embora você e outros possam ter formações, idades ou estilos de comunicação totalmente diferentes, não são razões para você ser superior e distante. Ser acessível também implica que você não adota uma postura crítica sempre que alguém conversa com você, mas que está aberto às idéias e sugestões dos outros.

Uma forma de desenvolver essa acessibilidade e relacionamento é ter ciência do estilo de falar da pessoa e ajustar o seu para se parecer mais ao dele. Isso permite que a pessoa se sinta relaxada e aumenta a probabilidade de se engajar em comunicação efetiva. Por exemplo, se a gramática, a velocidade e o tom de voz de alguém forem completamente diferentes dos seus, fale de um modo mais simples, devagar e suavemente, como eles. Se eles relutarem em falar, faça algumas perguntas abertas que lhes darão a oportunidade de se expressar, e não simplesmente responder com respostas curtas, de uma palavra. Se eles estão usando um gesto particular, da mesma forma você poderá usá-lo periodicamente para ganhar sua proximidade e entendimento.

Seja Compreensivo e Sincero. Ao falar com qualquer pessoa, tente entender realmente as motivações para as crenças dela, expresse solidariedade ao falar e tente captar seus verdadeiros sentimentos. Se você mostrar uma preocupação sincera pelas necessidades e interesses de uma pessoa, ela reagirá reciprocamente, comunicando-

Comunicação 159

se melhor e compreendendo suas necessidades e interesses. Você não diminuirá sua posição de liderança desenvolvendo comunicações sinceras e compreensivas para com os outros; você promoverá sua posição conseguindo o que é efetivamente muito importante — a boa comunicação.

Evite Sinais Mistos. Enviar sinais mistos confunde as pessoas. Por exemplo, se você diz aos seus funcionários para entrarem em contato com você a qualquer hora e lugar, seja receptivo quando precisarem falar com você. Se você tem um estilo particular de comunicação, seja consistente em usá-lo de modo que seus funcionários não se confundam. Se você normalmente prefere conversar informalmente com alguém antes de chegar à informação importante, evite eliminar de repente seu bate-papo e se tornar alguém que quer ir direto ao ponto.

> *Torne um hábito repetir suas mensagens importantes de tempos em tempos, para garantir que elas sejam recebidas e entendidas.*

Repita Mensagens. Torne um hábito repetir suas mensagens importantes de tempos em tempos, para garantir que elas sejam recebidas e entendidas. Isto não significa usar exatamente as mesmas palavras o tempo todo; reformule as mensagens de formas diferentes para buscar compreensão. Por exemplo, você poderia saber de um detalhe sobre uma solicitação feita anteriormente a um funcionário; a resposta dele e a discussão que se seguiu provavelmente indicarão se a pessoa entendeu plenamente sua solicitação. Se você tem dificuldade em se comunicar com um determinado funcionário, confira se as instruções são simples e fáceis de entender. Ao repetir uma instrução imediatamente depois de dá-la pela primeira vez, você ajudará a assegurar que ele a compreenda.

Ouça os Outros

Uma vez que a comunicação é um processo de duas vias entre um emissor e um receptor, você como líder deve passar uma quantidade significativa de tempo ouvindo ativamente o que as pessoas estão lhe dizendo. Pense no ditado: "Temos dois ouvidos e uma boca, por isso devemos ouvir duas vezes mais do que falamos". Esta, certamente, é uma meta que um líder deve ter, porque você pode aprender com todos. A escuta efetiva é muito mais que acenar a cabeça enquanto os outros falam. É um processo ativo em que seu objetivo é entender plenamente o que a pessoa tem a lhe dizer, ouvindo da perspectiva dela, e não sua; considerando os sentimentos e interesses dela, e não os seus; e não interrompendo. Envolve ser paciente, bloquear as distrações e identificar o que a pessoa está lhe dizendo.

Fale Bem

Você passará a maior parte do seu tempo falando com pessoas que assumem todos os tipos de papéis e posições. Faz sentido que, se você falar com clareza e exatidão, eles o entenderão melhor. Se sua mensagem for deturpada, estiver gramaticalmente incorreta, for incoerente ou estranha, você não só transmitirá mal sua mensagem, mas também dará uma impressão negativa de si mesmo que pode se contrapor à imagem de liderança positiva que você projetou até agora. Não importa o quanto sua idéia seja genial, se você não puder comunicá-la efetivamente, ela não terá bons resultados — e poderá até afetar o seu sucesso como líder. Aprenda técnicas de falar corretamente que permitem que alguém o treine, fazendo um curso ou inscrevendo-se em um programa dado por um profissional.

Benefícios da Escuta

Uma vez que é impossível um líder saber exatamente o que alguém está pensando — apesar da tendência humana natural de supor que você saiba —, por que não deixar a pessoa lhe dizer? Você leu inúmeras situações neste livro de quando os líderes precisam obter assistência dos outros para definir causas de problemas antes de decidir as soluções, como em projetos e treinamento, por exemplo. Quando você reserva tempo para ouvir os outros, eles ficarão mais motivados. Eles gostarão de trabalhar com um líder autêntico que aprecia o que eles têm a dizer e não está ouvindo passivamente a fim de extrair manipulativamente informações e usá-las para seus propósitos. Elas o verão como alguém realmente interessado nas opiniões, sugestões e idéias deles, não porque você precisa ouvir, mas porque você quer ouvir. Isso trará dividendos enormes por meio da melhor comunicação que leva a melhores soluções, à identificação e eliminação precoce de problemas potenciais e ao maior compromisso e lealdade das pessoas a você e à sua organização.

Apresente-se Bem

Fazer uma apresentação é um método comum de transmitir sua mensagem a um ou mais indivíduos. Você sabe o quanto é importante aprender a falar bem; essa habilidade é vital para apresentações. Entretanto, você pode ir além e aprender a fazer uma apresentação adequadamente, de modo que ela seja mais efetiva na transmissão de sua mensagem. Leia um livro sobre o tópico ou faça um curso profissional; eles são oferecidos com freqüência em conjunto com cursos de oratória. Enriqueça esse processo de aprendizagem praticando apresentações na frente de alguém que possa avaliá-lo. Essa pessoa pode fazer comentários francos em áreas como sua organização, capacidade de se expressar, clareza, capacidade de convencer e uso de recursos visuais.

Comunicação 161

Alguns líderes podem falar com mais facilidade e apresentar-se melhor que outros. Isso vem com a prática. Toda vez que você tiver chance de falar, mesmo que apenas algumas palavras, na frente de pessoas, tire vantagem disso. Independentemente de você ver as apresentações como tarefas desagradáveis, cheias de ansiedade ou como oportunidades maravilhosas, comprometa-se a aprender a fazê-las bem, uma vez que elas são uma parte inerente de seus deveres.

Dicas de Apresentação

Aqui vão alguns tópicos a se considerar ao fazer sua apresentação, quer a platéia seja de uma ou cem pessoas.

- Conheça extremamente bem o assunto e a platéia.
- Pratique várias vezes sozinho e ensaie uma ou duas vezes na frente de alguém que possa criticá-lo.
- Planeje usar recursos visuais cuidadosamente, use apenas o que é necessário e verifique três vezes os recursos visuais e os equipamentos antes da apresentação.
- Seja entusiasmado.
- Fique no controle da apresentação.
- Fale naturalmente e seja você mesmo.

Escreva com Clareza

Ao aprimorar sua capacidade de escrever, você será mais capaz de organizar claramente e transmitir informações, eliminar a ambigüidade, antecipar as preocupações dos leitores e diminuir o tempo que leva para ler suas comunicações. Seus leitores entenderão melhor o que você está tentando comunicar e terão mais condições de cumprir com o que você pretendia. Aprender a escrever corretamente não é difícil, mas escrever bem requer mais esforço e comprometimento. Você pode aprimorar sua escrita passo a passo, graças à quantidade de livros de auto-ajuda e materiais de treinamento que podem levá-lo facilmente pelas várias nuances e regras gramaticais. Inúmeros cursos para ganhar confiança focam especificamente no aprimoramento de seu vocabulário e de sua pronúncia.

Ao aprimorar sua capacidade de escrever, você será mais capaz de organizar claramente e transmitir informações.

Até você começar esse treinamento, aqui vão algumas dicas específicas para ajudá-lo a aprimorar sua escrita imediatamente:

- Identifique o propósito e os principais pontos de seu documento antes de começar a escrevê-lo.

- Pense na necessidade que seus leitores têm de sua informação ou mensagem, o quanto eles entendem do assunto e que ação você quer que eles tomem depois de ler seu documento.
- Use linguagem simples, minimize jargões e mantenha o documento o mais conciso possível.
- Revise seu documento duas ou mais vezes antes de enviá-lo.
- Peça a seu assistente ou a um colega para revisá-lo quanto à clareza, concisão e relevância, bem como quanto à gramática, pontuação e grafia.

Use Palavras e Frases de Liderança

Evite palavras ou frases que sugiram incompetência, falta de bom senso ou que se apóiem em desculpas, como as seguintes:

- Eles nunca retornaram minha ligação.
- Eu não sei.
- Isso é impossível; não podemos fazer isso.
- Essa não é minha função.
- Estava sem tempo.
- Estamos encrencados.
- Não entendo por que isso está acontecendo.
- O que precisamos é de sorte.

Em vez disso, use linguagem positiva, faça acontecer. Se você usa frases como as citadas ou variações delas, passa a impressão de que está disposto a aceitar a mediocridade em vez de soluções. Lembre-se: você é um líder, e não um obstáculo ao progresso; portanto, suas palavras devem refletir a responsabilidade de mover seus funcionários e a organização para frente, para além do *status quo*.

Fique Atento à Comunicação Não Verbal

A comunicação não verbal consiste de gestos, expressões faciais, mudanças de postura ou o contato do olhar. Essas ações são observadas facilmente por aqueles à sua volta. Sempre que a comunicação não verbal contradiz o que você comunica verbalmente, as pessoas notam. Elas contam fortemente com essas mensagens não verbais e fazem julgamentos corretos e incorretos sobre você, achando que você está mentindo, omitindo informações, ou que está desinteressado ou nervoso. Mesmo quando você não está falando, as pessoas podem supor freqüentemente o que você está pensando, observando

> *Sempre que a comunicação não verbal contradiz o que você comunica verbalmente, as pessoas notam.*

Comunicação

sua comunicação natural não verbal, como bater a caneta, que indica nervosismo, ou olhar para o vazio, que sugere desinteresse. Os funcionários procuram seus líderes para ter orientação, apoio, entusiasmo e por curiosidade; a linguagem não verbal lhes diz o que você está pensando e sentindo, por isso fique atento às mensagens silenciosas que você está enviando.

Você pode usar comunicação não verbal para sua vantagem em suas tarefas de liderança. Ao praticar o uso da comunicação não verbal corretamente, você aumenta sua capacidade de se comunicar bem. Isso levará os outros a interpretar sua linguagem corporal com mais exatidão, e os ajudará a entender melhor seu significado. Grave em vídeo uma de suas apresentações para se ver em ação; você notará gestos positivos e negativos, e maneirismos dos quais não tinha ciência.

Dicas Não Verbais

Faça um esforço para enviar mensagens não verbais com a maior freqüência que puder e minimize qualquer mensagem negativa, a não ser, é claro, que você queira intencionalmente enviar um sinal negativo a alguém. Ao falar com alguém, engaje totalmente a pessoa na conversa, olhe-a nos olhos e não olhe para a sala, fazendo amplo uso de expressões faciais adequadas ao reagir ao que a pessoa está dizendo e fazendo perguntas para indicar que você está prestando atenção. Para estar presente como líder, fique alerta, mantenha uma boa postura e envolva sua energia no que está acontecendo no momento.

Aumente a Comunicação da Equipe

Você e seus funcionários devem estar juntos regularmente e se comunicar como equipe. Isso pode ocorrer em reuniões de equipe, papos informais ou discussões informacionais programadas. O propósito desses encontros é dar a todo membro da equipe a oportunidade de levantar preocupações, fazer perguntas, receber conhecimento e orientação, e manifestar frustrações. Você deveria se reunir com eles individualmente, mas formar um grupo lhe dá a oportunidade de mostrar liderança, colocando-se orgulhosamente em frente à sua equipe e se encarregando da sessão. Como fonte de informação, você é o ponto de ligação entre os membros de sua equipe. Uma vez que algumas pessoas relutam em levantar questões individualmente, elas apreciam essa ocasião para ver questões levantadas por pessoas que se expressam mais aberta-

Você e seus funcionários devem estar juntos regularmente e se comunicar como equipe. Isso pode ocorrer em reuniões de equipe, papos informais ou discussões informacionais programadas.

mente e observar diretamente suas respostas às preocupações delas. Finalmente, em vez de depender apenas de um método de comunicação, como uma reunião, convém desenvolver vários canais de comunicação com sua equipe, como informativos, quadros de aviso ou e-mails. Isso ajudará a garantir que sua equipe receba claramente suas mensagens.

Aprimore a Comunicação Organizacional

Ao utilizar o processo de comunicação consistentemente, você tornará suas comunicações pessoais muito mais efetivas e eficientes. Detalhes sobre como conceber um programa de comunicação organizacional estão além do escopo deste capítulo, embora o assunto seja importante. É fundamental para uma organização ter um programa de comunicação interna com o qual se possa contar. Um determinado indivíduo geralmente coordena isso em grandes empresas, enquanto em algumas organizações é uma função coletiva de líderes de todos os níveis.

A comunicação organizacional é um processo desafiador, complexo de se controlar em razão do volume de informações e os vários canais de comunicação em uma organização. Serve para promover um alto grau de comunicação, moral e entendimento em toda a empresa. A boa comunicação organizacional assegura que os membros sejam bem-informados, de um modo equilibrado e direto sobre todas as questões significativas que afetam a organização, como desafios de negócio, mudanças de política e questões operacionais e estratégicas. A comunicação organizacional também toca em outras questões significativas, como design organizacional, aprimoramentos no local de trabalho, serviço ao cliente e uso de tecnologia de informação. As organizações tentam enfrentar esses desafios por meio de redes formais de comunicação, como canais para relatos, departamentos funcionais específicos e redes de comunicação incluindo correio de voz, computadores e outros sistemas tecnológicos.

Apesar dos desafios no nível organizacional, procure sempre oportunidades de aprimorar as comunicações fora de seu âmbito imediato de responsabilidade. Como líder, você tem a obrigação de identificar e corrigir qualquer problema de comunicação percebido que afete seu departamento ou funcionários. Faça isso se comunicando ativamente com outros departamentos para descobrir qualquer informação que você precise, mas que não lhe tenham dado. Enquanto obtém essa informação, você pode fazer sugestões úteis de aprimoramentos ao representante responsável. Por exemplo, você poderia recomendar maneiras de comunicar informações criando um boletim para toda a organização ou poderia sugerir tópicos específicos para uma publicação. Se você sentir que a comunicação interdepartamental é engessada porque os funcionários em cada departamento não conhecem os funcionários dos

Comunicação

outros, sugira um evento em que todos participem, como um almoço onde cada um leva um prato ou uma atividade social no fim de semana.

Entenda Redes de Comunicação Informal

Além das redes formais de comunicação, há o falatório — a rede de comunicações informais — que complementa e deprecia as redes formais. Aceite o fato que é impossível eliminar, difícil de controlar, mas fácil de usar. Quando você sabe como um falatório funciona em sua organização, pode usá-lo para buscar ou divulgar informações. Se você quer determinar o que está acontecendo em sua organização, como as pessoas se sentem com políticas ou o que realmente as preocupa, converse casualmente com seus funcionários e outros. Evidentemente, você deveria estar conversando com eles de forma rotineira, mas acontece que uma vasta quantidade de informações em sua organização está disponível se você simplesmente conversar informalmente com as pessoas. Tente ver a fofoca como um meio alternativo de comunicação para você usar, não como uma ameaça que desafia sua autoridade de liderança. Como líder, corrija e elimine qualquer informação errônea que você descobrir no falatório. Essa resposta, junto com um programa de comunicação aberto e respeitado, irá assegurar que você e sua equipe se comuniquem corretamente.

A comunicação, a primeira das habilidades de relacionamento, é vital, mas simples de aprender. Como você viu neste capítulo, ela exige persistência, determinação e comprometimento. Os líderes devem se lembrar continuamente que dentro da esfera de comunicação estão as soluções para muitos de seus desafios interpessoais e organizacionais. Faça da comunicação adequada uma de suas maiores prioridades diariamente.

Se você quer determinar o que está acontecendo em sua organização, como as pessoas se sentem com políticas ou o que realmente as preocupa, converse casualmente com seus funcionários e outros.

Resumo, Questões e Exercício

Resumo

A comunicação é considerada a habilidade mais importante para a liderança, pois, por meio dela, o líder consegue transferir conhecimentos, objetivos e orientações às pessoas da sua equipe, e também por intermédio do processo de comunicação recebe informações dentro e fora da empresa.

Um dos principais desafios da liderança é assegurar uma comunicação com qualidade. O processo de comunicação é composto por três etapas. São elas:

- Determinar a mensagem.
- Escolher o método de transmissão e enviar a mensagem.
- Monitorar o recebimento e entendimento da mensagem.

Existem várias razões que explicam o porquê de algumas mensagens não serem recebidas: o emissor pode falhar por não saber comunicar-se adequadamente, esquecendo-se de esclarecer uma suposição; pode haver um problema com o método da transmissão; algum tipo de ruído que interfere no entendimento da mensagem; a receptora pode não estar disposta a receber a mensagem, entre outros.

Existem alguns métodos que aumentam a eficácia da comunicação pela liderança. São eles:

- Aprimore as comunicações face-a-face.
- Seja acessível.
- Seja compreensivo e sincero.
- Evite sinais mistos.
- Repita mensagens.
- Ouça os outros.
- Fale bem.
- Apresente-se bem.
- Fique atento à comunicação não verbal.
- Aprimore a comunicação da equipe.

Uma das principais ações da liderança é aprimorar a comunicação organizacional, pois é fundamental para uma empresa ter um programa de comunicações internas que promova um alto grau de informações sobre questões significativas que afetam a organização, essa estratégia eleva o moral e o entendimento em toda empresa, e fortalece o vínculo subordinado e organização.

Dentro dessa perspectiva, outra orientação que o líder dever ter é quanto à identificação e correção de qualquer problema de comunicação percebido que afete o seu departamento ou a organização como um todo.

Questões:

1. Explique a seguinte afirmação: "A comunicação é a mais importante de todas as habilidades da liderança".
2. O que significa uma comunicação com qualidade?
3. Quais as etapas para se conduzir um processo eficaz de comunicação?
4. Cite os métodos mais usuais de transmissão de uma mensagem.
5. Por que é fundamental acompanhar o recebimento e o entendimento da mensagem realizada pelo emissor?
6. Por vezes as mensagens não são recebidas, cite alguns motivos que provocam essa situação.
7. Escolha um dos métodos para aprimorar a comunicação da liderança e explane sobre sua importância para um processo de comunicação bem-sucedido.
8. Quais as implicações de um ouvir ativo e de uma expressão clara e objetiva?
9. O que impacta as redes de comunicação informal dentro de uma organização?

Exercício:

Caso sua empresa tenha um programa de comunicação interna, descreva tal programa e a importância dele para um melhor desempenho organizacional. Se não tiver, pesquise em outra empresa o sistema existente sobre comunicação interna.

Capítulo 11

Trabalho em Equipe

Valerie está formando uma equipe de projeto que trabalhará durante três meses. Ela sabe que precisa ter as pessoas certas para a equipe e isso a preocupa. O que ela deveria considerar de modo a formar uma boa equipe e atingir seus objetivos extraordinariamente bem? Jennifer está planejando uma reunião de equipe mensal, com colegas de várias divisões de sua empresa. Embora tenha participado desse tipo de reunião antes, esta será a primeira vez que ela estará no comando. Como ela poderá se preparar para esta oportunidade?

Uma equipe é um grupo de pessoas que atinge colaborativamente objetivos específicos. Inúmeras são as configurações de uma equipe, como pequenos grupos que trabalham em contato íntimo uns com os outros, grupos isolados que trabalham em diferentes países, um departamento de marketing dentro de uma empresa ou toda a empresa. Em algumas organizações, há equipes dentro de equipes. Elas sempre existiram de alguma forma, recebendo nomes como grupos, unidades ou seleções.

O resultado de um bom trabalho em equipe — que sugere operações eficientes, coordenadas, cooperativas e bem-sucedidas — é por si só uma importante razão para se formar uma, são muitos os benefícios gerados para você, seus funcionários e sua organização. O trabalho em equipe não é apenas resultado de seus esforços empenhados na organização e treinamento de sua equipe, mas também de uma atitude entusiasta e de um conjunto de habilidades que você usa para conduzir sua equipe ao sucesso. Seu objetivo é aprimorar as atitudes e habilidades do trabalho em equipe em toda a sua organização.

O uso de equipes e das habilidades de trabalho em equipe tornou-se cada vez mais relevante aos líderes e membros de equipe simplesmente por ser uma maneira efetiva de fazer as coisas. Os líderes não podem apenas impor suas ordens aos funcionários e dizer a todos exatamente o que devem fazer. Esse não só é um método ineficiente de atingir objetivos, mas também é inefetivo.

Seu objetivo é aprimorar as atitudes e habilidades do trabalho em equipe em toda a sua organização.

Grandes equipes não podem existir sem um excelente trabalho em equipe. Se você quer prosperar como líder e levar sua organização a novos níveis de crescimento e realização, deve buscar soluções inovadoras a desafios cada vez mais complexos. Provavelmente não lhe surpreenda que os líderes não tenham individualmente as respostas certas a todos os seus desafios. Eles devem perseguir essas soluções e implementá-las com a ajuda de outras pessoas que tenham diversos conhecimentos, habilidades e experiência interdisciplinar.

O trabalho em equipe significa focar menos no que você pode realizar individualmente como líder e mais em como pode delegar poder aos outros para que realizem coisas importantes como equipe. A idéia de trabalho em equipe pode assustar alguns líderes que acreditam equivocadamente que terão de abrir mão de poder em favor de um grupo. No trabalho em equipe, você está dividindo poder com os outros para atingir mais sucesso. Os líderes que têm atitudes e habilidades

O trabalho em equipe significa focar menos no que você pode realizar individualmente como líder e mais em como pode delegar poder aos outros para que realizem coisas importantes como equipe.

de trabalho em equipe reconhecem que terão mais sucesso se deixarem todos os membros da equipe contribuir o máximo que puderem.

O bom trabalho em equipe permite aos líderes se concentrar nas questões mais amplas envolvidas ao comandar a organização, e não em cada questão individual. Mesmo que você não organize oficialmente ou reconheça seu grupo em funcionários como equipe, ainda assim poderá usar as habilidades de trabalho em equipe neste capítulo e a atitude em trabalho de equipe para conduzi-los ao sucesso. As habilidades de trabalho em equipe simplesmente lhe dão outra perspectiva para abordar seus deveres de liderança.

Promova o Trabalho em Equipe

Há muitas razões para promover o trabalho em equipe na sua organização. As equipes o ajudam a fazer seu trabalho mais facilmente porque os integrantes têm menos necessidade de supervisão, uma vez que se tornam mais autônomos. A camaradagem e o esforço do grupo envolvido nas operações da equipe permitem que seus funcionários sintam-se mais satisfeitos no trabalho, resultando em menos problemas disciplinares, faltas e reclamações de clientes. Essa troca de idéias e talentos pode conduzir a melhores resultados coletivos. Isso acontece particularmente nos ambientes em rápida mudança ou em situações que envolvem questões técnicas.

O trabalho em equipe se traduz diretamente em aprimoramentos resultantes nos processos de trabalho, produtividade, inovação e segurança. Mesmo que você não organize todo o seu trabalho em equipes, os conceitos ainda são aplicáveis em uma estrutura tradicional de trabalho e podem ajudá-lo a atingir seus objetivos, se você os usar consistentemente. Por exemplo, o trabalho em equipe pode ajudá-lo a revisar políticas, a resolver um problema interno há muito existente, ou a desenvolver novos produtos e serviços.

As Equipes Nem Sempre São Necessárias

Apesar das várias excelentes razões para usar o trabalho em equipe, lembre-se de que organizar-se exclusivamente por equipes formais não é a única solução para seus desafios de liderança, nem é sempre a melhor solução. Pode haver várias razões para isso, como descrito a seguir.

Primeiro, se o seu pessoal não tem um objetivo comum que possa ser atingido melhor com um trabalho coletivo, por meio de um sistema de interdependência mútua, então as equipes formais não são a resposta. Segundo, as equipes podem não ser necessárias para aprimorar seu desempenho organizacional. Algumas outras ações, como aprimoramento em comunicações ou treinamento, podem servir melhor às suas necessidades. Terceiro, se os altos líderes da organização ou sua equipe potencial não estão interessados em se organizar em equipes ou não estão apoiando a idéia, eles precisarão ser convencidos a implementar o conceito. Quarto, se a organização ou o departamento está sofrendo ou antecipando qualquer mudança importante em funcionários-chave, rotatividade, mudanças estratégicas na missão, ou transferência, por exemplo, pode ser melhor adiar a implementação de equipes formais até que haja mais estabilidade organizacional.

Cuidado: podem vir à tona questões que causariam resistência à formação de uma equipe que funcione bem, como medo de mudança, perda de controle ou custos financeiros. Enquanto você está criando uma equipe, haverá momentos em que você e sua equipe não estarão produzindo qualquer receita tangível, redução no custo ou outros resultados, embora cada um ainda esteja sendo pago e fazendo o treinamento de equipe. Essa diminuição temporária na produtividade, geralmente acompanhada por um aumento nos custos de treinamento, é difícil de evitar, mas será insignificante, uma vez que você obtiver os benefícios do trabalho em equipe.

Além dos custos econômicos, um líder em qualquer nível de uma organização pode perceber o trabalho em equipe como ameaça, porque este envolve a divisão — e não o controle — de poder. Essa percepção, felizmente, não é mais tão generalizada. Uma vez que os altos líderes acreditam nos princípios do trabalho em equipe e se comprometem a segui-los em toda organização, os demais líderes seguirão e abrandarão seus medos frente às mudanças que estão por vir.

Superando a Dúvida

Você pode superar essas e outras objeções. Perceba que uma estrutura de equipe é um compromisso importante de todos porque envolve mudanças em atitudes, processos de trabalho e relações interpessoais. Para o trabalho em equipe efetivo, os sistemas operacionais da organização e o clima informal devem ser bem desenvolvidos e positivos, particularmente nas áreas de moral, diversidade, comunicações, treinamento e inovação dos funcionários. Então à medida que você prossegue desenvolvendo equipes, preste atenção em como planeja, organiza e otimiza sua equipe.

Finalmente, os líderes ou cada membro da equipe podem ter dificuldade em aceitar ou entender o trabalho conjunto. Eles podem pressupor que não serão capazes de trabalhar bem em um ambiente de grupo porque preferem trabalhar sozinhos, que serão incumbidos de responsabilidades demais em um ambiente de equipe ou que terão de aprender muitas habilidades adicionais. Alguns podem duvidar que a organização esteja realmente comprometida com o trabalho em equipe, principalmente se os líderes mostraram, no passado, desinteresse em recompensar adequadamente, eliminar políticas organizacionais ou encorajar os funcionários a assumir maiores responsabilidades.

Uma vez que os altos líderes acreditam nos princípios do trabalho em equipe e se comprometem a segui-los em toda organização, os demais líderes seguirão e abrandarão seus medos frente às mudanças que estão por vir.

Planeje sua Equipe

Um de seus objetivos de liderança é organizar as equipes certas e fazê-las funcionar rapidamente e bem. Antes de você organizar sua equipe, decida o que você quer realizar e qual é sua visão para a equipe. Isso envolve considerar os objetivos de sua equipe, sua organização e seu papel como líder e membro de equipe.

Objetivos

Desenvolva uma idéia clara do que você quer realizar no nível de equipe. Neste ponto do processo, os objetivos são amplos porque, mais tarde, você e sua equipe se desenvolverão mais plenamente, tanto enquanto equipe como individual. Torne seus objetivos de equipe realistas, importantes e significativos para o sucesso de sua organização, atingíveis, desafiadores para sua equipe, específicos e mensuráveis.

> A razão básica para se identificar objetivos de equipe é fornecer uma direção inequívoca para sua equipe.

Organização

Para atingir seus objetivos, uma equipe deve estar bem organizada. A organização de uma equipe se baseia em seu propósito geral. Se a equipe muda seu propósito, temporária ou permanentemente, você sempre pode reorganizá-la para se acomodar melhor a seu novo propósito. Há três maneiras gerais de organizar equipes: em torno dos propósitos da solução de problema, implementação e inovação. Você pode organizar de acordo com um propósito ou combinação.

Uma equipe de *solução de problemas* é responsável por encontrar soluções para problemas específicos. É bem empregada quando, por qualquer razão, um departamento funcional é incapaz de resolver efetivamente um problema. A equipe costuma se dissolver uma vez resolvido o problema. Um bom exemplo de uma equipe de solução de problemas é uma equipe de projeto discutida no Capítulo 7. Outras equipes de solução de problemas são conhecidas como forças-tarefa ou por nomes originais como Equipe Alfa.

Importância dos Objetivos de Equipe

A razão básica para se identificar objetivos de equipe é fornecer uma direção inequívoca para sua equipe. Esta ajudará os integrantes da equipe a saber exatamente quais objetivos eles devem atingir. Então eles associarão importância e urgência a estes, desejarão atingi-los, se concentrarão em atividades que apóiem claramente a realização dos objetivos e desenvolverão objetivos pessoais que apóiem plenamente os objetivos da equipe. Os objetivos de sua equipe serão o ponto em comum do qual você dependerá invariavelmente para retomar o foco dos integrantes, quando necessário.

Uma equipe de solução de problemas é orientada para processos e está interessada em chegar logicamente a uma solução depois, e não antes, de debater e examinar objetivamente fatos relevantes e pontos essenciais. Em razão da grande quantidade de interação entre pessoas em uma equipe de solução de problemas, ela funciona melhor quando os membros podem contar facilmente uns com os outros, quando eles têm confiança nas capacidades um do outro para contribuírem para um relacionamento de trabalho que solucione problemas efetivamente, e quando todos estão comprometidos com os objetivos da equipe.

Uma equipe de *implementação* não está preocupada em encontrar soluções, pois já tem uma: um plano que descreve todos os detalhes do que cada um deve fazer. Uma equipe de implementação está comprometida em executar com eficiência e exatidão um plano claramente definido que tenha padrões mensuráveis e explicite procedimentos operacionais. Essa equipe funciona melhor quando emprega bem as habilidades especializadas de seus membros, atribui deveres não ambíguos de trabalho e sente-se capaz de implementar seu plano sem falhas.

Uma equipe de *inovação* é responsável por buscar maneiras novas e criativas de fazer as coisas, como aprimorar processos, conceber novos produtos ou serviços, ou simplesmente dar sugestões. Tem a liberdade e a autoridade para buscar novas possibilidades e explorar diversas opções. Essa equipe prospera quando é isolada de perturbações e restrições sistêmicas da organização e quando pode ser informal e independente.

O Papel do Líder

Antes de organizar uma equipe, convém entender os papéis variáveis que você desempenhará em breve. Embora seus papéis mudem durante o ciclo de vida de uma equipe, você ainda será o líder responsável por atingir os objetivos de sua equipe. Todas as habilidades de liderança que você aprende são necessárias em seu ambiente de equipe. Independentemente do papel que você esteja desempenhando, demonstre sempre, por meio de palavras e ações, que você está permanentemente comprometido com a equipe e seus objetivos.

Ao usar o processo de trabalho em equipe, você pode inspirar e transferir poder aos integrantes da equipe para assumirem cada vez mais responsabilidades, autoridade e autonomia. Inicialmente, você é o líder, responsável por determinar a direção para a equipe, supervisionar intimamente sua formação, orientar o vínculo de seus membros e dar início ao trabalho. Então, quando sua equipe está organizada, você usará suas habilidades de relacionamento nos papéis de solucionador de conflitos, negociador e facilitador. Cada vez mais você contará com a liderança participativa, em que os membros da equipe exercitam suas capacidades de liderança e assumem responsabilidade por certos aspectos do trabalho.

Líder a Treinar

Uma vez que sua equipe está organizada e começa a trabalhar, seu papel se torna o de um treinador que encoraja e supervisiona a equipe coletivamente e cada um de seus integrantes. Nesse ponto, o seu objetivo é deixar os membros da equipe assumirem e manterem o máximo controle possível de si mesmos, enquanto monitora o desempenho, mantém linhas abertas de comunicação e recompensa realizações.

Dependendo do sucesso da equipe em conduzir seu trabalho, você pode distanciar-se do papel de conselheiro, estando disponível basicamente quando a equipe solicita sua assistência.

Organize sua Equipe

Como líder efetivo, você desejará seguir um esquema detalhado ao organizar sua equipe. Em razão do ritmo rápido de atividades durante a formação de equipe e início, você e os demais integrantes devem estar organizados, focados e voltados para a missão.

O objetivo desse esquema de nove partes é orientá-lo para as ações principais necessárias para que sua equipe esteja pronta e funcionando rápida e corretamente.

- Selecione os integrantes da equipe.
- Determine os objetivos da equipe.
- Ensine a atitude de equipe.
- Discuta os processos e detalhes da equipe.
- Revise os objetivos e os desenvolva uma declaração da missão.
- Desenvolva um plano.
- Determine e atribua papéis e responsabilidades na equipe.
- Obtenha comprometimento.
- Construa a confiança, a pertinência e o espírito da equipe.

Selecione os Integrantes da Equipe

Há princípios de seleção a considerar que ajudam em todos os tipos de situações de equipe. O requisito básico é que todos os participantes de sua equipe sejam qualificados. Eles devem saber como fazer bem seu trabalho e como trabalhar com os outros em um ambiente de equipe. O que você quer em sua equipe são indivíduos que possuam uma variedade de habilidades de modo que sua equipe possa prosperar em situações desafiadoras.

O requisito básico é que todos os participantes de sua equipe sejam qualificados. Eles devem saber como fazer bem seu trabalho e como trabalhar com os outros em um ambiente de equipe.

O local atual onde os possíveis integrantes estão trabalhando afeta o modo como você cria sua equipe. Por exemplo, se você está escolhendo apenas membros de seu próprio departamento de dez pessoas, tem claramente uma seleção limitada. Se, no entanto, você tiver um departamento de 200 pessoas ou se puder escolher de outros departamentos dentro da organização, você terá mais possibilidades de selecionar.

Há dois aspectos fundamentais para levá-lo a formar a equipe mais qualificada. Primeiro, escolha um conjunto de pessoas orientadas para equipe com as habilidades técnicas mais importantes que você precisa. Estas são pessoas competentes, com amplo conhecimento, e experientes em tarefas e processos que serão cruciais. Segundo, procure pessoas com as características pessoais e valores que você acredita serem necessários para trabalhar em sua equipe. A maioria dos líderes obviamente procura indivíduos motivados, entusiasmados, éticos, trabalhadores, inteligentes e orientados para os objetivos.

Equipes Diferentes — Habilidades Diferentes

Se você está criando uma equipe de inovação, pode querer um conjunto de pensadores e sonhadores mais criativos, independentes, e que possam se guiar se necessário, em vez de pessoas competitivas, focadas em tarefas, que seguem "os livros", de quem você precisará em uma equipe de implementação. Da mesma forma, uma equipe de solução de problemas pode precisar de alguém profundamente entendido e orientado para pessoas, ou alguém excepcionalmente competente em um determinado processo. Identifique as habilidades mais importantes de que mais necessita para sua equipe e comece o processo de seleção conforme descrito no Capítulo 7.

Com base em seus requisitos particulares, no entanto, você pode precisar de alguém que possa ajudá-lo a conduzir a equipe durante suas ausências ou de alguém com habilidades de comunicação excelentes.

Determine os Objetivos da Equipe

Reúna os integrantes de sua equipe e diga-lhes quais os seus objetivos mais amplos. Discuta o propósito desses objetivos e como eles se relacionam com os objetivos organizacionais. Informe os integrantes que em uma hora, aproximadamente, caberá a eles refinar coletivamente esses objetivos gerais em específicos, priorizados e realistas. É a crença coletiva nesses objetivos que fornecerá aos integrantes a determinação a longo prazo que os transformará em uma equipe coesa e comprometida.

Ensine a Atitude de Equipe

Cada um dos integrantes deve desenvolver uma atitude de equipe: eles devem acreditar que uma equipe pode ter um resultado superior ao individual e que sua equipe vencerá.

Cada um dos integrantes deve desenvolver uma atitude de equipe: eles devem acreditar que uma equipe pode ter um resultado superior ao desempenho individual e que sua equipe vencerá. Embora a maioria deles desenvolva naturalmente uma atitude positiva de equipe com o tempo, você pode acelerar o processo dizendo-lhes o que faz uma excelente atitude de equipe e reforçando essa forma de pensar repetidamente, com o tempo.

A seguir está um exemplo encorajador que você pode travar com os integrantes para ensiná-los a atitude de equipe. Adapte-o usando suas próprias palavras para transmitir esses conceitos essenciais.

Os objetivos que cada um de vocês tem como integrante de equipe estão ligados aos objetivos da equipe. Seu desempenho individual, portanto, afeta o desempenho da equipe. Em uma equipe, vocês não precisam abrir mão de suas idéias, opiniões, individualidade, ambição pessoal ou críticas positivas, porque as recebemos bem como contribuições que podem ajudar nossa equipe a atingir os objetivos. Entretanto, vocês devem dar aos objetivos da equipe a mais alta prioridade no trabalho e empregar sempre seu maior esforço à equipe. Uma vez que nossa equipe atinge consenso, esperamos que vocês apóiem a decisão e a implementem. A realização dos objetivos da equipe, seu sucesso como integrantes e a busca da excelência são as preocupações mais importantes para nossa equipe.

Não deixem pequenas discordâncias, comportamentos em benefício próprio, conflitos de personalidade ou qualquer questão irrelevante assumir mais importância que nossos objetivos; caso contrário, vocês perderão o foco e a concentração. Essa atitude afeta negativamente a todos e, portanto, faz a equipe perder o foco. Não há problema ou desafio que não possa ser resolvido se vocês forem razoáveis, tiverem uma mentalidade aberta e respeitarem os outros.

Vocês fazem parte de uma equipe e queremos que sejam integrantes comprometidos que apóiem o trabalho de seus colegas, que reconheçam a necessidade de cada um dos outros de atingir nossos objetivos e que façam bem seu trabalho, sem egoísmo. Uma vez que enfatizamos a colaboração e não a competição, acreditamos em encorajar uns aos outros com consideração e *feedback* positivo. Para que a equipe vença, vocês devem se comprometer a ser motivados e ter iniciativa, ser dedicados e responsáveis.

Em troca, como líder, cuidarei para que todos tenham oportunidades de crescer como equipe e individualmente. Vocês participarão de treinamento e desenvolvimento de atividades que os ajudarão a crescer profissional e pessoalmente também.

Uma vez que a equipe precisa de suas contribuições e experiência, eu buscarei e usarei suas contribuições o melhor e com a maior freqüência que puder. Acredito em participar e me envolver em nossa equipe, e quero que vocês participem e se envolvam também.

Espero que muitos de vocês assumam papéis de liderança em vários aspectos de nosso trabalho. Para aqueles que desejam aumentar responsabilidades de liderança, eu os ajudarei. Como membros de equipe, vocês terão a autonomia e a autoridade para assumir suas responsabilidades. Eu lhes darei um tratamento justo e reconhecimento. Finalmente, como líder, eu farei todo o possível para ajudá-los a atingirem os objetivos de equipe, bem como o sucesso profissional e pessoal.

Discuta os Processos e os Detalhes da Equipe

Discuta todas as regras, políticas e procedimentos que afetarão sua equipe. Deve-se estabelecer procedimentos para lidar com a comunicação, a solução de problemas, a tomada de decisões, a resolução de conflitos, reuniões e treinamento. Determine quanta autoridade para tomar decisões e implementar os integrantes terão como indivíduos ou como subequipes, bem como quais as decisões reservadas para a equipe e os líderes de equipe. Informe a todos que todas as políticas serão aplicadas de forma justa e consistente.

Revise os Objetivos e Desenvolva uma Declaração da Missão

Você e os demais deveriam discutir livremente os objetivos da equipe descritos anteriormente. Seu propósito é dar a todos a oportunidade de levantar questões, fazer comentários e oferecer sugestões sobre qual é a melhor maneira para atingir seus objetivos. Analise qualquer tópico relevante que afete seus objetivos. Em particular, examine por que sua organização precisa que a equipe atinja esses objetivos e por que essa equipe fará esse trabalho importante.

Depois de determinar os objetivos, estabeleça padrões realistas, mas desafiadores, que inspirarão a equipe definida a realizar um trabalho dedicado e, conseqüentemente, a ter êxito. Esses padrões serão a medida de como sua equipe atinge os objetivos individuais e coletivos. Considere o que seus clientes ou fregueses precisam de você e que nível de qualidade eles exigem. Leve em consideração qualquer questão externa, como regulamentação, disponibilidade

> *Depois de determinar os objetivos, estabeleça padrões realistas, mas desafiadores, que inspirarão a equipe definida a realizar um trabalho dedicado e, conseqüentemente, a ter êxito.*

de recursos e a concorrência. Como uma equipe, componha e concorde com uma declaração de missão que cita sucintamente e prioriza seus principais objetivos.

Desenvolva um Plano

Os objetivos de sua equipe podem ser extremamente técnicos ou podem envolver trabalhar com medidas, processos ou padrões de qualidade complicados. Alternativamente, os objetivos podem ser comparativamente simples, como solucionar uma questão no atendimento ao cliente ou simplesmente prover suporte de recursos humanos de qualidade à sua organização. Independentemente do escopo ou complexidade, vocês deveriam passar um tempo suficiente como equipe discutindo os detalhes, usando o processo de solução de problemas e desenvolvendo um plano de ação realista para levá-los do ponto em que estão agora para onde desejam ir, dados os seus recursos e restrições.

Se os objetivos da sua equipe envolvem áreas que não são familiares para você, comece a preparar-se para sua reunião de planejamento tão logo você tome conhecimento dessas questões particulares. Isso o ajudará a guiar sua equipe para a direção certa. Por exemplo, muitas sociedades profissionais têm publicações que dão dicas sobre como estruturar um problema particular ou listam os passos para se completar certas tarefas. Como você bem sabe, há centenas de livros sobre todas as funções ou aspectos organizacionais, e isso pode fornecer-lhe idéias ou recomendações para qualquer situação em que você estiver. Para desenvolver o plano, utilize essa expertise amplamente disponível, assim como o conhecimento dos membros de sua equipe.

Determine e Atribua Papéis e Responsabilidades na Equipe

Você e os integrantes devem identificar clara e adequadamente as responsabilidades e papéis de cada participante para que a equipe faça o melhor. O desempenho superior da equipe depende dos desempenhos superiores de cada um de seus membros. Se viável, deixe os próprios integrantes determinar em papéis e responsabilidades individuais. Invista um tempo adequado assegurando que eles façam isso correta e plenamente, porque os membros arcarão com essas responsabilidades e a autoridade necessária depois da atribuição. Envolver os participantes em todo o planejamento detalhado nesta etapa lhe trará dividendos altíssimos mais tarde, à medida que eles se desenvolverem em uma equipe coesa, colaboradora e independente.

Você também quer assegurar que todas as responsabilidades de equipe sejam cobertas, que os integrantes entendam como seus papéis se relacionam entre si e que eles saibam como suas responsabilidades específicas contribuem para a realização dos objetivos de equipe. Além disso, explique como o desempenho abaixo do esperado pode afetar adversamente a equipe e que, portanto, você acompanhará o desempenho de todos os

Um de seus objetivos básicos como líder será manter o comprometimento de cada membro.

indivíduos, que deverão arcar com suas responsabilidades. Determine, especificamente, como você avaliará o desempenho individual e de equipe, e como cada pessoa saberá quando ela e a equipe está cumprindo os objetivos com sucesso. Todos os objetivos individuais devem estar ligados a altos padrões de desempenho. Estabeleça agora o tom para perseguir a excelência e os integrantes da equipe a perseguirão até atingirem o sucesso.

Obtenha Comprometimento

Obtenha o comprometimento explícito de cada integrante para trabalhar com dedicação, atingir os objetivos da equipe, buscar a excelência, apoiar seus colegas, participar no aprimoramento da equipe e manter uma excelente atitude de equipe. Fale com cada um individualmente e depois com todos eles juntos. Um de seus objetivos básicos como líder será manter o comprometimento de cada membro. Mantê-los todos inspirados e entusiasmados por estarem nessa equipe especial será crucial mais tarde, para assegurar o sucesso no desempenho da equipe.

Construa a Confiança, a Pertinência e o Espírito de Equipe

A equipe funcionará melhor se os seus membros estiverem seguros de seus relacionamentos para falarem abertamente uns com os outros, como pares. É extremamente importante durante os primeiros dias da existência da equipe que você assuma o comando e que os integrantes o conheçam e se interem da programação dos próximos eventos. Isso dá início ao processo que leva à confiança na equipe. Os integrantes precisam uns dos outros; para que se concentrem plenamente em atingir os objetivos, cada membro precisa desenvolver um alto grau de confiança nos demais. Essa confiança surge rapidamente depois que os integrantes dividem experiências novas no trabalho e demonstram que se pode contar com eles, pois agirão com integridade.

Por outro lado, isso requer que você tenha ciência de fatores que diminuirão os níveis de confiança em sua organização, como grupinhos, fofoca, falta de cumprimento de promessas, hesitação para delegar autoridade e injustiça de qualquer tipo. A perda de confiança entre os membros da equipe é um dos problemas mais difíceis de remediar. Pode ser minimizado retirando-se o integrante agressor da equipe. Embora essa conduta seja um último recurso, pode ser necessária porque, se a perda de confiança se alastrar, sua equipe pode não se recuperar suficientemente.

O Foco é na Equipe

À medida que vocês, membros da equipe, se identificam uns com os outros e a equipe cresce, procurem essa atitude animada que sugere que o ponto focal é a equipe, e não qualquer pessoa. O egocentrismo desaparece, substituído por um comprometimento total e respeito pela equipe. Ao passarem horas juntos, trabalhando em atividades importantes, os participantes estarão cada vez mais ligados emocionalmente entre si, e encorajarão uns aos outros a perseguir a excelência em tudo o que fazem. É o resultado coletivo desses desempenhos individuais que leva uma equipe ao sucesso. Se eles desempenham bem uma vez, esperam desempenhar ainda melhor da próxima vez. Esse impulso e inspiração incansáveis para fazer tudo com a mais alta qualidade é uma atitude que se disseminará e se desenvolverá com o tempo se você, o líder, estabelecer altos padrões para sua equipe, e mantiver os membros responsáveis pelos compromissos que assumiram.

Otimize sua Equipe

Agora que você estabeleceu sua equipe, desenvolva os seguintes meios para capitalizar seus vários esforços até então:

- Monitore o fluxo de informação e recursos.
- Promova a comunicação e a colaboração.
- Oriente o desempenho individual e de equipe.
- Treine sua equipe.
- Recompense sua equipe.

Monitore o Fluxo de Informação e Recursos

O trabalho em equipe existe em um ambiente que depende de informação e recursos. Sua equipe deve ter rápido acesso à qualidade organizacional e informação externa que precisa. Verifique constantemente se eles estão recebendo informações confiáveis de modo que possam tomar as melhores decisões possíveis. Mantenha um livro para um registro oficial das decisões e recomendações dadas pelos participantes. Isso servirá como conhecimento institucional e o ajudará a fazer um acompanhamento das idéias submetidas por sua equipe. Além disso, como líder, você também deve assegurar que a equipe tenha apoio logístico do *staff* organizacional e de qualquer outra agência externa envolvida. Os membros da equipe contam com você e com outros líderes de equipe para ajudar a conduzir relações externas de modo que eles possam se concentrar em seu trabalho diário.

Promova a Comunicação e a Colaboração

Como discutido no Capítulo 10, a comunicação é vital a qualquer organização. É particularmente crucial para uma equipe colaborativa e que funcione bem, em que os membros passam bastante tempo juntos e dependem uns dos outros. Seus integrantes devem se sentir livres para discutir questões abertamente e fazer perguntas, porque é assim que as equipes criam e sustentam um ambiente vibrante, cooperativo e de confiança. Linhas abertas de comunicação entre você e os integrantes da equipe, e também entre eles mesmos, resultam em um alto moral, orgulho, disposição para aproveitar chances razoáveis e capacidade de adaptação a mudanças. A troca inequívoca de informação permite aos membros da equipe entender uns aos outros melhor e saber como eles se sentem quanto aos problemas. Não faz sentido que todos os integrantes, uma vez que saibam que cada um está apoiando os outros, farão o melhor para o bem da equipe? Você pode imaginar os possíveis sucessos para sua equipe se todo integrante tivesse esse alto nível de confiança nos outros?

Apesar do conflito inevitável que surgirá em um ambiente de equipe, os integrantes devem entender que podem resolver positivamente todas as discordâncias. Mantenha regularmente discussões informais e atividades sociais de modo que os integrantes possam se comunicar e se ligar. As atividades de treinamento de equipe podem aumentar os níveis de confiança entre membros, principalmente se conduzidas logo depois que você organiza a equipe.

Seus integrantes devem se sentir livres para discutir questões abertamente e fazer perguntas, porque é assim que as equipes criam e sustentam um ambiente vibrante, cooperativo e de confiança.

Oriente o Desempenho Individual e de Equipe

Use procedimentos de monitoração para acompanhar como os integrantes e a equipe estão agindo. Se você mede freqüentemente o progresso comparando a padrões desafiadores, mas atingíveis, e então comunica esse progresso à sua equipe imediatamente e com precisão, eles saberão exatamente a posição da equipe em termos de seus objetivos e como seus desempenhos individuais estão ajudando a equipe. Ao dar um *feedback* aos integrantes da equipe, lembre-se de se concentrar em detalhes, dados e no desempenho de cada membro da equipe. Se você detectar problemas

Se você descobre que um integrante não está trabalhando colaborativamente ou tem outros problemas de desempenho, é essencial mudar o comportamento por meio de treinamento.

de desempenho na equipe, informe os membros e faça-os desenvolverem opções que aprimorarão o desempenho. Então a equipe escolhe o melhor curso de ação e o implementa. Faça um *follow-up* para assegurar que sua equipe esteja respondendo ao seu treinamento; do contrário, repita esse processo de treinamento.

Se você descobre que um integrante não está trabalhando colaborativamente ou tem outros problemas de desempenho, é essencial mudar o comportamento dele por meio de treinamento. Diga a essa pessoa especificamente como a atitude e o desempenho dela estão atrasando a equipe, e descubra por que a pessoa não está tendo um desempenho à altura dos padrões estabelecidos. Caso não melhore, você deverá tirá-la da equipe porque ela causará mais prejuízo do que bem — principalmente quando outros integrantes se desanimarem pelo fato de que a pessoa perturbadora não está sendo penalizada pelo comportamento contraproducente e, no entanto, a equipe está arcando com esse ônus.

Você e sua Equipe

Os membros de sua equipe apreciarão seu interesse no que eles fazem, e você descobrirá que o seu relacionamento com cada um deles ficará cada vez mais forte com o tempo. Além disso, orientando-os pessoalmente, você solucionará qualquer problema ou questão que tiverem.

Treine sua Equipe

Apesar de ter a oportunidade de selecionar pessoas bem-treinadas e motivadas para sua equipe, uma vez que a equipe começar a trabalhar, você notará necessidades adicionais de treinamento. Isso não significa que você fez más seleções ou que sua liderança é inefetiva. A realidade é que os integrantes precisam de treinamento periódico para manter ou aprimorar as habilidades necessárias enquanto participam da equipe.

O treinamento específico a ser incluído durante o desenvolvimento da equipe diz respeito a cargos individuais, solução de problemas e habilidades de equipe. O treinamento no cargo trata das habilidades exigidas dos indivíduos para fazerem seu trabalho, ou das atividades dos membros da equipe que eles apóiam. O treinamento em solução de problemas é importante porque essa habilidade é inerentemente necessária à maioria dos deveres de uma equipe, principalmente equipes de trabalho autônomas ou independentes. É crucial, portanto, treinar os membros da equipe a

Trabalho em Equipe

pensarem de forma lógica e metódica de modo que possam participar igualmente nas decisões da equipe. Isso ajudará a manter os integrantes entusiasticamente envolvidos nas atividades da equipe e ajudará a afastar a tendência para o consenso inefetivo.

Se algum integrante for inexperiente no trabalho em equipe, você deveria conduzir treinamento específico de modo que ele possa aprender conceitos do trabalho em equipe e praticar habilidades de equipe, como comunicação e solução de conflitos. O treinamento de equipe faz mais do que apenas corrigir problemas; fornece os meios para transferir poder à sua equipe para que esta possa eventualmente executar todas as funções sem a orientação constante de um líder. Além disso, o treinamento de equipe é necessário especificamente quando esta está tendo um desempenho fraco ou quando alguns integrantes desenvolveram grave hostilidade ao grupo, baixa produtividade ou baixo moral. O treinamento de equipe é uma atividade permanente que ajudará melhor seus integrantes se eles tiverem deficiências específicas de desempenho. Como discutido no Capítulo 9, determine as necessidades de treinamento, desenvolvendo opções de treinamento, concordando com o plano e participando do treinamento. Os integrantes mais experientes devem ajudá-lo a conduzir essas sessões.

O treinamento de equipe é uma boa oportunidade para você e seus integrantes desenvolverem a coesão. As atividades que você escolhe para ajudar a treinar sua equipe podem ser de grande benefício para atingir seus objetivos de treinamento, se você planejar as atividades pensando em sua equipe. Além de serem relevantes, as atividades deveriam ser interessantes e adaptadas ao caráter e à personalidade de sua equipe. O treinamento deveria enfatizar o crescente domínio de habilidades específicas que capacitarão os integrantes a desenvolverem posteriormente soluções práticas para apoiarem tanto a equipe quanto os objetivos organizacionais. Antes do treinamento real, enfatize seu papel como facilitador que deseja guiá-los pelo treinamento que eles mesmos escolheram e planejaram. Sugira que eles todos sejam abertos, estejam relaxados e animados em passarem esse tempo juntos.

> *O treinamento de equipe é uma boa oportunidade para você e seus integrantes desenvolverem a coesão.*

Recompense sua Equipe

Demonstre que você aprecia os membros de sua equipe recompensando-os externa e internamente. O sistema de recompensa será mais discutido no próximo capítulo, sobre motivação, mas há alguns pontos específicos que você pode observar agora. Uma vez que você está realmente interessado no desempenho da equipe, deve basear suas recompensas externas nas realizações da equipe, e não nos indivíduos. Essas recompensas externas são muitas, como as bonificações tradicionais, certificados e reconhecimento público. Descubra as recompensas que mais motivam sua equipe e integre-as ao seu sistema de recompensa.

Recompensas Internas

O mais importante ao ser um líder envolvido, atencioso e comprometido é que você permitirá que seus integrantes criem para si mesmos recompensas internas, que algumas pessoas valorizam muito mais que praticamente qualquer coisa que possa ser concedida a eles. Sentimentos de orgulho, pertinência, auto-estima e propósito motivarão as pessoas a um excelente desempenho. Também os sustentarão quando sua equipe enfrentar desafios difíceis.

Reuniões Efetivas

Para cumprir efetivamente com seus deveres de liderança, você deve atrair os membros da equipe em torno de objetivos específicos e então guiá-los para um desempenho destacado. Reuniões são uma forma excelente de fazer isso. As reuniões podem ser rápidas ou demoradas, programadas ou repentinas, e conduzidas com muitas ou poucas pessoas. Para um líder, as reuniões são mais que um método para promover comunicações, resolver problemas ou gerenciar prioridades. Uma reunião, no contexto mais amplo, é um meio de você exercer com eficiência suas responsabilidades de liderança trabalhando perto dos outros em um ambiente de equipe. É

Reuniões são uma forma excelente de atrair a equipe em torno de objetivos específicos e então conduzi-los ao desempenho destacado.

com freqüência a forma básica que você, como líder, se comunica coletivamente com os membros de sua equipe, resolve conflitos, solicita opiniões e guia os esforços do grupo.

Muito provavelmente você possa relembrar de ocasiões em que você e os outros disseram que essas reuniões são formas ineficientes de conduzir o trabalho, uma perda de tempo, e simplesmente foros para os participantes que têm opinião dominarem a discussão. Você pode até ter desejado que as reuniões fossem banidas para sempre. Pode ajudar, portanto, identificar razões para as reuniões não funcionarem.

Reuniões Não Produtivas

Às vezes, as reuniões podem não ser a resposta certa para um problema. Primeiro, não use reuniões apenas para distribuir ou repassar informações. Em vez de pedir a dez pessoas para cederem duas horas de seu tempo, em um custo total de 20 horas de

Trabalho em Equipe

trabalho, escreva um memorando ou envie informações por e-mail. Segundo, as reuniões não são, com freqüência, o melhor meio de verificar o progresso em atribuições individuais se elas desperdiçam tempo dos participantes que devem ouvir atualizações de rotina que não lhes dizem respeito. Você pode querer, de vez em quando, que os colegas de equipe ouçam o que está ocorrendo uns com os outros, pois isso pode promover a comunicação e a formação da equipe. Faça um esforço, entretanto, para ter atualizações individuais dos membros da equipe em seus locais de trabalho, em seu escritório ou pelo telefone. Terceiro, evite ter uma reunião que envolva todos os membros, se um grupo menor puder atender e resolver as questões mais efetivamente. Finalmente, não use uma reunião para procurar opiniões e comentários sobre idéias importantes se os participantes não tiveram tempo para formar suas opiniões adequadamente ou para analisarem informações relevantes. Em vez disso, avise-os com antecedência sobre as idéias e envie informações para lerem antes da reunião.

Com muita freqüência, as reuniões são propostas para discutir questões insignificantes. Reuniões programadas regularmente, como a reunião semanal, podem ser úteis se há questões significativas para discutir ou resolver. Elas também permitem que os participantes se programem mais efetivamente, sendo capazes de planejar sua participação. É melhor para você, como líder, entretanto, avaliar rotineiramente os tópicos um ou dois dias antes de cada reunião. Se você descobre que há necessidade da reunião, mantenha-a programada. Se não, cancele-a; a equipe apreciará imensamente sua consideração e ação decisiva.

Os facilitadores de reuniões às vezes não estabelecem ou mantêm controle delas. Se os participantes percebem que a reunião não tem estrutura e controle, ou que o líder permite que indivíduos extrovertidos dominem a discussão, então alguns participantes perderão interesse, ficarão distantes ou não contribuirão durante a reunião.

Apesar da má experiência que você e outros podem ter tido, as reuniões efetivas são essenciais para o sucesso da organização e para os indivíduos que precisam executar o trabalho com a assistência de outras pessoas. Embora muito trabalho possa ser feito por o telefone, videoconferências e e-mail, a comunicação face-a-face envolvida em reuniões periódicas é crucial.

Aqui estão seis sugestões para fazer suas reuniões úteis e efetivas, quer você as conduza ou participe delas.

Use uma Pauta

Se você determina que precisa realmente da reunião, publique e distribua com antecedência uma pauta detalhada — e então a siga durante a reunião. Uma pau-

Se você determina que precisa realmente da reunião, publique e distribua com antecedência uma pauta detalhada — e então a siga durante a reunião.

ta não só lembra os participantes da próxima reunião, mas também lhes dá antecipadamente conhecimento dos tópicos, de modo que eles possam se preparar para a reunião e contribuir mais efetivamente. Se você está planejando uma reunião extensa de várias horas, circule uma pauta proposta de modo que os principais participantes possam prover seus comentários e tópicos sugeridos. A pauta também lhe dá autoridade durante a reunião para discutir os tópicos — e somente aqueles tópicos — e para se manter dentro do programa.

Mantenha o Curso

Encoraje a participação buscando comentários de todos os participantes, evitando habilmente que qualquer um domine a discussão com suas próprias preocupações. Limite as digressões. Se você está conduzindo a reunião, é aconselhável evitar participar diretamente na avaliação de sugestões, de modo a encorajar os outros a participar mais livremente. Entretanto, manifeste-se para guiar a reunião, esclareça questões ou faça uma boa sugestão. Avalie seu progresso durante a reunião para ver se você está seguindo sua pauta e progredindo para atingir os objetivos da reunião. Facilite a reunião fazendo perguntas proeminentes e que gerem esclarecimentos, ou fazendo afirmações que façam o seguinte:

- Encoraje a participação: "O que você acha da idéia, Alyssa?"
- Reformule comentários: "Então, Max, você quer sessões de *brainstorming*, como Colette faz?"
- Recompense participantes: "Boa idéia, Linda."
- Limite digressões: "Vamos ver, já que esse tópico importante não está em nossa pauta e nosso tempo é limitado, deveríamos programá-lo para a próxima vez. Como isso lhe parece, Eric?"
- Preserve a civilidade: "Pessoal, vamos abaixar o volume enquanto Alan está falando."
- Mantenha a ordem: "Um momento, Ross; vamos acabar de ouvir o Warren."
- Cause ação: "Lindsey, você e Kelley podem perguntar ao revendedor sobre essa questão?"
- Resuma a discussão: "Estamos de acordo que as questões financeiras são nossa prioridade?"

Termine a Reunião de Forma Positiva e Assertiva

Antes de encerrar, agradeça a todos por sua valiosa participação e peça a cada pessoa para fazer um breve comentário de ações ela tomará, ou o que acha importante. Indique na pauta que você planeja solicitar comentários, de modo que eles não fiquem surpresos durante a reunião. Encerre a reunião mencionando qualquer ponto-chave que tenha sido omitido das sínteses individuais e termine com uma afirmação positiva sobre como você valoriza o alto nível de seu envolvimento. Lembre-se de reter suas notas de reunião de modo que você possa lembrar delas mais tarde. Se for benéfico a você ou aos participantes, prepare um resumo da reunião para distribuir.

Atenção aos Detalhes

Preste atenção a todos os detalhes, como enviar avisos em datas oportunas, iniciar pontualmente, convidar apenas aqueles que são necessários, programar intervalos e escolher a sala de reunião. As reuniões são mais efetivas quando a temperatura é confortável, não há ruídos que provoquem distração e a sala está limpa. A cada poucas reuniões, peça a alguém para avaliar como a reunião fluiu. Embora como líder você possa acreditar que as reuniões estejam indo bem, convém perguntar a um participante para que ele confirme ou refute suas impressões da reunião.

Participe Ativamente

Se você não está conduzindo a reunião, seja um contribuinte ativo, envolvido e informado. Se você tem alguma coisa relevante a dizer, diga-a com convicção. Se você tiver uma pergunta, faça-a, porque provavelmente alguém mais esteja pensando na mesma questão. O líder da reunião precisa de sugestões positivas e de experiência valiosa. Sua presença não é benéfica se você ler material não relacionado, distrair quem estiver falando ao conversar em voz alta com os outros, oferecer comentários negativos ou irrelevantes, ou cochilar.

Estabeleça Objetivos

Quando você é apenas um participante da reunião e não é o líder, identifique antes as formas específicas da reunião em que esta pode servir a seus objetivos, e então participe ativamente para assegurar que suas necessidades sejam consideradas e seus objetivos sejam atingidos. Você pode ter pouca opção quanto a ir ou não à reunião, mas se ela estiver programada, poderá usá-la para atingir objetivos relacionados ao seu trabalho, resolver problemas antigos, determinar as opiniões de outros participantes ou ganhar a cooperação dos outros. Lembre-se de pensar em soluções, e não em problemas. Ter um foco tão positivo lhe dará o ímpeto para usar a reunião para ajudá-lo a fazer seu trabalho.

Lembre-se de que, por definição, um líder é aquele que consegue que as coisas certas sejam realizadas na hora certa, com a assistência de outras pessoas. Essas outras pessoas são sua equipe, quer sejam pessoas que você supervisiona, pares ou colegas voluntários, membros do *staff* organizacional, clientes ou familiares. Então, nem sempre você será o líder, mas em todos os casos estará falando com os outros para atingir um objetivo comum. A liderança por meio do trabalho em equipe implica que você pode angariar as habilidades e os talentos de outras pessoas para criar um ambiente onde o sucesso se torne contagiante.

Resumo, Questões e Exercício

Resumo

Existem várias razões para o líder promover o trabalho em equipe na organização, uma delas refere-se à autonomia que uma equipe tem, facilitando o trabalho, pois necessitam de menos supervisão. A atuação em equipe promove maior satisfação no trabalho, pois existe troca de idéias e talentos que geram melhores resultados coletivos, maior produtividade, inovação e segurança.

Vale considerar também que as equipes nem sempre são necessárias e, para isso, dois motivos devem ser analisados: o primeiro é se o seu pessoal tem objetivo comum que possa ser atingido por meio de um sistema de interdependência mútua, o segundo motivo é que as equipes podem não ser necessárias para aprimorar o desempenho organizacional.

Uma estrutura de equipe é um compromisso importante de todos, pois envolve mudanças de atitudes, processos de trabalho e relações interpessoais, por isso é fundamental o líder ter consciência de que, para desenvolver o senso de equipe, é necessário planejar, organizar e otimizar a equipe, e que os objetivos da equipe serão o ponto comum para o alinhamento dos integrantes.

Existem três tipos de equipes, são elas: equipes de solução de problemas, que são orientadas para o processo e estão interessadas em chegar a uma solução; equipes de implementação, que se comprometem com a execução eficiente e exata do plano de trabalho; e as equipes de inovação, que são responsáveis por buscar maneiras novas e criativas de fazer as coisas e aprimorar processos.

Existe um esquema de nove etapas que auxiliam o líder para a formação de uma equipe que atue com rapidez e eficácia. São elas:

- Selecione os integrantes da equipe.
- Determine os objetivos da equipe.
- Ensine a atitude de equipe.
- Discuta os processos e detalhes da equipe.
- Revise os objetivos e desenvolva uma declaração da missão.
- Desenvolva um plano.
- Determine e atribua papéis e responsabilidades de equipe.
- Obtenha comprometimento.
- Construa a confiança, a pertinência e o espírito de equipe.

A liderança por meio do trabalho em equipe consegue angariar as habilidades e os talentos de outras pessoas para criar um ambiente de entusiasmo, comprometimento e crescimento, onde o sucesso se torna contagiante.

Questões:

1. O que é equipe e quais as configurações em que ela pode acontecer?
2. Qual a correlação entre trabalho em equipe e distribuição de poder?
3. Explique a seguinte proposição: "As equipes nem sempre são necessárias".
4. De que maneira o estabelecimento de objetivos pode contribuir para a formação de uma equipe?
5. Quais as etapas que um líder deve seguir para constituir uma equipe bem-sucedida?
6. Um dos principais fatores para o sucesso da constituição de uma equipe é o alinhamento das atitudes. Relacione algumas atitudes-chave para a formulação de uma verdadeira equipe.
7. Para uma equipe com alto desempenho, é fundamental a determinação de papéis e responsabilidades. Como isso deve ser feito pela liderança?
8. O conflito é inevitável na vivência da equipe. De que forma é possível fazer do conflito algo funcional e construtivo?

Exercício:

Faça uma pesquisa com cinco pessoas, perguntando a diferença entre agrupamento, grupo e equipe. Correlacione as respostas com os conceitos estabelecidos neste capítulo.

Capítulo 12

Motivação

Andy, executivo de uma empresa, acredita que sua equipe de colaboradores imediatos precisa de mais motivação. Ele sabe que tem um belo grupo de realizadores, mas não tem tantos profissionais excelentes que estejam tentando constantemente estabelecer altos objetivos. O que ele pode fazer? Cabe a ele a responsabilidade de motivá-los?

A motivação descreve as razões para as pessoas agirem da forma como o fazem. Motivação é um estado intensamente pessoal e emocional pelo qual um indivíduo se sente compelido a agir por inúmeras razões ou necessidades. É por causa dessas razões e necessidades que as pessoas fazem um trabalho superior, não completam uma atribuição, se oferecem a fazer hora extra sem pagamento ou saem de uma organização descontentes. Então, quando você aponta por que seus funcionários fazem o que fazem, está mais perto de estabelecer a motivação deles.

Você não pode mudar as motivações dos outros nem criar novas por si mesmo; os indivíduos precisam fazer isso internamente. Seu objetivo primário é entender as necessidades gerais de seus funcionários, bem como suas necessidades específicas em termos de tarefas e responsabilidades. Quanto mais você puder atender a essas necessidades, mais provavelmente terá funcionários motivados que terão êxito.

Seu Papel na Motivação

Como líder, não se contente com funcionários ou integrantes de equipe que sejam motivados a fazer sua tarefa adequadamente. Você quer que eles sejam os mais motivados e cheios de energia possível, porque é assim que você implementa sua estratégia, negocia a certeza da mudança e atinge enormes sucessos. Uma equipe comprometida e entusiasmada superará obstáculos de todos os tipos para atingir seus objetivos. Embora seja parte do seu trabalho, você não é basicamente responsável por motivar seus funcionários para esse desempenho bem-sucedido no trabalho — é tarefa deles motivarem-se. Você é responsável, no entanto, por criar e manter um ambiente onde os funcionários tenham a oportunidade de atingir um alto grau de motivação, a se disporem a lutar para atingir seus objetivos e a quererem intensamente fazer o melhor trabalho que puderem. Esses são os propósitos para aumentar suas habilidades de motivação.

Depois de assimilar e usar o que foi discutido até então neste livro, você provavelmente terá funcionários entusiasmados que sejam motivados a fazer bem o seu trabalho. Isso porque quando os líderes assumem a autoria de suas responsabilidades e as conduzem de forma cuidadosa e bem-informada, seus funcionários já terão um nível básico de motivação, fazendo então o que é certo.

Seria um equívoco pensar na motivação como uma habilidade de liderança isolada de suas outras responsabilidades de liderança.

Seria um equívoco pensar na motivação como uma habilidade de liderança isolada de suas outras responsabilidades de liderança. A motivação de um funcionário é afetada por todas as variáveis que surgem diariamente: necessidades, emoções, condições de trabalho e desempenho, interações com as pessoas, bem como todas as questões organizacionais como moral e estrutura. No entanto, como líder, você pode afetar as motivações das pessoas por meio de determinados esforços para usar bem todas as suas habilidades de liderança: por exemplo, resolver bem problemas, treinar bem, comunicar-se bem e manter bem uma equipe. Este capítulo o ajudará a integrar essas e outras habilidades que você aprendeu, usando uma abordagem prática e sensata à motivação. Você continuará a construir suas habilidades de motivação à medida que aprender mais durante os capítulos remanescentes do livro.

Princípios Subjacentes à Motivação

Um líder influencia o comportamento individual de modo que os objetivos organizacionais possam ser atingidos por meio de esforços coordenados de muitas pessoas.

Motivação
193

O desempenho individual no trabalho é basicamente uma função de três fatores: as capacidades do funcionário, o apoio que ele recebe da organização para executar as tarefas de trabalho, e a motivação dos funcionários para fazer esse trabalho. O primeiro componente — capacidades — foi tratado no Capítulo 9, sobre a importância de treinar e desenvolver um grupo de funcionários qualificados. O segundo componente — uma premissa durante todo este livro — é o uso efetivo de habilidades de liderança e como elas podem dar contribuições imensas para o sucesso de seus funcionários. O terceiro componente de desempenho no trabalho — motivação — consiste em muitos fatores pessoais.

Embora a motivação se origine dentro do indivíduo, você pode afetá-la significativamente se entender seis princípios. Você pode usá-los para consolidar seu conhecimento de motivação e ajudá-lo a determinar as ações certas a empreender. Mais adiante, neste capítulo, serão apresentadas cinco etapas para ajudá-lo a criar e manter um ambiente de alta motivação.

Estes são os seis princípios subjacentes à motivação que os líderes devem entender:

- As pessoas preferem recompensas positivas à punição.
- O mau uso de recompensas leva as pessoas a agir inadequadamente.
- Contribuições significativas inspiram as pessoas.
- As pessoas perseguirão um objetivo válido e tangível.
- As pessoas devem acreditar e valorizar suas promessas de recompensa.
- As pessoas querem que seus líderes ajam como líderes.

As Pessoas Preferem Recompensas Positivas à Punição

Quase sempre é melhor reforçar sua orientação e diretrizes com a promessa de uma recompensa que com a ameaça de punição. A punição é pensada freqüentemente te em termos duros, embora não tenha de ser dura em termos do ambiente de trabalho; o termo reflete com exatidão uma conseqüência que poderia variar de leve a dura. Tanto a atração pela recompensa quanto a certeza de uma punição agem como incentivos, coisas que fazem uma pessoa agir. Uma vez que isso é verdade, não se assuste ao saber que as pessoas agem antes de mais

Quase sempre é melhor reforçar suas orientações e diretivas com a promessa de uma recompensa que com a ameaça de punição.

nada por interesse próprio, e não pelos seus ou da organização. Isso não significa que seus funcionários sejam de segunda linha por serem egocêntricos — é apenas um fato da natureza humana.

As recompensas que você oferece, as quais variam em importância para cada indivíduo, devem ser de benéficas e valiosas para as atuais prioridades profissionais e pessoais de seus funcionários, não as da organização. Se você quer que alguém trabalhe com dedicação em um projeto só porque a organização colherá mais lucros, isso não necessariamente aumentará a motivação de seu funcionário. Para assegurar uma oportunidade motivacional, você deve relacionar de alguma forma o projeto a uma recompensa individual que agirá como um incentivo positivo à pessoa, como uma parte dos lucros da empresa, um aumento no valor das ações da empresa (se eles tiverem ações), reconhecimento pessoal ou tempo de folga do trabalho.

Seja claro sobre a punição. Você pode precisar dela como um incentivo negativo, para assegurar que alguns funcionários tomem medidas que você quer que sejam tomadas. No entanto, não é um meio efetivo de manter a alta motivação. Não puna funcionários por eles terem tomado uma iniciativa e por tentarem fazer o trabalho, embora fracassem na primeira tentativa. A motivação pelo medo não é algo que você queira fazer. Se você tiver de punir, faça porque eles tomaram uma iniciativa, mas estão tendo um desempenho consistentemente fraco, mostrando más atitudes ou se portando de maneiras indesejáveis. Não tenha medo da punição; você precisa dela como parte de seu sistema geral de motivação. Como a recompensa, a punição tem níveis de intensidade a escolher, que variam de uma conversa moderada indicando seu descontentamento, até ações progressivamente sérias, como reprimendas por escrito e demissão.

É fundamental que você não recorra demais à punição, apelando a ela a cada ocorrência indesejável no local de trabalho. Essa abordagem só pode inspirar mais comportamento negativo ou amargura. A maior parte de seus funcionários não exige incentivos negativos para ter um bom desempenho; no entanto, eles devem saber as conseqüências das discrepâncias no desempenho e acreditar que você aplicará firmemente os mesmos padrões justos a todos. Por exemplo, se eles sabem que perderão seus empregos se recorrentemente chegarem atrasados para o trabalho, eles se motivarão a ser pontuais. No entanto, neste exemplo, é melhor você desenfatizar os aspectos punitivos de chegar tarde e enfatizar as recompensas pela pontualidade.

O Mau Uso de Recompensas Leva as Pessoas a Agir Inadequadamente

Recompensas positivas encorajarão as pessoas a dar o melhor de si porque é de seu interesse fazer isso. Quando os líderes utilizam mal as recompensas, no entanto, esses incentivos tornam-se desincentivos que impedem as pessoas de agir adequadamente. Por exemplo, uma empresa estabelece bonificações aos funcionários como sistema de recompensa. Entretanto, se um líder ameaça cancelar o sistema de bonificação caso os seus funcionários não tenham um bom desempenho, ele os desencoraja e afeta negativamente a confiança que foi estabelecida. Outros usos inadequados incluem o uso excessivo de elogios ou do crédito por um serviço bem feito para a pessoa errada. Os funcionários vêem as boas relações com seu líder como um incentivo e esperam que o líder aja consistentemente, de forma madura e responsável. Quando os líderes ignoram responsabilidades ou contradizem boas práticas de liderança, muitos funcionários perdem a esperança, o entusiasmo e a motivação para fazer um bom trabalho.

Contribuições Significativas Inspiram as Pessoas

Quando as pessoas acreditam que o que estão fazendo é importante, se sentem bem com seu trabalho e o farão com entusiasmo e determinação. Eles acreditarão que a organização, seu chefe e seus colegas dependem deles para fazer o trabalho o melhor possível, porque ele é crucial para o sucesso de todos. Uma vez que seu trabalho é importante, eles se motivarão a fazê-lo bem porque se sentem importantes. Se não acreditarem que seu trabalho envolve responsabilidade ou contribuições significativas, eles muito provavelmente diminuirão a qualidade ou não se portarão como participantes de equipe.

Quando trabalho significativo e desafiador é combinado com a oportunidade de participar da tomada de decisões no local de trabalho, seus funcionários têm incentivos poderosos para manter um alto nível de motivação.

Quando um trabalho significativo e desafiador é combinado com a oportunidade de participar da tomada de decisões no local de trabalho, seus funcionários têm incentivos poderosos para manter um alto nível de motivação.

As Pessoas Perseguirão um Objetivo Respeitável e Tangível

Quando os funcionários acreditam fortemente que podem atingir um objetivo que valha a pena, é mais provável que o persigam com vontade e façam o possível para atingi-lo. Isso lhe mostra o quanto você é fundamental como líder quando guia seus funcionários a esperar atingir objetivos justos e desafiadores. Isso, por sua vez, promove um compromisso valioso para com você e sua organização. Como será discutido em todo este livro, você deve assegurar que os funcionários entendam o que eles devem fazer e por que devem fazer. Uma maneira efetiva de fazer isso é comunicar-se claramente com cada funcionário durante as sessões de treinamento e de estabelecimento de objetivos.

As Pessoas Devem Acreditar e Valorizar suas Promessas de Recompensa

Um vínculo firme de confiança entre você e seus funcionários é fundamental para mantê-los motivados. Se eles sabem que você fará o que promete, então não duvidarão de você. Essa confiança fará seus funcionários formarem conclusões positivas sobre o que esperar sob sua liderança. Além de acreditarem em sua promessa de recompensa, os funcionários devem valorizar e desejar a recompensa que você oferece. Se isso não acontecer, a falta de atração pela recompensa não os estimulará a empreenderem esforço para atingi-la.

As Pessoas Querem que seus Líderes Ajam Como Líderes

A maioria das pessoas não gosta de incerteza, indecisão, desorganização ou falta de direção em um líder. Elas se sentem desmotivadas a fazer grandes coisas quando acreditam que ninguém está no comando, que o líder não liga para as necessidades delas nem as reconhecem, ou que o líder não liga para seus comentários tentando ajudar os objetivos organizacionais. Seus funcionários e membros de equipe contam com você não só para prover direção e propósito claros, mas também para não recuar quando você se confronta com decisões complicadas ou dificuldades.

> *É fundamental, portanto, que você entenda a importante conexão entre a motivação de seus funcionários e o exercício de suas responsabilidades de liderança.*

É fundamental, portanto, que você entenda a importante conexão entre a motivação de seus funcionários e o exercício de suas responsabilidades de liderança. Todas as suas habilidades de liderança são componentes vitais de um ambiente altamente motivador e em bom funcionamento. Poucos esperam que você faça tudo corretamente, mas eles esperam que você faça o melhor que puder, uma vez que é o líder. É animador e reconfortante que você entenda sua missão. Eles querem que você determine as coisas certas a fazer e mostre o caminho; então eles o seguirão.

Objetivos Motivacionais para Líderes

Agora que você entende os princípios básicos da motivação, pode usar esses cinco objetivos para criar e manter um ambiente de alta motivação.

- Saiba o que motiva seus funcionários.
- Seja um líder sensível.
- Recompense adequada e imediatamente e de maneira justa.

- Recompense o comportamento desejado e puna o indesejado.
- Elimine os fatores desmotivadores.

Saiba O Que Motiva Seus Funcionários

Uma vez que as pessoas são motivadas por coisas diferentes, descubra o que motiva cada um de seus funcionários ou membros de equipe e use essa informação para sustentar um alto estado de motivação. Se você se comunica bem com seus funcionários, naturalmente pode descobrir as esperanças e sonhos deles, juntamente com suas necessidades e valores essenciais. Você pode descobrir talentos e capacidades que foram suprimidos, mas que agora podem ser usados para o benefício de ambos, seus funcionários e a organização. As motivações ganham forma não só pela experiência pessoal e profissional, idade e tempo no trabalho, mas também por expectativas do que acontecerá quando eles desempenham o trabalho sob a sua liderança. Uma vez que você determina o que motiva seus funcionários, modifique seus sistemas de recompensa formal e informal de modo que você possa recompensar efetivamente seus funcionários com base no que eles valorizam.

Recompensas Informais

Nem todas as pessoas são motivadas pelas recompensas formais usuais, como aumentos automáticos de pagamento, benefícios e contas de despesa. Algumas são mais motivadas pelas recompensas informais existentes ou que você, como líder, pode começar a oferecer. Por exemplo, alguns funcionários gozam de uma noção de controle de suas funções que não tinham antes. Para outros, pode ser o apoio reconfortante de colegas que os ajuda a atingir seus objetivos. Essas recompensas e benefícios informais podem ser extrínsecos, sendo dados por outros, como reconhecimento ou tratamento justo. Outras vezes, as recompensas são intrínsecas, o que significa que são basicamente internas, como sentimentos de auto-estima e de satisfação por um trabalho bem-feito.

Ficar em contato com as motivações de seus funcionários lhe permitirá reagir rapidamente quando você notar que as necessidades deles mudaram ou foram satisfeitas, de modo que você possa encontrar novos motivadores. O que motiva um indivíduo este mês pode não motivá-lo no próximo. Ao saber o que motiva seus funcionários, você será sempre capaz de alinhar as necessidades deles às necessidades da organização. Você faz isso ajudando os funcionários a ver exatamente como eles podem satisfazer suas necessidades, sendo uma parte produtiva de sua organização — uma situação em que tanto você quanto eles saem ganhando.

Quando você sabe mais sobre seus funcionários, os entende melhor. Saiba detalhes sobre a família de cada funcionário, como os nomes do cônjuge e filhos,

Ficar em contato com as motivações de seus funcionários lhe permitirá reagir rapidamente quando você notar que as necessidades deles mudaram ou foram satisfeitas, de modo que você pode encontrar novos motivadores.

desafios que a família enfrenta e o que faz como recreação. Esses são detalhes realmente pessoais, mas os grandes líderes sabem essas coisas de seus funcionários, e seus funcionários provavelmente querem que você os conheça; se não, eles lhe dirão. Lembre-se desses detalhes, anote-os, e consulte suas anotações periodicamente, de modo que você possa usá-las em conversas com seus funcionários.

Seja um Líder Sensível

Seus funcionários são, acima de tudo, indivíduos. Cada um deles é sensível em diferentes graus e exigirá, portanto, quantidades variáveis de atenção. Por exemplo, as pessoas reagem de modos diferentes a críticas ou à falta de elogios. Algumas precisam de comentários periódicos seus sobre como estão fazendo seu trabalho ou acharão que você as está ignorando. Alguns funcionários sentem-se insultados se você começar a discutir o trabalho sem dizer "Bom-dia", ou se não disser "Por favor" ao pedir ajuda. Muitos altos realizadores sentem-se deixados de lado se você passar mais tempo de seu treinamento com aqueles que têm fraco desempenho do que com eles.

Ser agradável com seus funcionários os ajudará a manter um alto estado de motivação, se elogios forem usados em conjunto com boas habilidades motivacionais; ser agradável, por si, não representará muito. Se você for perceptivo, solidário e compreensivo com a sensibilidade dos outros, seus funcionários o verão menos como ameaça e mais como um aliado. Se você valorizar e respeitar seu relacionamento com a equipe e não achar que isso acontece naturalmente, os ajudará a atingir altos níveis de motivação.

Recompense Adequada e Imediatamente e de Maneira Justa

Há várias maneiras de estruturar um programa de recompensas e reconhecimento. Para fins de um líder, tal programa inclui qualquer meio formal ou informal de reconhecer um funcionário que tenha tido um bom desempenho no trabalho. Vários livros estão disponíveis sobre este tópico; alguns até citam centenas de recompensas que você pode dar àqueles no trabalho. Os pontos-chave a lembrar são recompensar adequadamente, de imediato, e com justiça.

Recompensas adequadas incluem um conjunto de prêmios externos e internos suficientemente grandes para motivar todos os seus funcionários a grandes realizações. Além de usar recompensas monetárias como bonificações, pagamento de incentivo ou prêmios em dinheiro, é importante incluir outros tipos de recompensas. Estas poderiam incluir o reconhecimento público, tempo de folga do trabalho ou presentes. Varie as recompensas usando algumas que se relacionam ao trabalho, como seminários ou treinamento profissional, e algumas não relacionadas, como uma viagem no fim de semana ou um almoço. Provavelmente a recompensa mais apreciada que você pode dar a alguém é um simples elogio ou um "obrigado" que venha do coração.

> *Recompensas adequadas incluem um conjunto de prêmios externos e internos suficientemente grandes para motivar todos os seus funcionários a grandes realizações.*

Os tipos de recompensa que você dá se baseiam no que você quer atingir, no que funciona melhor para a cultura de sua organização, o que é financeira e operacionalmente viável, e que sugestões você solicita de seus funcionários. Como discutido no capítulo anterior, se os seus funcionários são organizados como equipe, as recompensas devem se basear primariamente nas realizações da equipe. Se a sua organização depende fortemente de contribuições individuais, recompense os indivíduos. Para manter todos orientados para os seus objetivos estratégicos, você pode ligar recompensas de longo prazo ao desempenho de longo prazo, como crescimento, e não a ganhos ou vendas a curto prazo.

Recompense assim que possível, logo depois da realização, para incentivar a repetição do comportamento. Por exemplo, se você reconhece alguém como funcionário do ano, é óbvio que deve fazer isso anualmente, assim que o concurso termine. Com atividades mais freqüentes, como concursos de vendas mensais ou projetos periódicos, vincule a recompensa à culminação de cada atividade. Para manter o vencedor motivado, os outros animados com a próxima premiação e o alto nível de desempenho de todos, dê a recompensa assim que possível, depois que a realização for reconhecida. Recompensas informais podem ser mais espontâneas, como quando você elogia um funcionário por um excelente trabalho ou por uma grande idéia.

Um motivador excelente é estabelecer um objetivo para si, de elogiar todos os seus funcionários ou membros de equipe de alguma forma, várias vezes por dia. Se você pensa nisso, a maioria das pessoas faz coisas boas durante o dia. Não seria excelente mostrar àqueles que o cercam que você os valoriza? Seus funcionários querem saber quando estão fazendo um trabalho excelente; uma forma de assegurar que eles saibam disso é dizer a eles. Você não precisa oferecer elogios efusivos toda vez. Frases simples como "Você fez um excelente trabalho", "Estou orgulhoso de você", ou "Aprecio o que você fez", impressionarão o suficiente.

O sistema de recompensas deve ser concebido e dirigido de forma justa. Isso porque as pessoas farão comparações de suas experiências com o sistema de recompensas com as experiências que as outras pessoas têm com ele. Naturalmente, elas ficarão descontentes se perceberem desigualdades ou se as recompensas não forem disponíveis a todos igualmente. Áreas de preocupação incluem sistemas de recompensa que são complicados demais, que não são adequados para seu setor específico, que não refletem diferenças em áreas geográficas, ou que não recompensam o desempenho desejado, acima do baixo desempenho.

Embora você possa não ter responsabilidade primária pelo sistema formal de recompensa da organização, pode fazer comentários influentes às pessoas que fazem isso. À medida que você detecta desigualdades ou inconsistências no sistema de recompensa que afeta a motivação de seus funcionários, leve soluções para as autoridades responsáveis. Você precisa resolver essas questões porque se não recompensar adequadamente sua equipe, verá um aumento no comportamento de desempenho indesejável.

Recompense o Comportamento Desejado e Puna o Indesejável

Parece óbvio, mas lembre-se de cumprir suas promessas de recompensa e ameaças de punição. Seus funcionários entenderão a mensagem um pouco mais rápido quando suas ações apóiam as palavras. Quando os funcionários têm um desempenho satisfatório, reforce esse comportamento recompensando-os de alguma forma.

Recompensando da Forma Certa

Para fortalecer a motivação deles e encorajá-los a atingir desempenhos incríveis, é fundamental ter um tipo de sistema de mérito em que seus funcionários recebam mais recompensa quando têm um desempenho melhor que o padrão. A chave é recompensar o comportamento desejado individual ou da equipe que você quer. Se você quer um comportamento íntimo e cooperativo da equipe, não recompense excessivamente o desempenho individual dentro da equipe. Se você precisa de criatividade, então ofereça incentivos para sua equipe dar sugestões criativas.

É importante punir de algum modo um comportamento indesejável e deter repetições informando claramente as pessoas quando seu comportamento está errado. Se você não as punir, estará recompensando seu comportamento negativo e

Motivação 201

dando a elas a mensagem que o comportamento indesejável delas é permitido. É mais provável, portanto, que elas repitam esse comportamento.

Elimine os Fatores Desmotivadores

Quase tudo no ambiente de trabalho pode afetar o nível de motivação de uma pessoa. Uma parte de seu trabalho é identificar continuamente e eliminar os desmotivadores que causam insatisfação. Os desmotivadores podem incluir políticas e procedimentos que são rígidos, controladores ou que não têm sentido; um sistema de recompensas e benefícios que seja formal demais; o sistema de gestão de carreira; ou mesmo o ambiente de trabalho em si. Se você vir um problema, não o ignore, mas procure encontrar sua solução.

Simplesmente remover desmotivadores não criará necessariamente motivação, mas poderá levar a um ambiente de trabalho mais positivo que ajudará a eliminar a negatividade entre seus membros de equipe. Isso poderá, eventualmente, levar a níveis mais altos de satisfação em sua organização.

Quando seus funcionários e membros de equipe evoluírem a ponto de ficarem animados e entusiasmados em contribuir, em serem membros responsáveis de uma organização vencedora, você terá uma equipe realmente motivada. Seus esforços de liderança terão criado uma abundância de recompensas internas tão importantes quanto qualquer recompensa externa.

Resumo, Questões e Exercício

Resumo

O líder tem um papel fundamental no processo motivacional dos funcionários, por mais que ele não possa mudar as motivações dos outros nem criar novas por si mesmo. Cabe ao líder entender as necessidades gerais e específicas em termos de tarefas e responsabilidades de seus funcionários e criar um ambiente onde eles tenham a oportunidade de atingir um alto grau de motivação.

A motivação de um funcionário é afetada por muitas variáveis presentes no dia-a-dia, tais como necessidades, emoções, condições de trabalho e desempenho, interações com as pessoas e, somadas a isso, todas as questões organizacionais, como moral e estrutura.

Para uma atuação mais eficaz no processo de motivação da equipe, o líder precisa ter conhecimento de que o desempenho do funcionário no trabalho é basicamente uma função de três fatores, que são: as capacidades do funcionário; o apoio que recebe da organização para executar a tarefas; e as motivações para fazer esse trabalho.

Dentro dessa perspectiva existem seis princípios subjacentes à motivação que os líderes devem entender para criar um ambiente motivacional no trabalho. São eles:

- As pessoas preferem recompensas positivas à punição.
- Recompensas mal utilizadas levam as pessoas a agir inadequadamente.
- Contribuições significativas inspiram as pessoas.
- As pessoas perseguirão um objetivo válido e tangível.
- As pessoas devem acreditar e valorizar suas promessas de recompensa.
- As pessoas querem que seus líderes ajam como líderes.

Quase tudo no ambiente de trabalho pode afetar o nível de motivação de um funcionário, por isso o líder deve estar atento, devem identificar e eliminar continuamente os desmotivadores que causam insatisfação.

Os esforços da liderança devem apontar na direção de construir uma equipe entusiasmada em contribuir com a organização, de forma responsável e com forte grau de satisfação no trabalho realizado.

Questões:

1. O que é motivação e qual o papel do líder nesse processo?
2. Comente a seguinte proposição: "O líder não pode mudar as motivações dos outros, nem criar novas, os indivíduos precisam fazer isso internamente".
3. Qual a correlação entre necessidades, emoções, condições de trabalho, interação com as pessoas, bem como todas as questões organizacionais como moral e estrutura com a motivação?
4. Contribuições significativas inspiram as pessoas. Como isso acontece?

5. Quais os cinco objetivos para o que líder crie e mantenha um ambiente de alta motivação?
6. O que acontece quando um comportamento profissional indesejável não recebe orientações para correção ou mesmo punições justas e adequadas?

Exercício:

Pergunte para dez pessoas o que mais as motiva no trabalho. Com o resultado, faça uma comparação e verifique os fatores que mais interferem na dinâmica motivacional das pessoas.

Capítulo 13

Diversidade

A Capital Corporation emprega um programa de diversidade e seus diretores acreditam que haja eqüidade e justiça em toda a empresa. Faz vários anos desde que o programa foi instituído e John, um gerente, quer saber se devem ser feitas mudanças. O que ele pode fazer agora para verificar se o programa da empresa pode ser aprimorado? Quais as qualidades de liderança que ele deve exibir pessoalmente para promover a diversidade em seu departamento?

Diversidade significa ter diferenças. Sem dúvida, você possui diversas convicções, como a idade ou gênero mais adequados para certo tipo de profissão, pode preferir trabalhar ao lado de alguém com formação e bagagem similares. Seria ingênuo esperar que você desprezasse anos de socialização sobre a variedade de questões relacionadas à diversidade. Este capítulo não é um breve curso sobre consciência da diversidade; pretende mostrar como você pode ser um líder melhor simplesmente considerando o impacto da diversidade em suas responsabilidades, e então tomando medidas para capitalizar sobre a diversidade que você tem no local de trabalho. Como acontece com todas as habilidades de liderança, você pode usar essas idéias e habilidades de diversidade em qualquer organização onde tenha um papel de liderança, como no trabalho, em sua comunidade ou na família.

Seus objetivos de diversidade como líder são dois:

- Mostrar pessoalmente e fazer com que seus funcionários demonstrem compreensão, aceitação, respeito e tolerância, por meio de seu comportamento e atitude, para com grupos diversos.
- Usar a diversidade como catalisador valioso para aumentar o desempenho e a motivação de todos os seus funcionários, de modo que eles possam atingir seu pleno potencial.

A diversidade, no que pertence ao seu papel de liderança, refere-se às diferenças entre as pessoas em sua organização em oito áreas principais:

- Gênero.
- Idade.
- Raça.
- Etnia.
- Aparência física.
- Capacidades físicas.
- Formação.
- Estilo de vida.

A Diversidade É Disseminada

As quatro últimas categorias são amplas, e conceitualmente poderiam conter dentro delas inúmeras outras classificações, como educados e menos educados, trabalhadores de fábrica e de escritório, ou praticantes de esportes e espectadores de esportes. Uma vez que a maioria das pessoas poderia alegar fazer parte de vários grupos, é realista pensar na diversidade como uma característica básica de sua força de trabalho, e não como um desafio separado que você deve lidar de modo diferente, com menos intensidade ou mais delicadamente que seus próprios deveres de liderança.

Discute-se se certas classificações de diversidade seriam mais importantes que outras. Alguns acadêmicos dão mais importância a gênero e raça que a escolhas de estilo de vida e formação, porque o primeiro conjunto constitui uma parte mais permanente e significativa da vida diária. Essa linha de raciocínio conclui que as escolhas de estilo de vida, formação e capacidades são menos importantes por se supor que sejam mais fluidas e por mudarem facilmente.

Há várias razões para os líderes terem dificuldade ao tentar atribuir relativa importância a categorias da diversidade. Em primeiro lugar, os líderes não podem tomar esse tipo de decisão subjetiva com exatidão, uma vez que é o indivíduo, e não outras pessoas, que determina o valor de tais diferenças e deve decidir, por exemplo, se ele se considera um sino-brasileiro ou um jovem pai solteiro. É claro que o sistema legal o força a fazer essas distinções em certas categorias, como raça e gênero, mas isso não significa que todas as pessoas valorizem mais suas diferenças raciais do que suas diferenças educacionais, por exemplo. Em segundo lugar, uma vez que há tantas classificações concebíveis da diversidade, seria altamente impraticável e ineficaz para os líderes atribuírem uma importância relativa para cada categoria. E em terceiro lugar, se os membros de equipe considerarem que seus líderes preferem uma classificação de diversidade a outra, eles podem se ressentir com os líderes, o que pode se espalhar e criar novos problemas no local de trabalho.

> *Os líderes não devem estabelecer uma hierarquia ao pensar nas classificações da diversidade, mas devem valorizar toda a diversidade igualmente.*

Os líderes não devem estabelecer uma hierarquia ao pensar nas classificações da diversidade, mas devem valorizar toda a diversidade igualmente. Um líder eficaz usará essas diferenças para criar um ambiente melhor de trabalho para os funcionários e mais sucesso para a organização.

A Relevância da Diversidade

Você e seus colegas líderes podem não entender por que há necessidade de aprender habilidades de diversidade ou mesmo de considerar o assunto, principalmente desde que a diversidade não tenha sido vista historicamente como uma habilidade vital da liderança. Há várias razões significativas pelas quais um líder deve ir além da simples indiferença à diversidade.

Perceba que a Demografia Está Mudando Acentuadamente

A demografia da força de trabalho — seu recurso mais importante — continuará a mudar acentuadamente. Seus funcionários, pares, clientes e supervisores serão, cada vez mais, pessoas que não se encaixam convenientemente no que se considera a maioria tradicional: homens brancos casados com três filhos. Embora você possa ter notado essa mudança demográfica, pode esperar que ela seja mais pronunciada nos próximos anos.

> *Mudar a demografia o afetará profundamente, à medida que você tentar atrair e reter os melhores funcionários para sua organização.*

Essa mudança o afetará profundamente, à medida que você tentar atrair e reter os melhores funcionários para sua organização. Se você consulta organizações que prevêem as tendências demográficas na força de traba-

Diversidade   207

lho norte-americana, a maioria prevê diversidade ainda maior. Essas previsões de diversidade são semelhantes às tendências populacionais gerais esperadas, que sem dúvida afetam suas respostas ao atendimento ao cliente, marketing e interação da comunidade.

Funcionários Potenciais e Diversidade

Por causa da concorrência pelo pequeno grupo de jovens funcionários, a diversidade aumentará. Os trabalhadores, ao entrarem em uma empresa, muito provavelmente examinarão cuidadosamente como um empregador potencial lida com questões de diversidade. Essas organizações que efetivamente aproveitam ao máximo sua diversidade serão vistas como progressistas e afinadas com as necessidades da força de trabalho, enquanto aquelas organizações que não agirem dessa forma serão vistas como locais de trabalho inadequados. Isso criará, inevitavelmente, desafios para os esforços de recrutamento e retenção das organizações.

Não Ignore a Mudança

A diversidade, assim como a maioria dos desafios que você enfrenta como líder, faz parte de seu ambiente e aqui está para ficar. Embora você possa ser capaz de mudar as opiniões do cliente sobre seu produto, aprimorar a qualidade de uma instalação de manufatura ou ignorar com sucesso os críticos ao lançar um novo serviço, não pode mudar significativamente a diversidade em seu ambiente. Ignorá-la o levará a perder oportunidades para você e para sua equipe, e aumentará a insatisfação de sua força de trabalho. Como líder, você deve reagir.

Considere os Benefícios da Diversidade

O conceito de uma força de trabalho diversa segue paralelamente à discussão no Capítulo 11, de que há vantagens imensas em se ter membros de equipe que possuem uma ampla variedade de conhecimentos, habilidades e experiências. Ao buscar e utilizar ativamente as idéias, opiniões e talentos disponíveis variados, você alavancará sua força de trabalho. A diversidade, então, torna-se uma vantagem competitiva. Como resultado, você entenderá melhor as necessidades de seus clientes domésticos e internacionais, as aplicações potenciais de seus produtos e serviços novos e existentes, e as abordagens certas para visar a clientes diversos em todo o mercado.

> *Ao buscar e utilizar ativamente as idéias, opiniões e talentos disponíveis variados, você alavancará sua força de trabalho.*

Lembre-se de que um aspecto de suas responsabilidades como líder é trazer todos juntos como equipe para ter as coisas certas feitas. À medida que você refina as habilidades de liderança apresentadas neste livro, terá um tremendo progresso na formação e manutenção de uma equipe com alto desempenho. Se você incorporar questões da diversidade em suas atividades de liderança, terá mais progresso porque essas questões representam uma dimensão vital para o seu sucesso.

Quando sua equipe e outras pessoas souberem que você não só tolera, mas aceita inteiramente a diversidade deles, sua tarefa será muito mais fácil porque eles o respeitarão como líder solidário e interessado. Os integrantes de sua equipe são indivíduos com personalidades, necessidades, *status* e formações singulares. Eles reagirão melhor à sua liderança se souberem que você os valoriza pessoalmente, não apenas pelo que eles podem fazer por você e pela organização. Isso não significa que você tolere o desempenho inaceitável de funcionários porque teme que eles possam rotulá-lo como racista, sexista ou intolerante. Não significa que você tenha de reaprender todas as suas habilidades de liderança de modo que possa tratar ou liderar os integrantes de grupos diversos de modo diferente dos outros membros de sua equipe. O que significa é que você considera suas responsabilidades de liderança no contexto da diversidade dentro de sua organização. Também requer que você exerça seus deveres adequadamente, cumpra com exigências legais e trate a todos com dignidade e respeito.

Reconheça, Entenda e Reaja à Diversidade

Muitos líderes supõem que seja mais seguro tratar todos da mesma forma e evitar as questões da diversidade. Embora essa abordagem possa ter sido bem-sucedida no passado, para alguns líderes, não funciona bem como uma tática geral de liderança — e certamente não em um ambiente diverso. Como acontece com qualquer desafio de liderança, evitar geralmente não é a melhor solução porque acabará causando mais perturbações. Ignorar a diversidade e não fazer nada, portanto, levará a sérios problemas de liderança, como o aumento de conflitos interpessoais, a discriminação aberta, tensão, baixo moral, alta rotatividade e, em decorrência disso, custos financeiros maiores para a organização.

Você pode evitar ou minimizar essa possibilidade antecipando-se no tratamento das questões de diversidade. É importante que você e seus funcionários identifiquem e reconheçam as diferenças entre as pessoas em sua organização. Um ambiente onde a comunicação sobre diversidade é aberta, não fechada, estimulará o respeito pela diversidade entre seus funcionários. Isso levará a uma equipe de funcionários que se comprometerá com seus esforços de diversidade e seu desejo de sucesso organizacional.

Fundamentos da Diversidade para Líderes

Está além do escopo deste capítulo explicar plenamente diferenças entre grupos diversos, histórias sobre discriminações ou nuances culturais particulares. Você pode pesquisar essas informações com o máximo de detalhes que quiser. No entanto, é importante que você, como líder, entenda alguns fundamentos da diversidade para poder começar imediatamente a desenvolver um plano sólido de ação que trate da diversidade dentro de sua equipe ou organização. Há cinco pontos importantes a respeito da diversidade com os quais os líderes se preocupam.

É importante que você, como líder, entenda alguns fundamentos da diversidade para poder começar imediatamente a desenvolver um plano sólido de ação que trate da diversidade dentro de sua equipe ou organização.

A Diversidade Modela as Percepções das Pessoas

Embora sua equipe possa trabalhar junta nas mesmas tarefas, isso não significa que todos percebem seu trabalho da mesma forma. Sua formação e características diferentes formam suas opiniões sobre tudo, como de que modo devem executar o trabalho, quanto eles gostam do trabalho e se estão dispostos a aprimorar os processos de trabalho. Essas características e formações também afetam a capacidade que alguns têm de se concentrar no trabalho e se relacionar com outros. Isso leva a estereótipos que interferem freqüentemente na capacidade de formar opiniões objetivas sobre colegas e clientes. À medida que você conduz sua equipe, lembre-se de que cada pessoa é um indivíduo complexo com necessidades e percepções específicas.

Quotas, Ação Afirmativa e Programas de Diversidade Diferem

Uma vez que há uma confusão generalizada quanto ao sentido de certos termos, entenda a diferença entre eles para poder eliminar a confusão entre os membros de sua equipe e líderes colegas, sempre que possível.

Quotas são distribuições fixas e inflexíveis de oportunidades com base em uma classificação de diversidade, como raça ou gênero. Exemplos são posições no emprego e oportunidades de treinamento.

Ação afirmativa é um programa que tenta corrigir desequilíbrios de diversidade em posições no local de trabalho. Pode ou não incluir quotas, mas o objetivo ainda é buscar pessoas qualificadas com formações diversas.

Um **programa de diversidade** aborda diferenças entre pessoas de uma perspectiva totalmente diferente. Enfatiza naturalmente mudanças organizacionais fundamentais e pró-ativas de longo prazo, de modo que eventualmente não haja necessidade de quotas ou de ação afirmativa. Em um programa de diversidade bem-concebido, todo mundo é visto como um indivíduo com contribuições singulares a oferecer e as pessoas são julgadas quanto à qualidade dessas contribuições, e não com base em conclusões irrelevantes ou subjetivas sobre uma classificação de diversidade.

A Assimilação é Ultrapassada

Durante anos, os líderes supuseram que é melhor estimular a assimilação, a qual faz os indivíduos na organização se adaptarem aos comportamentos uns dos outros, a expressarem menos individualidade e a se tornarem parecidos ou homogêneos. Os líderes têm feito isso tratando todos da mesma forma e ignorando diferenças. Em troca, espera-se que as pessoas se conformem e sigam o exemplo de modelos de papel bem-sucedidos e de líderes dentro da organização.

A principal idéia por trás da assimilação é que é melhor tratar todos os funcionários igualmente, da mesma maneira, que tratar os membros de qualquer grupo de modo diferente. Nos anos recentes, a assimilação tem sido apoiada legalmente por programas de ação afirmativa. A assimilação também serve para manter as normas e a cultura originais da organização. Os funcionários que constituem a maioria, que são membros de grupos tradicionais, geralmente recebem bem a assimilação porque esta não é uma ameaça a eles. Freqüentemente, a assimilação continua indefinidamente dentro de uma organização, porque as políticas e os sistemas a perpetuam.

> *Uma ênfase exagerada na assimilação incentiva as pessoas que são diferentes do grupo dominante a se misturar e a suprimir sua individualidade. Isso acaba privando a organização da criatividade e de contribuições de pessoas com muito a oferecer.*

Uma ênfase exagerada na assimilação incentiva as pessoas que são diferentes do grupo dominante a se misturar e a suprimir sua individualidade. Isso acaba privando a organização da criatividade e de contribuições de pessoas com muito a oferecer. Resulta na subutilização de pessoas e em ansiedade, divisão e ressentimentos desnecessários no local de trabalho.

Certa conformidade é necessária para a sobrevivência da organização, como nas regras de segurança a seguir, aprender a usar certos tipos de equipamento ou obedecer a diretivas organizacionais. A chave é os líderes reconhecerem onde a assimilação foi longe demais e então fazerem um esforço comprometido para corrigi-la.

Uma resposta tem sido o desenvolvimento de redes de apoio para membros de grupos diversos, como uma reação natural aos efeitos repressivos da assimilação. Essas redes de contato incentivam a comunicação, o trabalho em rede e a camaradagem entre membros, e fornecem um meio para eles buscarem apoio emocional

Diversidade

e orientação que freqüentemente são indisponíveis em uma organização que encoraje a conformidade. Entretanto, essas redes regularmente não apóiam a cultura organizacional e alguns membros do grupo dominante as percebem como suspeitas ou como pontos de conflito. A ironia é que se a cultura encorajasse todos na organização a participar e contribuir, apesar de suas diferenças, haveria muito menos necessidade dessas redes.

Se quiser, como líder, você pode desacelerar consideravelmente a assimilação por meio de um esforço amplo e comprometido. Enfatize as forças de todos os seus funcionários os incentive a ter mais sucesso. Reconhecendo os benefícios da diversidade, você pode redirecionar seus esforços para capitalizar os talentos e conhecimentos específicos variados de seus funcionários, em vez de forçá-los a se uniformizarem. Você verá um rápido aumento na consciência cultural por causa da maior interação e do menor isolamento entre os grupos diversos. Isso, por sua vez, promoverá a cooperação, a confiança e o entendimento. Você acabará tendo indivíduos mais realizados, que construirão uma organização bem-sucedida e harmoniosa.

Efeitos Organizacionais

O comportamento que incentiva a homogeneidade e a assimilação, ocorrendo há anos em muitas organizações, afeta o sucesso a longo prazo da organização. Por exemplo, se grupos dominantes em sua organização estabelecem políticas e procedimentos do nada, sem a assistência de outros, as soluções resultantes provavelmente não serão as melhores, e podem não atender às necessidades dos funcionários que diferirem das normas dominantes ou de seus clientes. Uma vez que a cultura organizacional freqüentemente reprova pessoas que desafiam as decisões, a mudança — apesar de possivelmente necessária — raramente é feita.

Preconceito e Estereotipação São Destrutivos

Quase todos têm preconceitos e usam estereótipos ocasionalmente. Preconceitos são pré-julgamentos ou conclusões que as pessoas têm antes de saber ou aceitar os fatos. No ambiente organizacional, o preconceito refere-se às crenças e vieses exagerados, e às vezes intensos, que perpetuam irracionalmente o domínio de certos grupos sobre outros. Exemplos são as crenças de que os trabalhadores mais velhos têm menos energia que os jovens ou que os homens são profissionais melhores que as mulheres. Estereótipos são generalizações altamente simplificadas, feitas sobre certos grupos de pessoas. Um exemplo de um estereótipo seria que os trabalhadores mais jovens não sentem lealdade com a organização ou que eles gostam de passar a noite toda dançando e bebendo.

Há muito mais perigo para sua organização e equipe se preconceitos e estereótipos forem permitidos. Essas atitudes são forças destrutivas no local de trabalho, que refream seus esforços de promover a diversidade em larga escala. Além disso, elas perturbarão as atividades de liderança que envolvem a formação de relacionamentos, como o trabalho de equipe, a inovação e a comunicação efetiva.

Uma vez que essas crenças e generalizações parecem ter sido formadas desde o início da socialização, e reforçadas continuamente ao longo da vida, você não

> *Há muito mais perigo para sua organização e equipe se os preconceitos e estereótipos forem permitidos.*

pode forçar todos a eliminar preconceitos e estereótipos de suas mentes. Você pode, entretanto, fazer progresso, limitando lentamente o impacto dessas crenças ao adotar várias medidas. Primeiro, treine seus funcionários de modo que eles evitem fazer generalizações e, em vez disso, que foquem em fatos antes de tirar conclusões.

Isso os ajudará a desenvolver alternativas sólidas a comentários espontâneos que possam ser estereotipados. Também, sempre que você ouve alguém fazer comentários que expressam preconceitos ou que se baseiam em estereótipos, deixe que ele saiba imediatamente que tais comentários são inadequados em sua organização. As pessoas aprenderão, com o tempo, a suprimir observações que interfiram nos relacionamentos de trabalho.

Como líder, nunca fale nem aja em termos de preconceitos ou estereótipos, pois certamente haverá pessoas que o seguirão ou, pior ainda, que perderão respeito por você. Leia sobre estereótipos comuns de modo que possa identificá-los imediatamente nas políticas e nos procedimentos de sua empresa. Então você poderá ensinar os integrantes de sua equipe como melhor reconhecer preconceitos e estereótipos entre eles, a perceber seu impacto negativo e mudar o comportamento deles.

Finalmente, a interação íntima e o trabalho de equipe que você desenvolve entre seus funcionários o ajudarão a eliminar essas atitudes e declarações prejudiciais. Pode demorar um pouco, mas você terá como reduzir os problemas de preconceitos e estereótipos com o tempo.

A Comunicação É Um Componente Vital da Diversidade

A maneira como as pessoas se comunicam aprimora ou deprecia um ambiente de diversidade. O ponto mais importante a lembrar sobre o impacto da comunicação na diversidade é que qualquer coisa que você ou seus funcionários comuniquem, verbal ou não verbalmente, pode ofender alguém — seja esta sua intenção ou não. Ao tomar algumas medidas, entretanto, você pode aumentar acentuadamente a qualidade de suas comunicações, de modo que eles tenham um efeito mais positivo em seus esforços de diversidade.

A maneira como as pessoas se comunicam aprimora ou deprecia um ambiente de diversidade.

Tão prejudiciais quanto, no entanto, são os comentários e as expressões inadequadas e sutis. Muitas pessoas podem não notá-las no início, mas expressões inadequadas afetam negativamente o ambiente de trabalho. A seguir, há algumas sugestões para evitar usos inadequados da linguagem, que podem ser úteis para você, bem como a qualquer um cujo comportamento você pode influenciar.

Elimine qualquer comentário bobo ou piada a qualquer pessoa — inclusive amigos e superiores — quando ele se relaciona a classificações de diversidade, apesar do quanto você ache que pareçam bem-humoradas.

Refira-se a pessoas em sua organização pelos nomes e evite descrevê-las em termos de como elas diferem da maioria, como "nosso supervisor chinês da folha de pagamento", "Aquele homem negro" ou "nosso funcionário de cadeira de rodas". Nunca caracterize os outros de uma forma mesquinha ou degradante, como "homem afeminado", "mulher masculina", ou "nossos veteranos militares abatidos".

A Linguagem Pode Prejudicar

Há muitos exemplos conhecidos de linguagem racista ou sexista, insultos étnicos ou comentários sobre estilo de vida. Embora o uso tenha diminuído tremendamente nos anos recentes em razão da maior consciência e de novas restrições legais, eles ainda aparecem de modo camuflado. Como líder, você é responsável por promover um ambiente em que tais comportamentos não são tolerados.

Fique atualizado sobre listas de termos que são considerados ofensivos ou inadequados, como "minorias", "peões", "negros", "bonecas" ou "deficientes". Use referências mais positivas, como "sino-brasileiros", "supervisores de primeira linha", "afro-descendentes", "mulheres" e "pessoas com necessidades especiais".

Ao falar com um indivíduo ou com grupos, use vários exemplos e comparações que reflitam todos os tipos de diversidade, como líderes internacionais e minoritários, mulheres bem-sucedidas e modelos de papel étnico. Evite contar com analogias desgastadas de áreas que algumas pessoas podem conhecer pouco, como as áreas de esportes ou militar.

Pessoas de todos os grupos têm estilos de comunicação diferentes.

Pessoas de todos os grupos têm estilos de comunicação diferentes. É importante perceber isso ao enviar ou receber mensagens de modo que você não interprete mal as informações, não ofenda os outros ou tenha expectativas irrealistas. Os estilos diferem de várias maneiras, mas aqui estão cinco fatores significativos, facilmente observáveis:

- Uso de formalidade, racionalidade e lógica em conversas.
- Tendência a dominar ou a se submeter durante conversas.
- Grau de assertividade em solução de conflitos.
- Características da fala.
- Abertura pessoal, contato físico e limites de espaço durante conversas.

Uma vez que qualquer um pode exibir uma combinação desses fatores, é importante entender que ninguém será exatamente como você e que diferenças em estilos de comunicação são aceitáveis. O importante é reconhecer que há diferenças e ajustar-se a elas sempre que você identificá-las. Então será menos provável que você tire conclusões imprecisas sobre pessoas com base em seu estilo de conversa. À medida que você se torna mais ciente de estilos de comunicação, aprenderá a basear as opiniões que tem de pessoas em fatos e resultados de desempenho, e não em suposições falhas ou estereótipos.

Quando você se depara com alguém que tem um estilo de comunicação diferente, não precisa mudar radicalmente seu estilo. Seria útil, no entanto, espelhar ocasionalmente o estilo da outra pessoa para que ambos fiquem mais à vontade. Além disso, ao ter mais ciência de seu próprio estilo de comunicação, você pode reconhecer como os outros poderiam entender mal a sua comunicação. Então você poderá se afinar melhor às percepções dos outros durante a conversa, para ter certeza de que está enviando sua mensagem adequadamente e de que os outros a estão entendendo corretamente.

A Diversidade como Processo a Longo Prazo

A frase usada mais freqüentemente para lidar com as questões de diversidade é *gerenciamento da diversidade*. Esse termo implica que há certo processo envolvido e muitos proponentes insistem que o gerenciamento da diversidade é mais um processo que um programa. Isto acontece geralmente se os dirigentes da organização se comprometem a promover a diversidade. Com muita freqüência, no entanto, as pessoas temem a diversidade porque ela representa mudança, incerteza ou compromisso demais. Os líderes podem preferir programas a curto prazo, como ação afirmativa ou valorizar diferenças, porque produzem mais resultados imediatos e pacificam algumas pessoas. Em conseqüência, o gerenciamento da diversidade nunca atinge seu potencial como solução às necessidades da organização ou de indivíduos.

Uma frase melhor poderia ser *maximizar a diversidade*. Ela conota atingir o máximo do que a diversidade oferece tanto para a organização quanto para indivíduos, em vez de simplesmente gerenciar um processo. Maximizar a diversidade ainda envolve processos de gerenciamento e programas selecionados, mas o design e a implementação são realizados da perspectiva firme, justa de um líder, em que todos saem ganhando — e não da perspectiva estreita de programas tradicionais. Esse processo de maximizar a diversidade pode ser tão complementar aos seus esforços de liderança que substituirá gradualmente os tradicionais programas de diversidade a curto prazo.

Ações para Maximizar a Diversidade

Há medidas específicas que você pode tomar para introduzir conceitos e práticas de diversidade em sua organização. Você não precisa adotar todas elas de uma vez, mas elas podem ser parte de um programa abrangente para maximizar a diversidade. Quando o processo envolve vários departamentos funcionais, ou quando

> *Há medidas específicas que você pode tomar para introduzir conceitos e práticas de diversidade em sua organização.*

alguém está conduzindo um esforço oficial de diversidade em sua organização, consulte outros líderes para que se possa elaborar um programa correto, com a colaboração deles.

Aqui estão oito ações de liderança que você pode adotar para maximizar a diversidade:

- Trate da diversidade como recurso, e não como problema.
- Use suas habilidades de liderança.
- Obtenha dados sobre a diversidade.
- Avalie as condições em sua organização.
- Determine objetivos mensuráveis e específicos.
- Envolva grupos diversos no desenvolvimento de seu plano.
- Comunique e obtenha o compromisso.
- Alinhe sua organização à diversidade.

Trate da Diversidade como Recurso e não Como Problema

A diversidade não é um assunto sagrado ou tabu; é um fato da vida que deveria interessá-lo tanto quanto a concorrência, a inflação ou o atendimento ao cliente. Você deve acreditar realmente que a diversidade em sua organização é um recurso tão valioso quanto o nome da marca, a localização geográfica ou qualquer outra vantagem competitiva que você possa imaginar.

> *A diversidade não é um assunto sagrado ou tabu; é um fato da vida que deveria interessá-lo tanto quanto a concorrência, a inflação ou o atendimento ao cliente.*

Agora você deve fazer tudo que estiver ao seu alcance para explorar essa vantagem em todas as suas responsabilidades. Sempre que você resolve problemas, faz *brainstorm* ou lida com sua equipe, lembre-se de considerar a diversidade como um recurso estratégico que faz parte da solução. Ensine os benefícios dessa filosofia de diversidade a seus colegas líderes e funcionários, de modo que todos entendam e aceitem essa abordagem.

Use suas Habilidades de Liderança

Você pode dar passos largos na maximização da diversidade de sua organização, concentrando-se diariamente em fazer o melhor trabalho possível como líder e encorajar os outros líderes a fazerem o mesmo. Uma razão básica para as organizações não maximizarem a diversidade é que os líderes não vêem claramente e nem aproveitam as oportunidades que a diversidade oferece. Você e seus colegas líderes não deixarão passar essas oportunidades se fizerem o seguinte:

- Comunique-se bem com seus funcionários e entenda plenamente as preocupações deles.
- Crie e mantenha um ambiente onde o trabalho de equipe, a justiça, o respeito mútuo, a excelência organizacional e pessoal, e a realização de objetivos são os padrões.
- Fique intimamente envolvido em transferir poder, treinar e desenvolver seus funcionários.
- Monitore e compartilhe informações sobre o que está acontecendo em sua organização e para onde ela está se dirigindo estrategicamente.
- Comunique sua visão plenamente e obtenha o compromisso de seus funcionários de apoiá-la.

Lembre-se de que as habilidades de liderança — e não truques da moda — o ajudarão a superar qualquer um de seus desafios de liderança, inclusive aqueles pertinentes à diversidade. É responsabilidade sua usar as habilidades para aproveitar ao máximo do que a diversidade tem a oferecer a você e à sua organização.

Obtenha Dados sobre a Diversidade

Seria um super-investimento de seu tempo se você folheasse material sobre a diversidade que está disponível comercialmente ou em sua biblioteca. Esse conhecimento, que é crucial para desenvolver suas habilidades de diversidade, dar-lhe-á idéias para ajudar a maximizar a diversidade. Além disso, você terá *insights* valiosos sobre os diversos grupos dentro de sua organização. Se você souber um pouco mais sobre uma religião que tenha seguidores em sua organização ou sobre um país que tenha contribuído com trabalhadores qualificados para seu departamento, provavelmente será mais compreensivo com os costumes e crenças dos membros de sua equipe. Mais importante, esse conhecimento e preocupação poderiam levar a uma melhor comunicação entre vocês, a aprimorar o desempenho deles no trabalho e a gerar inovação ao longo desse processo.

Avalie as Condições em sua Organização

Antes de criar aprimoramentos da diversidade, avalie o *status* da diversidade dentro de seu departamento ou organização. Isso lhe dará uma base exata para planejar aprimoramentos e para avaliar seu progresso na maximização da diversidade.

A etapa inicial é determinar qual informação específica você precisa. Trate das políticas e procedimentos, níveis de habilidade, atitudes, percepções, interações de grupos diversos e obstáculos à diversidade. Tal informação irá orientá-lo para as abordagens certas, bem como fornecerá uma avaliação verdadeira do ambiente atual, que pode lhe advertir a outros desafios a enfrentar. Procure saber as opiniões do máximo de pessoas e níveis profissionais possíveis. Além de pesquisar trabalhadores, analise qualquer dado existente que possa ser útil, inclusive dados de pessoal e dados estatísticos sobre emprego: recrutamento, demissões, sistema de recompensa, raça, gênero e idade.

Há vários questionários de diversidade disponíveis comercialmente que você pode usar como guias para elaborar seu próprio questionário. Durante a avaliação, observe as pessoas que estão realmente interessadas na diversidade e que podem, mais tarde, ser recursos para seu programa.

Determine Objetivos Mensuráveis e Específicos

O treinamento da consciência da diversidade como única solução aos desafios da diversidade tem recebido avaliações mistas no local de trabalho. Ele não traz tantos resultados quanto uma abordagem mais abrangente à diversidade. A maior parte do treinamento da consciência não tem requisitos de *follow-up*, o que se torna em um treino ineficaz. Depois de ouvir um seminário, ver um filme ou participar de uma discussão, as pessoas seguem seus caminhos, sem fazer menção de implementar o que acabaram de aprender. Você e sua equipe precisam ter conhecimento de questões da diversidade; a educação é uma parte necessária para se implementar a mudança organizacional. Ela também é necessária, no entanto, para os indivíduos aplicarem aquele conhecimento de maneiras específicas. É irrealista esperar que apenas as informações resultem em mudanças nas atitudes.

Exemplos de objetivos específicos podem ser: aumentar o gênero e a diversidade étnica em um determinado departamento, desenvolver a liderança diversa para suas futuras necessidades de contratação ou atender melhor aos mercados internacionais diversos. Todo o treinamento, no entanto, deve estar ligado a objetivos específicos que apóiam seus objetivos específicos de negócio e aprimoramentos gerais da diversidade.

Envolva Grupos Diversos no Desenvolvimento de seu Plano

Enquanto desenvolve e implementa seus aprimoramentos da diversidade, inclua representantes de todas as suas equipes ou departamentos, inclusive aqueles de vários níveis organizacionais.

Enquanto desenvolve e implementa seus aprimoramentos da diversidade, inclua representantes de todas as suas equipes ou departamentos, inclusive aqueles de vários níveis organizacionais. Explique que você precisa do conselho e do conhecimento cultural deles para tomar as melhores decisões. Eles lhe darão esclarecimentos valiosos a respeito de questões sobre diversidade que julgam ser relevantes, como barreiras à realização na organização, relações atuais entre grupos diversos, conflitos culturais e políticas e procedimentos que promovem a assimilação.

Comunique e Obtenha o Compromisso

Como acontece com seus planos e programas, comunique seus objetivos de diversidade a todos em seu departamento ou organização. A diversidade é um daqueles tópicos que assustam algumas pessoas. Muitos se sentirão ansiosos ao se verem como alvos de crítica ou culpados por injustiças. Em conseqüência, faz sentido explicar a todos as medidas que você está tomando. Ao mesmo tempo, procure o compromisso deles com a diversidade. Embora nem todos concordem completamente com seu raciocínio, peça e espere o apoio deles ao fazer mudanças.

Alinhe sua Organização à Diversidade

Um compromisso com a diversidade como um valor de toda a organização deve permear todos os níveis caso a organização estiver realmente engajada em atingir seu potencial. Esse é um esforço evolucionário que deve ser conduzido pelos dirigentes da organização. Para tirar vantagem total dos enormes benefícios da diversidade, seus objetivos organizacionais devem estar alinhados à cultura diversa de sua empresa, e não em conflito com ela. Maximizar a diversidade em uma organização é um objetivo de longo prazo, de três anos ou mais, que evoluirá das várias mudanças de curto prazo descritas neste capítulo; aprimoramentos departamentais podem ser atingidos mais cedo.

Por ora, não deveria lhe surpreender o fato de que as políticas, os procedimentos e os sistemas tradicionais do local de trabalho não apoiarão efetivamente as necessidades de uma força de trabalho diversa. Você precisará redesenhar e monitorar continuamente todos os seus sistemas, de modo que possa conseguir o melhor desempenho e comportamento de sua equipe. A seguir, estão apenas três exemplos de ações que você pode tomar depois de receber informações de seus funcionários sobre suas preocupações com a diversidade.

Revise o Programa de Benefícios. Assegure que seus funcionários valorizem os benefícios que você oferece. Você pode modificar o programa de benefícios para refletir a diversidade de sua força de funcionários e incluir inovações como horário flexível de trabalho, escolha do período de férias, creche ou asilos.

Eventos de Diversidade Social. Em vez de entreter exclusivamente clientes ou os membros da equipe em eventos esportivos, que são vistos por algumas pessoas como orientados para homens; use também restaurantes, museus, exibições ou teatro.

Monitore Programas de Recursos Humanos para Tendências. Ao avaliar continuamente a seleção, treinamento e desenvolvimento, promoção e programas de recompensas, você maximizará melhor e reconhecerá os talentos de seus colegas. Dados estatísticos da diversidade dessas áreas lhe dirão muito sobre o sucesso de seus esforços de inclusão. Além disso, você identificará mais rapidamente e corrigirá barreiras à diversidade que estão bloqueando seus esforços de mudança departamental ou organizacional.

Líderes de todos os níveis têm a responsabilidade de responder corretamente às oportunidades de diversidade em sua organização. Isso não significa que você pode decretar que todos em sua organização coexistirão em um estado harmonioso no qual todas as necessidades diversas sejam satisfeitas, toda política reflita as preocupações singulares de todos e ninguém seja agredido novamente. Tais objetivos são irrealistas e não é necessário almejar tamanha perfeição. Concentre-se naqueles aspectos que você pode mudar para ajudar sua equipe e sua organização a crescer. Ao procurar formas de usar a diversidade em benefício de todos, você estará agindo como um líder responsável.

Resumo, Questões e Exercício

Resumo

Dois são os objetivos centrais do líder em termos de diversidade, o primeiro relaciona-se à sua capacidade de mostrar, por meio do seu exemplo, a importância da compreensão, aceitação, respeito e tolerância, e o segundo é utilizar a diversidade como catalisador valioso para aumentar o desempenho e a motivação e todos os seus funcionários.

A diversidade torna-se uma vantagem competitiva e o líder precisa saber atuar de maneira eficaz com ela, entendendo-a e reconhecendo-a, pois um aspecto da sua responsabilidade é mobilizar todos da equipe para o alcance dos objetivos. E os integrantes da equipe são indivíduos com personalidades, necessidades, *status* e formações singulares.

Ignorar a diversidade trará sérios problemas de liderança, tais como: aumento de conflitos interpessoais, discriminação aberta, tensão, baixo moral, alta rotatividade e, com tudo isso, custos financeiros maiores para a organização.

Existem alguns pontos importantes a respeito da diversidade com os quais os líderes devem se preocupar, como, por exemplo: a diversidade modela as percepções das pessoas; as quotas, ações afirmativas e programas de diversidade diferem; a assimilação é ultrapassada; preconceito e estereotipação são destrutivos; e a comunicação é um componente vital da diversidade.

Gerenciar a diversidade é um termo que está sendo muito propagado e revela que existe um processo envolvido, e que por isso o gerenciamento da diversidade é mais um processo que um programa. Dentro desse escopo, outra expressão freqüentemente usada é a maximização da diversidade.

Para a liderança maximizar a diversidade, oito ações são essenciais. São elas:

- Tratar a diversidade como recurso, e não como problema.
- Usar as habilidades de liderança.
- Obter dados sobre a diversidade.
- Avaliar as condições em sua organização.
- Determinar os objetivos mensuráveis e específicos.
- Envolver os grupos diversos no desenvolvimento de seu plano.
- Comunicar e obter o compromisso.
- Alinhar a organização à diversidade.

Ao procurar as formas de usar a diversidade em benefício de todos, o líder estará agindo de forma consciente, responsável e terá mais chance de garantir o sucesso na organização.

Questões:

1. O que significa diversidade?
2. Por que o líder, para ser mais eficaz, deve considerar o impacto da diversidade em suas responsabilidades?
3. A demografia está mudando de forma intensa e profunda. Como isso afeta a diversidade?
4. Como a diversidade pode contribuir para potencializar a força de uma equipe?
5. Estabeleça a diferença entre quotas, ação afirmativa e programa de diversidade?
6. Por que a atitude de assimilação e a homogeneidade comprometem a organização e, dentro de uma perspectiva moderna, são consideradas ultrapassadas?
7. Estabeleça a diferença existente entre preconceito e estereotipação.
8. Qual o papel da comunicação na dinâmica da diversidade e como a linguagem pode interferir nesse processo?

Exercício:

Algumas empresas de vanguarda possuem processos claros e objetivos sobre a diversidade. Caso a sua empresa tenha, verifique quais as bases conceituais que serviram de apoio para a sua construção e quais são as ações que contemplam esse processo.

Capítulo 14

Resolução de Conflito

George considera-se um excelente membro de equipe que convive bem com os outros e sempre apóia as solicitações deles. No entanto, ele está frustrado, pois freqüentemente não obtém os recursos de que precisa para apoiar seus projetos. O que ele pode fazer para aprimorar sua capacidade de obter o que precisa enquanto diminui a probabilidade de criar conflito com os outros? Frank é assertivo e deixa claro o que deseja no trabalho, embora acredite que não seja hábil para negociar com sucesso soluções aos desafios diários; ele parece dar mais do que recebe. O que ele pode fazer?

Todos os dias você vê como o conflito existe à sua volta e em todos os tipos de situações de liderança. É praticamente impossível para os líderes evitarem o conflito — e também indesejável, visto que o conflito leva freqüentemente a mudanças que você e sua organização precisam. Assim, faz sentido aprender tudo o que você puder sobre como lidar com ele, principalmente dado o efeito que o conflito tem em seu próprio sucesso ou fracasso.

Como você aprendeu no capítulo anterior, as diferenças humanas são certas e muitas. Diferenças em cultura, perspectiva, níveis de habilidade e conhecimento, objetivos e estilos de comunicação, por exemplo, afetam níveis variáveis de acordo e desacordo entre as pessoas. Conflito é sinônimo de desacordo, seja leve ou intenso. No local de trabalho, as pessoas podem discordar quanto

Resolução de Conflito

a qualquer coisa, como políticas, decisões, idéias, estratégia, a marca de café a usar ou o quanto gostam dos colegas. Desacordos não são necessariamente ruins, porque podem levar a decisões melhores, inovações e vínculos entre as pessoas.

Apesar da inevitabilidade do conflito, a forma como as pessoas reagem a essas diferenças é opção delas. As pessoas podem escolher uma de três respostas durante situações de conflito. Elas podem:

> *É praticamente impossível para os líderes evitarem o conflito — e também indesejável, visto que o conflito leva freqüentemente a mudanças que você e sua organização precisam.*

- Ceder amigavelmente para transformar discordâncias em acordos.
- Continuar a discordar privativamente, mas apoiar plenamente a decisão final acordada.
- Continuar a discordar de modo perturbador e público.

Resolução de Conflito para Líderes

Seu objetivo como líder é resolver conflitos em uma de duas formas. Este capítulo o orientará sugerindo técnicas simples aplicáveis a qualquer situação de liderança no trabalho, em casa ou na comunidade. Primeiro fornecerá a base para a resolução de conflito mostrando-lhe quatro etapas específicas para uma resolução satisfatória. Então fortalecerá essa base introduzindo a habilidade de negociar, que você pode usar para ajudar a resolver muitos outros tipos de conflito que encontra como líder.

Etapas para a Resolução Bem-sucedida de Conflito

Siga estas quatro etapas para a resolução bem-sucedida de conflito:

- Distinga mal-entendidos de conflitos.
- Crie um ambiente positivo para a resolução de conflitos.
- Concentre-se nos interesses das pessoas, e não em suas posições.
- Comunique-se claramente.

Distinga Mal-entendidos de Conflitos

Muitas das situações percebidas como discordâncias não são realmente discordâncias, mas sim mal-entendidos. Os mal-entendidos podem ser facilmente remediados. Antes de você supor que exista um conflito, descubra o que a outra pessoa pensa da situação. Você pode descobrir que ela está mal informado ou não tem todos os dados sobre a situação e pode estar disposto a mudar sua posição. Por outro lado, você pode descobrir que foi você que entendeu mal a situação. Em cada caso, se ambos chegarem rapidamente a um acordo com base na confirmação dos fatos e suposições, vocês resolveram o mal entendido. Se não puderem concordar e o conflito continuar, passe para a próxima etapa.

Crie um Ambiente Positivo para a Resolução de Conflitos

Você pode criar um ambiente positivo de duas maneiras:

Primeiro, separe o problema da pessoa. Oriente-se para o problema mantendo um foco claro e firme no problema, sem transmitir uma atitude adversária de que a pessoa é que é o problema. Se você comunicar à outra pessoa em conflito que ambos fazem parte de uma equipe que deve resolver um problema coletivamente, então você poderá estruturar melhor suas atitudes e reagir ao desafio que virá. Você ainda está preocupado com as necessidades, sentimentos ou condições emocionais da pessoa, mas ao se concentrar objetivamente no problema e não atacar pessoalmente a outra pessoa, você pode encontrar meios de resolver o problema sem antagonismo. Isso, por sua vez, reduzirá a tensão entre vocês dois.

Para criar um ambiente positivo à resolução de conflitos, separe o problema da pessoa e demonstre uma atitude de que todos sairão ganhando.

Segundo, exiba uma atitude em que todos ganham. Isso significa encontrar uma solução em que você e a outra pessoa ganhem e ninguém sinta que saiu perdendo. Quando ambos saem ganhando, as partes saem de um conflito se sentindo bem, sem frustração ou raiva, por terem satisfeito com sucesso suas necessidades em um ambiente de cooperação. Se você ajuda as pessoas

Concentre-se no Problema, e Não na Pessoa

Como exemplo, se você quer transmitir a um funcionário que ele não está tendo um bom desempenho, evite frases hostis de abertura como "Você não está fazendo um excelente trabalho". Em vez disso, concentre-se no problema dizendo: "Seu cargo requer que todos os clientes sejam tratados com respeito". Então você pode discutir os critérios para o desempenho efetivo de uma abordagem menos afrontosa e ter mais sucesso em dirimir o conflito e aprimorar o comportamento. Ao examinar o problema, lembre-se de passar um tempo vendo-o da perspectiva de seu funcionário. Entender o ponto de vista dele e aceitar seus sentimentos não o tornará um líder ou negociador mais fraco; ao contrário, o entendimento ou aceitação ajudam a resolver o conflito mais rápida, eficiente e permanentemente.

a atingir o que elas querem atingir, também se beneficiará com o desempenho melhor e a maior lealdade a você e à organização. Você transmite uma atitude de vitória quando diz às pessoas que está procurando uma solução mutuamente benéfica, unificadora e altamente aceitável para ambos.

Uma atitude de ganhos para todos é tão fundamental para um líder que tudo o que for discutido no restante deste capítulo centra-se em encontrar e aplicar soluções de ganhos para todos.

Concentre-se nos Interesses das Pessoas, e Não em suas Posições

Em uma situação de conflito, você quer resolvê-lo não apenas com um acordo qualquer, mas com um arranjo durável e justo com o qual todos se contentam razoavelmente. Para isso, é melhor não focar nas posições das pessoas, que são as demandas que elas fazem, mas nos interesses delas, que são suas verdadeiras necessidades.

Uma posição é o que as pessoas declaram que querem, como mais salário, mais dias de férias ou menos horas de trabalho. Os indivíduos vêem sua posição como a melhor solução possível para suas necessidades. Esse pode ou não ser o caso, porque eles podem estar embelezando sua posição para reforçar um argumento ou podem não estar definindo claramente suas necessidades e examinando suas alternativas.

É melhor não focar nas posições das pessoas, que são as demandas que elas fazem, mas nos interesses delas, que são suas verdadeiras necessidades.

Interesses, por outro lado, são as verdadeiras razões por trás da posição. Se ambos focam apenas em suas posições declaradas, tornam-se emocionalmente, e às vezes irreversivelmente, ligados a elas e acharão difícil chegar a um acordo. Mas se vocês se preocuparem com seus interesses e não se virem como adversários, desenvolverão soluções muito mais criativas, justas e recompensadoras para ambos.

Por exemplo, um funcionário pode querer um salário mais alto e mais férias. Ao investigar mais, você descobre que o verdadeiro interesse dele é o desejo de passar mais tempo com a família — daí a solicitação de férias mais longas — e um desejo de colocar seu filho em uma creche mais cara que seja mais perto do trabalho e da casa — daí a solicitação de aumento de salário. Ao saber quais são os verdadeiros interesses de seu funcionário, poderá compará-los com seus interesses e ver o quanto vocês dois estão distantes da questão. Seu interesse nessa situação pode ser que você queira que o funcionário faça bem o trabalho dele, sem perturbar o trabalho de ninguém. Uma vez que você e seu funcionário conversam, ambos podem discutir o problema em detalhes e colaborar em soluções que lhe permitirão atingir seus interesses. Soluções possíveis poderiam ser o funcionário chegar mais cedo e sair mais cedo em certos dias, trabalhar em casa uma vez por semana ou você estudar a viabilidade de ter uma creche dentro da organização.

O Valor dos Interesses

Interesses profundamente arraigados e valorizados são, no final, o que preocupa a maioria das pessoas, e não posições formadas arbitrariamente, rapidamente, que resultam em soluções temporárias que podem ou não as ajudar a satisfazer seus interesses. Se a satisfação dos interesses de todos for seu objetivo, todos ficarão muito mais felizes quando concordarem com soluções práticas, inovadoras e realistas. Em muitos casos você tem de questionar as pessoas para determinar os interesses delas, porque elas os mascaram, intencionalmente ou não, de você e delas mesmas. Uma vez que você descobre por que elas querem alguma coisa, vocês serão mais capazes de decidir conjuntamente como elas podem obter isso. Então elas acreditarão que você pode ajudá-las a suprir as necessidades delas e o conflito logo será resolvido.

Comunique-se Claramente

Além dos princípios de comunicação discutidos no Capítulo 10, há algumas sugestões adicionais que são particularmente adequadas para a resolução de conflitos. O principal ponto a lembrar é que a boa comunicação gera a confiança que ajuda a resolver conflitos, enquanto a comunicação ineficaz impedirá acordos e aumentará as complicações.

Mantenha uma Atitude Positiva, Agradável e Relaxada

Embora você como líder possa estar em uma posição superior de autoridade que um colega ou membro da equipe, não ajuda usar mal esse relacionamento para resolver um conflito com ele. Esse princípio também se aplica a qualquer outra situação de conflito que você possa ter, como com um cliente ou em uma negociação de contrato.

A boa comunicação gera a confiança que ajuda a resolver conflitos, enquanto a comunicação ineficaz impedirá acordos e aumentará as complicações.

Uma vez que as emoções provavelmente sejam intensas em uma situação de conflito, é sempre melhor não ser tragado em uma atmosfera de raiva, medo ou ressentimento. Evite isso ao reconhecer que ambos se portarão de uma forma um pouco emocional, mas que as emoções podem ser questionadas, entendendo-as e reconhecendo-as abertamente.

À medida que você inicia sua discussão, abra sempre com uma afirmação positiva, como referir-se aos interesses que ambos têm em comum. Mantenha essa postura positiva durante toda a discussão. Ao manter uma atitude respeitável, solidária e atenciosa com a outra pessoa, você será visto como alguém que está interessado em resolver o problema. Evite usar "você" nas afirmações; em vez disso, use frases menos acusatórias, empregando "eu". Isso transfere o foco da outra pessoa e para você mesmo, permitindo-lhe expressar suas necessidades e interesses enquanto encoraja sutilmente a outra pessoa a expressar os dela.

Nunca apele para acusações negativas, tornando-se desagradável ou perdendo o controle. Embora você possa se sentir melhor temporariamente, isso não o ajudará a resolver o conflito. Se você transmitir à pessoa seu compromisso de resolver o problema enquanto tenta entender os sentimentos dela, a pessoa ficará mais aberta à idéia de que ambos sairão ganhando.

Mantenha o Curso

Para que ambos possam se concentrar em questões específicas, já no início da discussão determinem e concordem quanto a qual é o problema. Se um de vocês começar a se desviar do assunto, volte ao problema declarado para manter o foco da discussão.

Depois de identificar as questões envolvidas no conflito, evite lamentar-se sobre o que aconteceu no passado; em vez disso, concentre-se nas soluções para o futuro, que é algo sobre o que você tem controle.

As pessoas querem que os outros ouçam suas opiniões, por isso lembre-se de demonstrar visivelmente que você está ouvindo atentamente.

Seja um Ouvinte Ativo

As pessoas querem que os outros ouçam suas opiniões, por isso lembre-se de demonstrar visivelmente que você está ouvindo atentamente, conforme descrito no Capítulo 10. Você irá longe ao permitir que os outros falem sem interrompê-los, considerando o que eles dizem, questionando-os quando necessário e repetindo exatamente os pontos fundamentais para impedir mal-entendidos. Sempre que alguma coisa não está clara ou é omitida, peça esclarecimento. Não há nada de errado em fazer um aceno de vez em quando, concordando com o que a outra pessoa está dizendo. Isso dá a ela confiança, porque transmite respeito e a reconhece como pessoa, embora você possa discordar de parte do que ele diz. Olhar nos olhos do outro é extremamente importante durante discussões porque transmite honestidade e confiança à outra pessoa.

Ouvir lhe permitirá examinar as percepções da outra pessoa sobre o conflito. Essas percepções são importantes para você porque o ajudarão a entender melhor a pessoa, de modo que você possa ajudar a desenvolver soluções viáveis para as necessidades e interesses dela. Ao permitir que a pessoa fale livremente, você ganha informações que poderiam não ter sido obtidas se você tivesse falado, e não ela. Você também terá uma visão clara ao analisar o que não foi dito e as áreas que são evitadas.

Negociação e Resolução de Conflito

A maioria dos conflitos comuns e de rotina que você enfrenta pode ser resolvida usando-se as quatro etapas discutidas anteriormente. Outras situações exigirão uma abordagem mais estruturada, usando a negociação, uma vez que envolvem questões que não são resolvidas facilmente por meio de um método de quatro etapas. É extremamente útil entender como a negociação interage com a resolução de conflitos porque não são coisas separadas. A resolução de conflito — e não negociar — é um de seus objetivos de liderança. Negociar é simplesmente um processo e uma habilidade altamente efetivos que você poderá usar para resolver certos tipos de conflito.

Saber como aplicar as habilidades de negociação às suas responsabilidades de liderança é valioso na solução de conflitos de rotina como atritos entre pessoas ou problemas de desempenho.

Saber como aplicar as habilidades de negociação às suas responsabilidades de liderança é valioso na solução de conflitos de rotina como atritos entre pessoas ou problemas de desempenho. Às vezes uma negociação será um encontro de cinco minutos com os funcionários; outras vezes pode ser uma sessão de três semanas com clientes internacionais. Habilidades de negociar, portanto, o ajudarão à medida que você confrontar responsabilidades cada vez maiores como resolver disputas de contrato, questões de mudança organizacional ou questões de aliança estratégica. Ao pensar em negociação, tente não limitá-la às suas questões mais glamorosas ou às áreas mais conhecidas como fusões corporativas ou grandes contratos. Em vez disso, relacione-a amplamente a todas as situações de rotina que você encontra diariamente no trabalho, em casa e na comunidade, com seus funcionários, pares, supervisores, clientes e familiares.

Grande parte da discussão realizada até aqui, neste capítulo, a respeito da resolução de conflito, continha implicitamente alguns elementos de negociação. Os tópicos de atitude, interesses, posições e soluções em que todos ganham, por exemplo, são conceitos fundamentais de negociação que são invariavelmente mencionados sempre que a negociação é ensinada. O restante do capítulo será construído sobre o que você aprendeu até aqui e lhe mostrará como usar a habilidade essencial de negociar para resolver conflitos da melhor forma possível.

A Abordagem de um Líder a Negociações Ganhar-Ganhar

À medida que você praticar as habilidades necessárias para ser um líder ativo, você estará praticando, ao mesmo tempo, as habilidades necessárias para dominar um estilo de negociar em que ambas as partes saiam ganhando.

Será bem simples para você desenvolver suas habilidades de negociação porque há muitos recursos disponíveis para aumentar seu conhecimento. Há inúmeros livros, gravações e seminários informativos excelentes com técnicas detalhadas envolvendo tudo, desde o layout da sala até prevenir a recusa a colaborar. Você também pode explorar tudo o que for discutido neste capítulo mais detalhadamente. Qualquer desafio específico que você possa ter provavelmente será tratado por meio de um ou mais desses recursos. Até você escolher investir seu tempo em estudos adicionais, você poderá adaptar o básico neste capítulo para usar em qualquer situação de negociação.

A abordagem de um líder em negociações em que ambas as partes saem ganhando consiste de sete etapas:

- Explore seus objetivos.
- Priorize seus interesses.
- Aprimore sua posição de negociação.
- Finalize sua estratégia de negociação.
- Reconheça o negociador distributivo.
- Reaja ao negociador distributivo.
- Crie uma solução com ganhos para todos.

Negociação com Ganhos para Todos

Você acredita não só em fazer seu trabalho corretamente, mas em fazê-lo com foco nos objetivos que você e seus funcionários têm em comum, maximizando os resultados para ambas as partes. Isso envolve usar suas várias habilidades técnicas, analíticas e de relacionamento para executar com os outros o que poderia não ser possível. Como resultado, todos se beneficiam e ninguém sai perdendo. Uma vez que você acredita que os sentimentos, as opiniões e o conhecimento de outras pessoas devem ser considerados durante negociações, você está disposto a envolvê-los completamente no processo, a ouvir objetivamente e a chegar a um acordo quando necessário. Você está interessado em resolver os problemas que são identificados durante a negociação, desenvolvendo alternativas que possam satisfazer todas as partes envolvidas.

Explore seus Objetivos

Identifique claramente os objetivos básicos da negociação que você quer atingir. Os objetivos são similares em conceito às posições que foram descritas anteriormente. Objetivos claros, precisos, realistas, tangíveis e intangíveis são cruciais para se desenvolver, mais tarde, os aspectos de planejamento de sua negociação, como suas táticas de negociação a curto prazo. Os objetivos também o guiarão e focalizarão seus esforços quando você estiver no meio de uma negociação complexa, em rápida mudança. Como acontece com qualquer outro desafio que você tem como líder, se você passar um tempo, no início do processo, pensando em seus objetivos, mais tarde você os atingirá com mais facilidade.

Focando nos Objetivos

Desenvolva uma amplitude de objetivos primários e secundários de modo que você tenha flexibilidade para negociar. Os objetivos primários são os mais importantes para você; em geral incluem áreas como preço, salário, descrição de cargo, prazos e condições de compra. Os secundários podem incluir qualquer coisa que se relacione com a negociação, como opções de compras adicionais, descontos para compras grandes, incentivos de salário e questões de relações públicas.

Uma vez que você tiver identificado seus objetivos, decida como você gostaria de atingi-los, determinando alternativas que representem o melhor e o pior cenário do que pode acontecer durante as negociações. Fazer isso lhe dará a coragem e a confiança para realizar as negociações com a atitude certa. Se você não puder chegar a um acordo no qual você atinja um objetivo, saberá que nem tudo está perdido porque você identificou uma amplitude de alternativas aceitáveis. Essas alternativas também aumentarão seu poder de negociação e a probabilidade de um acordo bem-sucedido, porque você não será forçado a aceitar um acordo desfavorável.

Por exemplo, se você fosse negociar com um funcionário a respeito de aumento salarial, identificaria antecipadamente vários objetivos e as alternativas mais ou menos preferíveis para cada um deles. Estas poderiam ser um aumento no salário de $ 2.000 a $ 5.000, um bônus potencial de 1% a 3%, um aumento na carga de trabalho, que varia desde um aumento importante em responsabilidades até um aumento pequeno, ou um aumento na conta de despesa que varia de $ 500 a $ 3.000, por ano. Naturalmente, você preferiria um acordo que estivesse mais próximo da sua alternativa preferida que de sua alternativa menos preferida, mas isso não é realista nem é mutuamente vantajoso para ambos, como você logo verá. Se você não conhecer as alternativas mais e menos preferidas da outra pessoa, esse processo ganhará uma dose maior de mistério.

Veja um exemplo de uma negociação simples que envolve apenas um objetivo. Você está negociando uma extensão de prazo que um membro da equipe solicitou. Você pode querer, em termos ideais, aprovar uma extensão de uma semana, mas concordaria em estender o prazo em duas semanas. A outra pessoa solicitou uma extensão de quatro semanas, mas concordaria com uma extensão de duas semanas. O processo de negociação lhe permite superar essa defasagem e chegar a um acordo dentro de uma faixa que beneficie a ambas as partes. Muito provavelmente, o acordo será exata ou aproximadamente uma extensão de duas semanas. Entretanto, se a alternativa menos preferida da pessoa for três semanas, em vez de duas, há uma defasagem de uma semana que você deve resolver. Com apenas um objetivo a negociar, a extensão do prazo, ambos devem mudar suas expectativas para resolver a defasagem ou poderá haver animosidade entre os dois ou, ainda pior, a extensão de prazo pode não ser aprovada embora provavelmente seja necessária.

Contar com um único objetivo e uma alternativa que poderia ser sinônimo de um resultado final protege, em certa medida, os negociadores de cederem a pressões durante o calor da negociação. No entanto, ao mesmo tempo, isso também os restringe, levando-os a pensar equivocadamente que há uma única maneira de chegar a um acordo: atingindo ou fazendo melhor que seu resultado esperado. Tendo objetivos adicionais, cada um com um conjunto de alternativas, ou pelo menos tendo um único objetivo juntamente com uma ampla combinação de alternativas que você está disposto a aceitar, aumenta a oportunidade de acordo. Você pode, então, negociar combinações de soluções, uma variação da qual pode ser aceitável. Por essas razões, tente sempre negociar com mais de um objetivo.

Sua Amplitude de Acordo Aceitável

Essas alternativas são colocadas no que é chamado de amplitude de acordo aceitável. Esta amplitude vai de sua alternativa mais preferida àquela menos preferida para cada um de seus objetivos.

Portanto, sempre é bom saber quais são suas alternativas caso você prefira não negociar um acordo. Ao identificar explicitamente as alternativas que você terá caso não seja feito o acordo, você será capaz de analisar as ofertas finais em termos de como elas se comparam com a certeza de suas alternativas menos preferidas. Além disso, estabelecer suas alternativas de não acordo antes da negociação lhe assegurará que você não precisa aceitar um acordo se ele não for de seu interesse.

Conhecendo suas Alternativas Menos Preferidas

Em negociações mais envolventes, as apostas podem ser mais altas para você ou sua organização e você pode não estar disposto a mudar suas expectativas como faria em uma simples extensão de prazo. É por essa razão que você deve saber quais são suas alternativas menos preferidas, porque se você não puder atingi-las, individualmente ou em conjunto com outras alternativas, pode ser melhor não chegar a um acordo e continuar a funcionar como de costume, ou perseguir outras opções. Caso contrário, você poderia acabar pior do que na situação atual.

Tente sempre negociar com mais de um objetivo e reconhecer a diferença entre alternativas menos preferíveis e alternativas de não chegar a um acordo.

Quando existem alternativas viáveis e realistas a escolher, caso não queira chegar a um acordo durante a negociação, você aumentará seu poder de barganha. Por exemplo, apesar de suas melhores tentativas de negociar e chegar a uma solução boa para ambas as partes, um fornecedor importante de recursos pode lhe dar uma oferta final — que realmente pode não ser sua melhor oferta final — de um aumento de 20 por cento no preço. Sua alternativa menos preferida é de 15%. Examine o aumento de 20% em relação a suas alternativas de não acordo. Se você achar que não há outros fornecedores, um aumento de 20% no preço será mais aceitável do que arcar com perdas de vendas ou com a inadimplência. Por outro lado, se você tem vários fornecedores a escolher ou se tem um estoque imenso desses recursos que durarão vários meses, pode ser mais vantajoso rejeitar a oferta final ou tentar outra vez, com firmeza e confiança, negociar um acordo melhor que 20%.

Priorize seus Interesses

Interesses são as questões individuais que são de sua preocupação e da outra parte. Usando a assistência de alguém da sua equipe de negociação, ou de alguém de sua confiança, analise em detalhes por que você quer atingir os objetivos que identificou.

Uma vez identificados seus interesses, priorize-os de acordo com o valor de cada um para você e em relação aos outros interesses. Por exemplo, seu objetivo pode ser alugar um determinado escritório por menos de $ 1.000 por mês. Você analisa por que tem esse objetivo: você tem um orçamento limitado, valoriza a proximidade do escritório até sua casa, há abundância de restaurantes próximos para almoços com clientes, você precisará de um escritório em seis meses e o escritório está bem conservado. Estes são os seus interesses. Depois de priorizá-los, você descobre que a ordem de importância deles é o preço do aluguel, a localização, a condição e a disponibilidade. Além disso, o preço pode ser apenas um pouco mais importante que a localização, mas pode ser muito mais importante que a condição e pode ser extremamente mais importante que a disponibilidade. Você pode desenvolver qualquer tipo de sistema classificatório contanto que faça sentido para você.

Interesses são aquelas questões individuais que são preocupações subjacentes a você e a outra parte, e são uma questão de percepção.

Durante a negociação para o aluguel, tome medidas específicas para identificar os interesses da outra parte, ou seja, a empresa que alugará o imóvel. Agora que você sabe quais são os seus interesses, pode negociar com base em seus quatro interesses e os interesses deles. Isso é muito preferível a negociar em sua posição geral, que neste exemplo só tem um objetivo. Você pode descobrir que a empresa está disposta a reduzir o valor mensal do aluguel para menos de $ 1.000, o que é seu interesse primário, mas não a grande preocupação dela, desde que você possa se mudar rapidamente e gerar receitas imediatas, o que é o interesse primário dela, mas não uma grande preocupação sua.

Como você pode ver, um conhecimento pleno de seus interesses é extremamente valioso ao comparar o custo de abrir mão de um interesse e o valor de chegar a um acordo sobre outro interesse. Também ajuda prever como os interesses se inter-relacionam e como cada interesse é afetado quando os outros interesses são negociados. Antes de iniciar as negociações, procure sua equipe de negociação ou outros colegas responsáveis e discuta o que você determinou sobre seus interesses até este ponto. Eles lhe darão contribuições valiosas ou verificarão como você priorizou seus interesses.

Por exemplo, sua percepção do valor da Combinação A, que especifica aluguel de $ 1.000, não-disponibilidade da sala durante oito meses e serviços gratuitos de limpeza durante um ano, pode diferir de como você valoriza a Combinação B, que especifica aluguel de $ 1.000, disponibilidade imediata e seis meses de serviços de limpeza gratuitos.

Os Interesses Dependem da Pessoa

É importante enfatizar que os interesses são uma questão de percepção, como o são as necessidades, os valores ou as preferências das pessoas por recompensas. O que mais importa para você pode ser menos interessante aos outros, enquanto uma coisa que eles valorizam pode não ser preocupação sua. É por isso que você precisa identificar sempre seus interesses e buscar continuamente determinar os interesses da outra parte. É a discussão de duas mãos, progressiva, de benefício mútuo de todos esses interesses valorizados de modo diverso que será o núcleo e a substância de sua negociação.

A Abordagem da Combinação

Durante as negociações, você agenciará cada interesse em separado ou em combinação com seus outros interesses e os interesses da outra parte. Mais freqüentemente, a abordagem de combinação será o seu melhor método, simplesmente porque lhe dá mais flexibilidade e mais provavelmente levará a uma situação em que todos saem ganhando. Para que essa abordagem funcione bem para você, desenvolva valores para diferentes combinações de interesses de modo que você possa prever os resultados se concordar com uma determinada combinação. Saber os valores mais tarde lhe permitirá tomar decisões objetivas rapidamente, com base nas ofertas e contra-ofertas da outra parte.

Aprimore sua Posição de Negociação

A melhor maneira de aprimorar sua posição de negociação é analisar plenamente aqueles elementos que mais afetam sua situação. Três desses elementos são: informação, tempo e poder.

O velho ditado de que "saber é poder" é especialmente pertinente durante uma negociação. Isso significa saber tudo o que puder sobre o que você está negociando muito antes das negociações, de modo que você possa desenvolver seus objetivos, interesses e estratégia. Um negociador bem-informado saberá todos os detalhes principais e menos importantes sobre coisas como valores, custos e negociações anteriores sobre o assunto. Certamente você desejará empregar mais esforço pesquisando aquelas negociações que são mais importantes ou arriscadas para você. É sempre sensato, no entanto, estar bem preparado para negociações de rotina, porque quanto mais conhe-

Reunindo Informações

Reunir informações é um hábito contínuo, algo que você faz diariamente, conversando com todos que encontra, inclusive funcionários, clientes, supervisores e colegas. A melhor hora de reunir informação sobre as próximas negociações é antes de estas serem programadas ou até mesmo concebidas porque as pessoas estão muito menos resguardadas e será mais provável de lhe darem as informações que você precisa. As pessoas estão acostumadas com líderes que fazem todo tipo de pergunta sobre todo tipo de assunto, por isso provavelmente você será capaz de, metódica e silenciosamente, procurar alguém que possa lhe dar informação. Lembre-se de que pessoas espertas não continuarão a lhe dar informação se você não lhes der informação em retorno: portanto, prepare-se para agir com reciprocidade, trocando conhecimentos com elas.

Resolução de Conflito

cimento você tiver, mais êxito você terá durante a negociação. Em razão da troca de informações durante a negociação, a qualidade, a quantidade e a inquestionabilidade de suas informações lhe darão enorme poder de negociação para promover seus interesses, contra-argumentar e fazer o mínimo possível de concessões.

De seu interesse particular são as pessoas com quem você está negociando. Se estas forem pessoas que você já conhece, como colegas, funcionários, familiares ou clientes, você estará em vantagem porque entende como elas pensam e se portam. Se você tiver pouco conhecimento delas, descubra o que os outros pensam delas, suas reputações, táticas de negociação, necessidades ou problemas, e autoridade para tomarem decisões. Informações sobre as condições financeiras, intenções estratégicas ou pressões competitivas da organização delas são benéficas. Qualquer informação é boa porque lhe dá esclarecimentos que podem ser de valor durante as negociações.

Nessa fase do processo de negociação, faça um *brainstorm* e analise os objetivos, interesses e argumentos potenciais da outra parte, usando o mesmo processo que você usou antes, sozinho. Isso o ajudará caso você precise ajustar seus objetivos, o valor de seus interesses e seus argumentos de negociação.

O tempo é um recurso que afeta sua negociação de duas maneiras significativas. Primeiro, ele lhe diz quantos dias ou horas você tem até a negociação iniciar. Se houver mais tempo disponível, você poderá se preparar melhor. Por outro lado, menos tempo disponível significa que você precisa trabalhar com rapidez e priorizar seu plano de negociação. Segundo, é vital conhecer a duração aproximada da negociação porque o processo de negociação funciona por etapas. Ajuste suas expectativas e estratégias para levar em conta essas etapas.

Por exemplo, quando a negociação começar, muito poucas concessões ocorrerão porque vocês estão firmes em suas posições e estão tentando descobrir os interesses um do outro. As concessões mais significativas ocorrem no final do processo, próximo ou após o prazo. Se ambas as partes tiverem o mesmo prazo, as negociações irão em frente com o objetivo de fechamento em um momento definido e as concessões provavelmente serão bilaterais. No entanto, se uma das partes tiver um prazo mais flexível ou não revelá-lo, então ela poderá prosseguir a um ritmo mais lento e atrasar as concessões. Isso aumentará a pressão à outra parte, que mais provavelmente fará as concessões finais mais cedo.

Poder, no contexto da liderança, é a capacidade de influenciar ou exercer controle sobre algum aspecto de seus deveres. Você viu durante todo este livro o poder que tem como líder em fazer as coisas acontecerem e em convencer os outros que pode ajudá-los ou prejudicá-los. A confiança em seu poder não é uma coisa da qual você deveria abusar, mas geralmente você pode usá-la como líder e especificamente como negociador. Saber como a outra pessoa percebe sua posição de poder o ajudará a elaborar estratégias efetivas de negociação e a reagir melhor durante as negociações.

Você pode enfatizar qualquer uma dessas fontes de poder, dependendo da situação em que está envolvido. Toda parte em uma negociação tem um tipo de poder, mas a chave aqui é identificar as posições relativas de poder antes de as negociações terem início e desenvolver sua estratégia com essas conclusões em mente. Você pode querer enfatizar uma fonte de poder sobre outra porque acredita que ela será mais efetiva para mudar o comportamento de negociação da outra pessoa e terá menos probabilidade de prejudicar seu relacionamento.

Saber como a outra pessoa percebe sua posição de poder o ajudará a elaborar estratégias efetivas de negociação e a reagir melhor durante as negociações.

Por exemplo, se você está negociando com um funcionário para estender um prazo uma semana a mais, terá várias fontes de poder com as quais poderá contar, abertamente ou não, durante as discussões: poder de recompensar, de punir, de posição e coercitivo. É improvável que você queira usar todas as fontes durante as discussões, e isso pode não ser necessário. Os funcionários conhecem instintivamente o poder que você, o líder, tem sobre eles e é improvável que eles o desafiem porque reconhecem a obrigação de seguir suas diretivas. De uma perspectiva de negociação, isso é bom para você e ruim para eles. Entretanto, os funcionários podem apelar para o poder deles nas negociações. Essa pessoa pode ser a única em seu departamento capaz de completar a atribuição com competência, ou, ainda, o projeto poderá ser necessário somente daqui a algumas semanas. A negociação para estender o prazo pode envolver essas considerações de poder, mas não dependerá delas. Mais importantes são seus interesses e os interesses de seus funcionários, como você poderá melhor satisfazer o maior número possível deles. Uma vez que seus únicos interesses são que o projeto seja concluído em breve e sem erros, você pode não fazer objeção à solicitação de seu funcionário, contanto que ele possa atender aos seus interesses.

Origens do Poder de Negociar

Se você entender como é percebido, poderá usar essa informação para reforçar ou desfazer essas percepções. As origens de seu poder de negociar são inúmeras, incluindo o poder de ajudar ou prejudicar, de convencer ou forçar; de angariar mais recursos, como tempo, informação ou dinheiro; de exercer a liderança ou a autoridade de supervisão; ou de inspirar respeito total e confiança em você.

Finalize sua Estratégia de Negociação

Antes de iniciar as negociações, procure informações por toda parte e finalize sua estratégia. Se alguém mais está em sua equipe de negociação, convém se reunir com pelo menos um deles e discutir os detalhes de sua estratégia. Revise tudo o que você determinou até agora sobre seus interesses e objetivos, os fatos, a outra parte e sua situação de negociação. Converse sobre as táticas que você usará durante as negociações, inclusive frases de abertura, sua oferta inicial, quem falará pela equipe e qualquer outra regra de procedimento. Uma vez mapeada sua estratégia, passe um tempo pesquisando-a sozinho, com sua equipe ou com alguém em quem possa confiar.

> *Antes de iniciar as negociações, verifique se a outra parte tem autoridade para tomar decisões que levarão a um acordo negociado.*

As primeiras horas de negociação podem ser produtivas porque é nesse momento que você descobre as táticas e os interesses da outra parte. Você pode usar as três diretrizes a seguir para garantir que aproveitará plenamente esse período.

Primeiro, antes de começar as negociações, verifique se a outra parte tem autoridade para tomar as decisões que levarão a um acordo negociado. Se não, você perderá seu tempo porque acabará fazendo a maior parte das concessões e ofertas e provavelmente terá que negociar novamente, com outra pessoa.

Segundo, geralmente é melhor se você deixar a outra parte fazer a oferta inicial porque é preferível primeiro saber o que ela está pensando antes de revelar o que você está pensando. Uma tática fundamental durante uma negociação é fazer perguntas sempre que tiver oportunidade, uma vez que freqüentemente elas lhe trazem as respostas que você precisa. Além disso, a outra pessoa pode se sentir menos ameaçada com sondagens e investigações do que se ela sentiria se você simplesmente fizesse contra-ofertas ou declarações fortes. Toda vez que puder obter informação, em vez de dar, geralmente é bom.

Finalmente, é comum em negociações que as partes comecem com posições distantes e então façam concessões graduais para chegarem a um acordo mais realista e aceitável. Negociações com ganhos para ambas as partes não impedem essas amplas diferenças nas ofertas. Por essa razão, suas ofertas iniciais, nessas questões, podem ser altas, relativas às ofertas da outra pessoa, para dar bastante espaço para negociar um com o outro, até chegarem aos acordos finais. Essa abordagem lhe permitirá sentir que você está realmente realizando algo. Também ajudará a minimizar negociações com prazo, que muitas vezes ocorrem quando um ou ambos os lados não estão dispostos ou são incapazes de fazer mais concessões. Uma oferta alta, contanto que você possa justificá-la, é uma tática aceitável durante uma negociação e é, de alguma forma, esperada; uma oferta baixa poderia ser percebida como sinal de fraqueza ou como um sinal de que você tem informações inadequadas de negociação.

Reconheça o Negociador Distributivo

Como sugerido anteriormente, é melhor um líder usar uma abordagem em que todos saiam ganhando para resolver conflitos. Uma atitude vitoriosa de ambas as partes e uma abordagem voltada para interesses não só lhe renderão, consistentemente, melhores soluções gerais, mas você também ganhará a estima da outra parte. Isso levará a sucessos mais tarde, tanto em negociações quanto em seus outros deveres. Apesar da crescente aceitação e do uso da negociação que traz ganhos para ambas as partes ao longo dos anos, muitas pessoas usam a negociação distributiva, que é o nome aceito para um estilo altamente competitivo, ganhar-perder.

Um estilo ganhar-perder de negociação distributiva, seja feito informalmente com um colega de trabalho ou formalmente, em discussões em que se aposta alto,

> *Um estilo ganhar-perder de negociação distributiva, seja feito informalmente com um colega ou formalmente, em discussões em que se aposta alto, não é a maneira ideal de resolver um conflito.*

não é a maneira ideal de resolver um conflito. Freqüentemente é usada em situações tradicionais de barganha de posição, como na compra de uma casa ou de itens em um brechó. O mais importante para você, como líder, é que ela seja usada no local de trabalho, na família e em outras organizações às quais você se afilia. Ela pode parecer ser o melhor estilo a usar quando recursos são limitados ou as posições das partes em negociação estão em conflito claro e direto. Uma vez que a maior parte das pessoas nessas situações acredita naturalmente que deveria obter o máximo possível desses recursos limitados, elas negociarão do modo que acharem que as ajudará a atingir aquele objetivo — uma abordagem distributiva.

Efeitos na Negociação Distributiva

A negociação distributiva freqüentemente gera desconfiança, abala relacionamentos e pode facilmente, embora nem sempre, degenerar em afirmações enganosas ou em mentiras descaradas. Esse tipo de negociação tem mais sucesso quando qualquer relacionamento entre as partes é limitado e quando elas têm pouca consideração pela ética ou pelo jogo justo. Portanto, não é um estilo usado tipicamente pelos líderes que têm alta consideração pelos membros de sua equipe e outros. Entretanto, você deveria ser capaz de reconhecer imediatamente quando alguém usa esse estilo, de modo que possa desenvolver ações e estratégias para conduzir efetivamente suas negociações em benefício de todos.

Os negociadores distributivos não são todos iguais na intensidade de seu estilo e certamente nem todos se enquadram em uma descrição estereotipada. A maioria, no entanto, geralmente foca em vencer a todo custo, impondo suas próprias condições. Eles não estão preocupados em saber como você se sente, se suas necessidades são satisfeitas ou se você está sendo bem tratado.

Uma conclusão importante a tirar sobre os negociadores distributivos é que suas táticas funcionam, às vezes bem e às vezes não tão bem.

O objetivo deles é derrotá-lo. Embora você possa não notar, inicialmente, que está lidando com esse tipo de negociador, certas táticas acabarão lhe dando uma advertência.

Por exemplo, observe se a pessoa:

- tem posições iniciais extremas e não razoáveis;
- usa ações psicológicas e emocionais intimidantes, como culpar os outros, ameaçar, explodir, dar gargalhadas ofensivas ou manter períodos de silêncio;
- não acredita em fazer concessões recíprocas;
- alega não ter autoridade para negociar um acordo;
- se recusa a estabelecer regras ou, mais tarde, desrespeita regras que organizam as negociações, como aquelas pertinentes a etiqueta, prazos e barganha de boa-fé.

Uma conclusão importante a tirar sobre os negociadores distributivos é que suas táticas funcionam, às vezes bem e às vezes não tão bem. Uma vez que todos os participantes em uma negociação são humanos e têm seus próprios sentimentos e níveis de conforto quando confrontados com tais táticas, cada pessoa tem uma reação diferente. Por isso, esse tipo de negociador às vezes tem êxito quando se confronta com pessoas covardes e desinformadas, mas não tem êxito com outras. No entanto, permanece o fato de que esses indivíduos que querem vencer usam essas táticas porque eles gostam delas e, na maior parte, eles têm sucesso com elas. Apesar das desvantagens óbvias de lidar com um negociador distributivo, lembre-se de que você tem a opção de não participar desse jogo.

Reaja ao Negociador Distributivo

A melhor forma de reagir a um negociador distributivo é continuar a negociar persistentemente com base nos princípios da negociação que traz ganhos para ambas as partes. Mesmo diante de ataques, barganha de posição e outras técnicas distributivas, você ainda pode ter sucesso em tentar transformar afirmações de posição em

Interrompa o Negociador Distributivo

Quando você trata as pessoas como se elas estivessem interessadas na solução dos problemas, embora suas ações sugiram claramente o contrário, elas podem começar a negociar de modo construtivo. Investigue, perguntando sobre suas posições; ao fazer isso, você pode descobrir uma série de informações sobre os interesses delas. Deixe-as pensar que você está considerando a exigência despropositada como uma opção possível ao perguntar e tentar entender por que razão elas a propuseram. Não há nada de errado em ignorar e deixar de lado comentários grosseiros ou ridículos e então continuar com sua estratégia de negociação.

expressões de interesse e necessidade, que são a base da negociação que traz ganhos para todos. Ao enfrentar exigências sem lógica, não razoáveis, não combata nem as descarte como impossíveis, mas reconheça o ponto e continue a usar persuasão, calma, racionalidade e outras técnicas que tragam ganhos para todos. As reações e outras informações que você descobrir mediante questionamento efetivo, não ameaçador, o ajudarão a explorar maneiras de usar as alternativas propostas como um ponto de partida para alternativas mutuamente aceitáveis. Peça conselhos à pessoa sobre qualquer coisa relacionada às alternativas, como o que ela acha de certas soluções ou como o negócio foi feito anteriormente. Faça perguntas exploratórias, abertas, como de que modo essa alternativa funcionaria, por que não usar outro método particular ou por que isso não funcionou no passado. Use essa informação para apresentar alternativas aprimoradas. A pessoa pode criticar suas alternativas. Não leve os ataques como se fossem pessoais; em vez disso, use-os para aprimorar continuamente as alternativas. Mesmo quando você enfrenta os negociadores mais determinados e duros de barganhar, você acabará avançando para um acordo.

Se você descobre que não está fazendo progresso, recorra a outros métodos. Embora você certamente possa tentar a negociação distributiva, evite porque ela é ineficiente e não produz acordos realmente bons. Uma boa alternativa é expor as táticas deixando, direta ou indiretamente, a pessoa saber que você não negociará dessa maneira. Simplesmente questionar as táticas pode fazer a pessoa parar. Se ela lhe der ultimatos, ignore-os como se não tivessem ocorrido. Você pode empregar, paciente e seletivamente, algumas das táticas da pessoa — não as mesquinhas — como rir dos comentários dela, fazer silêncio por um momento, dizer que você não tem autoridade para aprovar tais solicitações, ou aproveitando sua vez na negociação.

Você sempre pode contornar as freqüentes tentativas de confundi-lo dizendo que as preocupações que a pessoa está introduzindo são questões diferentes do que você estava discutindo. Uma vez que a pessoa percebe que você sabe usar aquelas táticas e está disposto a mostrar sua superioridade no emprego delas, ela pode começar a negociar de modo mais sensato. Se não, pare as negociações, discuta as táticas, e negocie com firmeza quais os processos e procedimentos que serão usados durante as negociações. Depois que ambos concordarem sobre como melhor conduzir as negociações, você poderá voltar à negociação essencial e que levará à solução de problemas.

Você sempre pode contornar tentativas freqüentes de confundi-lo dizendo que as preocupações que a pessoa está introduzindo são questões diferentes do que você estava discutindo.

Se a outra parte não está disposta a fazer concessões ou sua teimosia está bloqueando todo o progresso, você pode tentar quebrar esse impasse por meio de um método efetivo: o uso de padrões objetivos e procedimentos que sejam justos, razoáveis, prontamente obtidos e aceitáveis a todas as partes na negociação. Essa técnica fornece às partes um objetivo comum — o de determinar os padrões ou procedimentos — e prepara o terreno para uma maior confiança, persuasão pelos fatos, dignidade se necessário, e soluções duradouras, não egoístas.

A maioria das pessoas usa com sucesso padrões e procedimentos objetivos em muitos aspectos de suas vidas diárias. Cobradores de impostos, por exemplo, não barganham com proprietários de veículos individualmente, quanto ao imposto devido por uma placa; eles simplesmente calculam o imposto com base em fatores predeterminados e anunciados previamente como a localidade do veículo, seu ano de fabricação e seu modelo. Algumas lojas de varejo prometem que, se você puder dar evidências de que um dos artigos vendidos lá pode ser encontrado por menos em outra loja, então eles o venderão por aquele preço; caso contrário, não negociarão o preço com você.

Você pode usar a mesma técnica em suas negociações todos os dias e chegar a acordos mutuamente aceitáveis. Aqui estão alguns exemplos:

- Resolva discordâncias quanto aos aumentos anuais de preço baseando-os em cálculos de inflação do governo.
- Crie procedimentos a ser seguidos, concordando antecipadamente com a mediação de uma parte neutra, caso uma das partes, mais tarde, viole o acordo.
- Estabeleça aumentos de pagamento por mérito com base em um padrão de medida de produtividade.
- Chegue ao custo de vários itens de equipamentos usados calculando o preço de compra menos a depreciação.

Confira se você está fazendo sua oferta em torno de um padrão objetivo com o qual você está disposto a concordar. Sua tarefa, então, é fazer a outra parte também concordar com ela. Seja aberto, mas firme em sua convicção de não ceder a ameaças, intimidações ou a qualquer outra pressão que o negociador distributivo possa tentar. Você estará oferecendo uma forma justa e objetiva de ajudar ambos a chegar a um acordo mutuamente satisfatório — que é uma excelente alternativa para uma discussão infindável.

Crie uma Solução com Ganhos para Todos

O processo de resolução de conflitos discutido durante este capítulo é a base para a abordagem à negociação que traz ganhos para todos. Mais do que qualquer coisa, é uma mentalidade em que todas as partes podem atingir mais do que querem caso estabeleçam um ambiente que conduz à resolução de conflito, caso eles visem os interesses e não as posições, e caso queiram realmente um acordo mutuamente satisfatório. Algumas sugestões finais o ajudarão a atingir seu objetivo de negociação, uma solução que traga ganhos para todos.

Conte com suas habilidades interpessoais. Negociar envolve habilidades interpessoais que são idênticas àquelas usadas por você como líder. Só porque seu

> *Conte com suas habilidades interpessoais e lembre-se que uma negociação é uma oportunidade de tratar a outra pessoa com respeito, confiança e gentileza.*

funcionário, cliente ou supervisor agora está em uma posição contrária, isso não significa que você deva se tornar insensível, adotando uma postura desrespeitosa e não civilizada. Assertividade, clareza e determinação são os traços que você deve mostrar em uma negociação. Se a outra pessoa o percebe como tímido, apologético ou confuso, ela pode vê-lo como fraco e tentar roubar seu poder.

Uma negociação é uma excelente oportunidade de mostrar sua autoconfiança como negociador, tratando a outra parte com respeito, confiança e gentileza durante toda a negociação. Um de seus objetivos é fazer a outra pessoa identificar-se com você de modo que ela entenda facilmente seus argumentos de negociação, compreenda suas preocupações, o respeite como pessoa, e mantenha um relacionamento positivo, de longo prazo, com você.

Controle seu ego. Evite fingir que você é mais entendido sobre dados da negociação ou qualquer outra coisa. Ao negociar, não suponha que sua versão dos fatos seja correta, mas peça à outra parte para concordar quando ela achar que os dados são verdadeiros. Tente entender sinceramente a outra pessoa em um nível pessoal, mas não a incomode com conversas falsas ou insinceras que simplesmente a ofenderão. Desconsidere qualquer coisa que você possa ter ouvido sobre táticas de negociação que enfatize a grosseria, linguagem chula, exigências desmedidas, gritos ou ameaças, porque essas ações não o retratam como líder; elas prejudicam sua reputação e também são inefetivas.

Soluções Mutuamente Benéficas

Crie soluções que satisfarão os interesses de todos, e não apenas os seus. As soluções que ambos geram, além de serem inovadoras, numerosas e efetivas, devem ser mutuamente benéficas. Aceite qualquer solução que satisfaça os interesses de ambas as partes. Desenvolva possíveis soluções antes de as negociações começarem, fazendo um *brainstorm* com sua equipe. À medida que as negociações avançarem e você ficar sabendo mais sobre os interesses da outra parte, você será capaz de ter mais idéias.

Você também pode fazer um *brainstorm* com a outra parte, embora a idéia de fazer isso possa aborrecê-lo. Lembre-se de que ambos estão sentados juntos para concordar quanto a soluções que beneficiarão aos dois. Uma vez que todos investiram um tempo significativo na negociação, há uma boa chance de a outra parte estar disposta a gerar novas alternativas. O *brainstorm* pode ajudá-lo a colaborar quanto a soluções, contanto que você tenha o cuidado de não revelar qualquer informação confidencial. Como discutido anteriormente neste livro, não avalie a validade das sugestões até terminar o *brainstorm*; caso contrário, você pode eliminar algumas alternativas prematuramente. Quanto mais soluções você desenvolver, mais chances você terá de encontrar soluções mutuamente aceitáveis.

Examine atentamente os pontos em comum e as diferenças entre vocês. Elas podem gerar idéias para soluções. Por exemplo, se você e um funcionário têm interesse em terminar um projeto rapidamente, conversem sobre isso e tentem desenvolver soluções mutuamente aceitáveis que levarão justamente a isso. Se você e um fornecedor importante estiverem discordando do preço, conversem sobre seu interesse comum de preservar suas relações antigas. Cada um de vocês pode divergir fervorosamente sobre como você espera que futuros eventos aconteçam ou sobre como é arriscado seguir um determinado curso de ação; uma discussão poderia gerar soluções.

A chave é estruturar uma solução com base nessas diferenças, em que a concessão de baixo custo de sua parte pode ser altamente vantajosa para a outra parte e vice-versa. Se a discordância for sobre o preço e futuros eventos, por exemplo, vocês poderiam desenvolver programas de preço com base em diferentes cenários políticos e econômicos, minimizando, assim, o risco para ambos.

De interesse extremo, portanto, são as necessidades e os interesses da outra parte; nunca as perca de vista.

Fique alerta e reavalie sua situação de negociação. À medida que a negociação continua, avalie tudo o que ocorre; as palavras que são faladas e não faladas, a comunicação não verbal, atitude, interesses e necessidades. Você pode não ter muito tempo para fazer uma avaliação extensa, por isso se prepare para pensar com clareza e rapidez.

Lembre-se, durante as negociações, de que você tem algo que a outra parte não tem e quer; caso contrário, ela não estaria sentado lá, negociando com você. De interesse extremo, portanto, são as necessidades e os interesses da outra parte; nunca as perca de vista. É importante alavancar pontos que indiquem o quanto uma pessoa deseja um acordo, quantas concessões ela pode fazer, ou o quanto ela valoriza os itens que estão sendo negociados. Em particular, determine que alternativas ambos têm se não chegarem a um acordo. Ambos contarão com essas alternativas como vantagem na negociação. Ao usar seus pontos de alavancagem, você se aterá melhor às suas convicções e reterá a coragem para negociar com força e confiança.

Lembre-se de que o quadro de negociação muda constantemente, porque ambos os lados cedem, fazem concessões, ganham concessões e divulgam novas informações. Toda tática que você usa provavelmente também esteja sendo usada pela outra parte. Você deve, portanto, reavaliar constantemente sua situação de negociação ou pode se tornar confiante demais.

Respeite seu tempo e não apresse as negociações. Uma conduta passo a passo, deliberada, permitirá a ambos os lados seguirem as negociações e atingirem sucessos gradualmente. Esses sucessos constantes, por sua vez, darão a ambos a confiança que um acordo final pode ser atingido por meio de uma atitude em que todos saem ganhando. Uma vez que você determina que chegou a um acordo mutuamente satisfatório, conclua as negociações e comprometa-se a honrá-las.

Resumo, Questões e Exercício

Resumo

O conflito faz parte da vida da organização e existe em todos os tipos de situações de liderança. É praticamente impossível evitar o conflito, pois o conflito pode promover mudanças significativas para a empresa, ou seja, desacordos não necessariamente ruins, porque podem levar a decisões melhores e inovadoras.

Existem quatro etapas para a resolução bem-sucedida de conflitos. São elas:

- Separar os mal-entendidos dos conflitos.
- Criar um ambiente positivo para a resolução de conflitos.
- Concentrar-se nos interesses das pessoas, e não em suas posições.
- Comunicar-se claramente.

A comunicação é um fator fundamental para a resolução dos conflitos, pois a boa comunicação gera a confiança. Dentro dessa perspectiva, ser um bom ouvinte, considerar o que as pessoas dizem, buscar esclarecimentos, manter uma atitude positiva e agradável contribuem para uma resolução positiva e funcional dos conflitos.

São sete as etapas que um líder em negociação deve seguir para se chegar ao ganhar-ganhar. São elas:

- Explorar seus objetivos.
- Priorizar seus interesses.
- Aprimorar sua posição de negociação.
- Finalizar sua estratégia de negociação.
- Reconhecer o negociador distributivo.
- Reagir ao negociador distributivo.
- Criar uma solução com ganhos para todos.

O líder deve saber atuar de forma eficaz com os três componentes que afetam significativamente a negociação: a informação, o tempo e o poder.

A diretriz mais importante para o líder é a criação de uma solução em que ambas as partes saiam ganhando e onde seja possível um acordo mutuamente satisfatório. Esse é o resultado mais eficaz e mais efetivo para a manutenção das relações interpessoais e para o alcance dos objetivos organizacionais.

Questões:

1. As diferenças humanas fazem parte da vida. Como esse fato pode ser um gerador de conflitos?

2. Qual o objetivo do líder diante do conflito?
3. Cite as etapas para a resolução bem-sucedida do conflito.
4. O que significa a atitude ganhar-ganhar no processo de negociação?
5. Diferencie posição de interesse.
6. Qual o impacto de uma boa comunicação e do controle emocional para a resolução de conflitos?
7. Informação, tempo e poder são elementos que contribuem para o aprimoramento da negociação. Como isso acontece?
8. O que significa negociação distributiva e quais seus efeitos?
9. Comente a seguinte afirmação: "Negociação envolve habilidades interpessoais".

Exercício:

Na sua próxima negociação, prepare-se e utilize todas as etapas para uma negociação dentro da abordagem ganhar-ganhar, e no final verifique e avalie o processo da negociação (a eficiência), quais os seus pontos fortes, e o que você faria diferente e melhor em uma próxima negociação, qual foi o resultado (eficácia) e que ficou de abertura e confiança para uma próxima negociação com o interlocutor (efetividade).

Capítulo 15

Treinamento

Valerie, gerente de departamento, precisa avaliar cada um dos integrantes da equipe uma vez por ano. Ela está procurando um processo menos formal, mas efetivo, que lhe permita orientar sua equipe durante o ano todo — e não apenas no final dele. Ela é uma boa líder e tem excelentes habilidades. Como poderá incorporar o treinamento à sua rotina diária?

Treinamento é o processo de orientar e encorajar seus funcionários a atingir resultados superiores de desempenho. É uma habilidade ativa e participativa que lhe permite se envolver nos objetivos e atividades de trabalho dos outros e a encorajá-los a ter sucesso no que for melhor para eles e para a organização. Em termos práticos, o treinamento lhe dá um método para mudar comportamentos de modo que os funcionários ou colegas comecem ou continuem a fazer o que devem, parem de fazer o que não devem e tenham um desempenho cada vez melhor com o tempo.

Treinamento é o processo de orientar e encorajar seus funcionários a atingir resultados superiores de desempenho.

O treinamento normalmente está associado a relacionamentos entre o superior e o funcionário. No ambiente de trabalho de hoje, as técnicas de treinamento podem ser usadas com pares, colegas, seu gerente e outros. Este capítulo focalizará os aspectos do treinamento entre o superior e o funcionário.

Treinamento não é uma habilidade isolada; integra todas as habilidades de liderança que você aprendeu até então neste livro. É o ápice das seis habilidades de relacionamento. Tendo estudado 11 habilidades de liderança, você agora poderá consolidá-las em um processo inclusivo, podendo usá-las todos os dias para inspirar um excelente desempenho de cada um de seus funcionários.

Você pode querer saber por que precisa de um processo de treinamento, particularmente se este representa habilidades que você já estudou e aprendeu. Há duas razões básicas:

Primeira, seu trabalho é liderar. De todas as suas habilidades de liderança, o treinamento é o que mais se aproxima da definição de liderança: conseguir que as coisas certas sejam feitas na hora certa, com a assistência das outras pessoas. O treinamento fornece um processo viável e fácil de usar, de valor imediato, que lhe permitirá usar todas as suas habilidades de liderança para focalizar na obtenção dos resultados certos. As habilidades de liderança individual, por si mesmas, não lhe asseguram a excelência em liderança. É a aplicação coordenada e correta de todas essas habilidades que resulta na excelência em liderança. O treinamento, quando você, o líder, faz isso de modo consistente e com entusiasmo, terá resultados imediatos e tangíveis para você, seus funcionários e sua organização.

A segunda razão é que seus funcionários precisam de alguém para encorajá-los diariamente a aproveitar as oportunidades para atingir o máximo que puderem, estabelecer expectativas altas, mas realistas, colocá-los na direção certa e dar a eles poder e autoridade para ir em frente, ouvi-los e dar-lhes suporte à medida que encontram dificuldades e desafios ao longo do caminho para atingir seus objetivos, e aconselhá-los com base em conhecimento, habilidades e experiência. Os líderes estão em excelente posição para treinar funcionários porque interagem intimamente com eles e são, afinal, os responsáveis por seu sucesso ou fracasso. Quem seria o melhor treinador senão aquele que é o mais responsável?

A Atitude do Treinador

O treinador é um líder. A atitude de um treinador é a de um líder; as habilidades de um treinador são as de um líder. Se você adquirir o conhecimento e praticar as habilidades de liderança apresentadas em todo o livro, estabelecerá a fundação para se tornar um excelente treinador e um grande líder. O objetivo desta seção é enfatizar três características-chave de uma excelente atitude de treinamento.

Um excelente treinamento compromete-se e ganha o comprometimento dos funcionários. Como treinador, você entende e aceita a responsabilidade fundamental de preparar, ensinar e orientar os funcionários para terem êxito por meio do processo de treinamento.

Um treinador excelente compromete-se e ganha o comprometimento dos funcionários, está disposto a verificar o progresso e se sente à vontade para se comunicar diretamente.

Você acredita tanto nos benefícios do treinamento que está comprometido em investir o tempo e a paciência necessários para treinar cada funcionário pessoalmente. Você espera o melhor dos funcionários, mas não ficará aborrecido, desanimado ou punido quando eles tentarem e fracassarem. Em retorno a essas fortes convicções, você ganha o compromisso deles em de colaborarem com o processo de treinamento, assumirem a responsabilidade por seu trabalho, aumentarem as habilidades e aprimorarem o desempenho, e a focalizarem as melhores formas de atingir os objetivos.

Um excelente treinador está disposto a desenvolver planos de desempenho e a checar o progresso. O processo de treinamento depende fortemente de se comparar o desempenho de um funcionário aos padrões e objetivos do cargo. Como treinador, cabe a você a responsabilidade de desenvolver e monitorar meticulosamente planos de desempenho com cada funcionário. Esses planos se tornam a medida oficial para você analisar problemas de desempenho, discutir preocupações com o funcionário, sugerir áreas para aprimoramento e decidir com o funcionário sobre que ações positivas tomarão juntos.

Um treinador excelente sente-se à vontade para se comunicar pessoalmente. Uma vez que o treinamento é, acima de tudo, um processo de comunicação, é vital que você entenda e se sinta à vontade com todos os aspectos da comunicação direta. Você deve ser capaz de questionar, ouvir e dar *feedback* de desempenho sem criar ressentimento. Para o processo de treinamento funcionar melhor, você e o funcionário devem ser capazes de se comunicarem de modo fácil, aberto e honesto.

O Processo de Treinamento

O processo de treinamento nesta seção se baseia em uma suposição importante que você e o seu funcionário desenvolveram anteriormente, e com padrões e objetivos no trabalho estabelecidos de comum acordo. É depois desse ponto no processo de gerenciamento de desempenho que você usa o treinamento para atingir esses objetivos. Uma vez que o treinamento deve se tornar uma de suas atividades de liderança mais naturais e mais utilizadas, ajuda usar um recurso mnemônico, COACH, para descrever o processo, de modo que você possa se lembrar facilmente de cada etapa.

O processo de treinamento (COACH) pode ser subdividido em cinco etapas:

- Compare o desempenho com padrões e objetivos.
- Ofereça *feedback*.
- Analise o desempenho e peça comentários.
- Colabore com uma solução.
- Honre (respeite) o seu funcionário.

Compare o Desempenho com Padrões e Objetivos

Dois testes confiáveis para detectar se o seu funcionário tem problemas de desempenho são ver se ele está se desviando de um padrão de desempenho ou não está tendo progresso com seus objetivos. Se não há problema nessas áreas, você ainda deverá usar o processo de treinamento para revisar o desempenho com o funcionário porque as pessoas precisam ouvir o positivo e também o negativo. Além disso, isso levará a oportunidades para você treinar seu funcionário a níveis mais altos de desempenho, aumentando a experiência e o conhecimento dele sobre o cargo. O treinamento o ajuda a impedir problemas, ao identificar áreas fracas antes de se tornarem problemáticas. Se o funcionário não estiver em vias de atingir os padrões e objetivos, por exemplo, você pode usar o processo de treinamento para discutir comportamento de desempenho, desenvolver soluções e concordar com um plano de ação corretiva. Por causa de suas limitações de tempo e da importância de treinar corretamente visando o aprimoramento do desempenho, não perca tempo com questões insignificantes ou irrelevantes de seu funcionário; em vez disso, concentre-se nas questões fundamentais relacionadas ao desempenho.

> *Dois testes confiáveis para detectar se o seu funcionário tem problemas de desempenho são ver se ele está se desviando de um padrão de desempenho ou não está tendo progresso com seus objetivos.*

Causas de Problemas de Desempenho

Você aprendeu na seção de solução de problemas no Capítulo 5 que este é um processo objetivo de observar e reconhecer que um funcionário tem problemas de desempenho. Nesta etapa do processo de treinamento, você só poderá especular sobre as possíveis causas. Apesar de seus sentimentos instintivos ou de conhecimentos sobre liderança, evite concluir quais são as causas até investigar mais; caso contrário, você poderia fazer várias suposições totalmente errôneas. Sua sessão de treinamento face-a-face com seu funcionário é o momento de se aprofundar nessas causas potenciais.

Depois de explorar as possíveis causas, se você determinar que o funcionário não é a causa básica do problema de desempenho, procure eliminar a causa mais importante do problema e não levar o processo de treinamento adiante. Por que você deveria treinar um funcionário a aprimorar seu comportamento quando o comportamento não é a causa? Por exemplo, você pode descobrir por meio de outro funcionário que nenhum dos integrantes de equipe recebeu treinamento oficial na habilidade a qual está relacionado o problema de desempenho. Sua solução, portanto, é programar o treinamento de modo que os níveis de desempenho possam se aprimorar. Em outro exemplo, você poderia determinar que barreiras organizacionais, como a falta de recursos, impedem o funcionário de realizar as tarefas. Novamente, a solução da liderança é dedicar tempo para encontrar recursos, e não para treinar o funcionário.

Ofereça *Feedback*

A próxima etapa é começar imediatamente a parte direta do processo de treinamento, oferecendo *feedback*. Programe um período em que não haja interrupções para falar sinceramente com o indivíduo sobre seu desempenho. Os melhores lugares são em seu escritório, uma vez que você pode bloquear interrupções potenciais como telefonemas ou visitantes, ou no local do funcionário, se este for totalmente privado. Para impedir mal-entendidos, concentre-se rapidamente no problema e descreva especificamente qual é o problema, em sua opinião. Use boas técnicas de comunicação para minimizar a apreensão e a defensiva, e explique suas observações especificamente, como "Faltaram $ 500 para você atingir sua meta de vendas", e não "Você não atingiu as vendas deste mês". Se um funcionário não está seguindo uma norma do escritório, por exemplo, diga: "A política é que todos tenham quatro intervalos de dez minutos por dia e eu notei que você não estava na mesa por mais de 20 minutos, cada vez". Fundamente seus comentários com fatos objetivos, como relatórios, observações de desempenho e padrões de trabalho mensuráveis.

Analise o Desempenho e Peça Comentários

Os objetivos desta etapa são você e seu funcionário reconhecerem e admitirem que há um problema com o desempenho, para identificarem conjuntamente o problema e para determinarem sua causa. A maneira mais fácil de ver se o seu funcionário sabe que tem um problema de desempenho é perguntar. Você poderia fazer isso separadamente, depois de terminar de oferecer seu *feedback* na etapa dois ou em conjunto com a etapa dois. Por exemplo, você perguntaria: "Você sabe que tem tirado intervalos de 20 minutos esta semana quando o tempo reservado é dez minutos?" Pode ser que a pessoa esteja ciente de seu comportamento, mas suponha que a norma de dez minutos seja apenas uma diretriz.

Quando o funcionário reconhece um problema de comportamento, determine por que ele não está seguindo o padrão. Como qualquer outro problema, pode haver inúmeras causas, por isso evite prejudicar ou perder sua compostura; concentre-se em identificar totalmente a verdadeira causa.

Efeitos do Desempenho Inferior ao dos Colegas

Se você simplesmente declara que este comportamento é indesejável e explica como ele afeta as operações da equipe, mais freqüentemente a pessoa irá corrigi-lo. Explique as conseqüências disso para os outros, como quando os integrantes da equipe precisam cobrir uma ausência ou quando os atrasos impedem que as reuniões comecem na hora. É importante fazer seu funcionário reconhecer verbalmente um problema de desempenho. Esta é uma parte crucial do processo de treinamento que deve ser feita antes de você prosseguir.

Peça à pessoa para descobrir se ela entende em detalhes o que deve ser feito e como deve ser feito. Logo, você determinará a causa do problema de comportamento, como uma falta de comunicação do escopo da tarefa, um mal-entendido sobre o que você precisava, desafios pessoais que afetam o desempenho dos deveres ou questões motivacionais.

Colabore com uma Solução

Seu objetivo nesta etapa é que ambos encontrem uma solução que elimine o desempenho insatisfatório. Isso significa associar o comportamento que deve ser mudado a ações específicas que levarão o seu funcionário a fazer as coisas corretamente.

Depois da sessão de treinamento, você e seu funcionário devem saber claramente como você define o desempenho satisfatório e insatisfatório.

Como em todas as sessões de solução de problemas onde você está aberto a várias sugestões, identifiquem conjuntamente o máximo de ações alternativas possíveis. Discuta cada uma em detalhes e concorde com o melhor curso de ação que resolverá o problema de desempenho até uma data específica.

Depois da sessão de treinamento, você e seu funcionário devem saber claramente como você define o desempenho satisfatório e insatisfatório. Não só isso o ajudará mais tarde, quando você monitorar o desempenho de seu funcionário, mas também será um último lembrete do tipo de comportamento que você espera. Faça uma declaração final que expresse sua confiança total na capacidade da pessoa em implementar a solução.

Honre(Respeite) seu Funcionário

Durante todo o processo de treinamento, trate seu funcionário com respeito, mostre seu desejo de resolver o problema e expresse muito otimismo quanto ao futuro. Ao honrar a pessoa como um ser humano e como alguém que contribui para a equipe, você reforçará os esforços dela para ter êxito. Parte desse processo de respeito é seu compromisso continuado em orientar a pessoa para atingir os objetivos dela.

O respeito é um aspecto da honra. O processo de treinamento pode, inicialmente, intimidar seus funcionários. Reafirme com eles que o treinamento é um processo produtivo que reforça os objetivos dos indivíduos e da organização. Assegure a eles que o treinamento objetiva aprimorar o desempenho, e não humilhar as pessoas ou mudar suas personalidades.

> *Durante todo o processo de treinamento, trate seu funcionário com respeito, mostre seu desejo de resolver o problema e expresse muito otimismo quanto ao futuro.*

O *follow-up* também é um aspecto do respeito. Como você aprendeu no Capítulo 8, monitorar lhe assegura que seus esforços de liderança sejam efetivos. Isso é fundamental no treinamento, porque se você não verificar que o seu funcionário age como o combinado, ele pode não ter um desempenho aceitável a longo prazo. Em questão de horas ou dias depois da sessão de treinamento, deixe o seu funcionário saber como você percebe o progresso dele. Se o comportamento for aceitável, diga isso — ele ganhou reconhecimento positivo. Como discutido no Capítulo 12, quanto mais cedo você reconhecer o comportamento positivo, melhores as chances de mantê-lo, e é este o seu objetivo.

Progresso é Bom

Mesmo que a pessoa só esteja progredindo e ainda não tenha alcançado o limiar do desempenho aceitável, encoraje o comportamento, admitindo que você está satisfeito com o progresso dela. Ocasionalmente, examine se o desempenho continua a ser aceitável, porque algumas pessoas reverterão para os comportamentos anteriores se não passarem por uma checagem periódica. Lembre-se: todos nós aprendemos com nossos erros, por isso não há necessidade de lembrar constantemente um funcionário de seus erros passados. Respeite os funcionários pelo compromisso de aprimorar o comportamento deles.

Durante o *follow-up*, se você descobre que seu funcionário não reagiu bem ao processo de treinamento, repita o processo e explore as razões para a pessoa não ter mudado como ficou combinado. Você não está tentando resolver novamente o problema original; agora você está tentando resolver o novo problema do funcionário, que não está tomando uma iniciativa.

Se os funcionários não cumprirem com as soluções acordadas nas primeiras sessões de treinamento, provavelmente ignoraram as conseqüências de suas ações para os membros da equipe ou para si mesmos. Podem ser necessárias sessões repetidas de treinamento para seu funcionário entender completamente os efeitos do desempenho abaixo do esperado. Você pode precisar apelar para punições, como redução do salário[1], reprimenda, transferência ou substituição da pessoa.

Como líder, você tem a responsabilidade de assegurar que fará todo o possível para aprimorar o desempenho insatisfatório de um funcionário. Isso significa que você não abrirá mão quando a primeira sessão de treinamento não resultar em um comportamento perfeito. Cada pessoa reagirá de modo diferente ao treinamento, mas por causa dos trabalhos de treinamento, quase todos acabarão respondendo de modo favorável aos seus esforços de treinamento.

Respeite seus funcionários consistentemente, treinando todos eles. Treinar não é algo que se começa a fazer e logo se esquece — é muito importante e tão efetivo quanto à habilidade de liderança. Sua obrigação de liderança para com seus funcionários exige que você ofereça a melhor liderança que puder, com honestidade, coragem e consistência.

Os Resultados do Treinamento

Treinar é o ponto fundamental da liderança, porque quando duas pessoas podem se encontrar para discutir o desempenho e chegar a soluções positivas, podem aprimorar sua organização. Todos os seus funcionários precisam rotineiramente de sua atenção, seja o desempenho deles medíocre, médio ou excelente.

Embora a discussão neste capítulo tenha focalizado basicamente o treinamento de um funcionário que esteja apresentando um fraco desempenho, é importante que você treine todos os funcionários em todos os níveis de desempenho. Um funcionário que tenha um desempenho adequado pode ser treinado para ter um desempenho destacado; uma pessoa que tenha um desempenho magnífico pode ser treinada para ter um desempenho melhor em algumas áreas ou assumir responsabi-

---

1   No Brasil, é vedada por lei a redução salarial, de acordo com o artigo 7º, inciso VI, da Constituição Federal de 1988. (N. do T.).

lidades em áreas novas ou desafiadoras. Poucas coisas motivam as pessoas mais do que o elogio de seu líder quando elas merecem isso. Como líder, você sempre pode mostrar aos seus funcionários como eles podem ajudar a si e à sua organização para ter resultados melhores.

Resumo, Questões e Exercício

Resumo

O treinamento é um processo-chave para a liderança, por meio dele o líder pode orientar e encorajar os funcionários a continuar a fazer o que devem e parar de fazer o que não devem, atingindo assim resultados superiores de desempenho. O líder tem a responsabilidade de assegurar que fará todo o possível para aprimorar o desempenho insatisfatório de um funcionário.

Uma consideração importante no treinamento é referente à atitude do treinador. O treinador é um líder e, portanto, as atitudes de um treinador devem ser as de um líder.

O processo de treinamento é composto de cinco etapas. São elas:

- Comparar o desempenho com padrões e objetivos.
- Oferecer *feedback*.
- Analisar o desempenho e pedir comentários.
- Colaborar com uma solução.
- Honrar (respeitar) o funcionário.

Uma ação que deve ser destacada é a necessidade de o treinador desenvolver planos de desempenho e checar o progresso. Mesmo que a pessoa esteja progredindo, mas ainda não tenha alcançado o limiar do desempenho aceitável, é essencial que ela seja encorajada pelo treinador/líder.

No decorrer do acompanhamento, caso o líder perceba que o funcionário não reagiu bem ao processo de treinamento, é importante que o líder explore as razões desse comportamento e procure criar novas estratégias para atingir os resultados propostos.

O treinamento deve se tornar uma das atividades mais naturais e utilizadas da liderança, e por meio desse processo devem alcançar resultados melhores e obter o aprimoramento da organização.

Questões:

1. Qual é o papel do líder no processo do treinamento dos funcionários?
2. Explique a seguinte afirmação: "Treinamento não é uma habilidade isolada".
3. Relate a importância do estabelecimento do objetivo no processo de treinamento.
4. Explane sobre a seguinte proposição: "O treinamento deve se tornar uma das atividades mais naturais e utilizadas pela liderança".
5. Qual é a importância de se explorar as causas de problemas de desempenho dentro da perspectiva do treinamento?
6. Qual é o impacto de se verificar o efeito do treinamento pelo monitoramento? Como isso pode ser feito?
7. O que o líder deve fazer quando o funcionário não cumprir com as soluções acordadas no treinamento?

Exercício:

Verifique se o seu líder conduz o processo de treinamento baseado nas etapas apresentadas neste capítulo e selecione alguns treinamentos que foram eficientes e eficazes no aprimoramento do seu desempenho profissional. Reflita se existe alguma deficiência sua que deverá ser corrigida pela ação do treinamento ou por uma orientação dirigida pela liderança.

Parte Quatro
Habilidades Estratégicas
(Habilidades de Liderança de Nível Superior)

Capítulo 16

Visão

Rob é gerente de departamento e quer alinhar melhor sua equipe com a nova visão da organização, a qual fora anunciada recentemente. Ele nunca teve de desenvolver uma visão, embora acredite ser uma pessoa visionária. O que ele pode fazer para criar uma visão realista?

Visão é a capacidade de perceber as várias possibilidades que estão abertas para você e sua organização, e para criar um quadro ideal de sua posição e de sua empresa no futuro. Visão é muito mais que estabelecer um objetivo, escrever uma declaração de propósito ou fazer um plano para um prazo longo. Visão é estabelecer uma direção clara, focada, desejável que levará sua organização para um destino específico.

Essa direção é a culminação de seus esforços em observar, analisar e consultar os outros. Envolve um entendimento claro de sua atual situação e de para onde sua organização se encaminha, uma avaliação contínua das possibilidades que poderiam impulsioná-la para a frente, na mesma direção ou em direções diferentes, e a coragem de tomar iniciativas para aproveitar ao máximo as possibilidades de gerar mudanças.

A direção interessante que você imagina enfatiza o que pode dar certo, e não o que pode dar errado. Como líder visionário, você pensa freqüentemente no futuro e tenta influenciar antecipadamente a posição da empresa nele, e não simplesmente reagir à medida que o futuro se revela. A visão que você cria é forte, transmite energia e é exatamente onde todos querem estar um dia; portanto, seus seguidores farão o melhor para ajudar a chegar lá.

Como líder, você precisa de visão porque é fundamental sua organização reavaliar freqüentemente o presente e o futuro, principalmente uma vez que a mudança é constante. Você deve ajustar periodicamente a direção em que está conduzindo sua equipe e os outros. Mantenha a mente aberta, seja curioso, comprometido com a organização e capaz de articular a visão para as pessoas cujo apoio você precisa. Você pode ser um líder visionário em qualquer nível organizacional — e não apenas no comando. Sua visão não precisa ser original ou brilhante; entretanto, deve ser uma concepção bem-desenvolvida, segura e realista, que organiza e direciona os membros da organização para objetivos específicos a cada dia.

> *Como líder visionário, você pensa freqüentemente no futuro e tenta influenciar antecipadamente a posição da empresa nele, e não simplesmente reagir à medida que o futuro se revela.*

O Processo Visionário

Você pode adquirir habilidade no processo de formar visões desenvolvendo alguns hábitos simples e praticando técnicas comprovadas, muitas das quais foram discutidas neste livro. Seguir este processo de cinco etapas o ajudará a criar e atingir a visão certa para sua organização:

- Adquirir uma atitude visionária.
- Entender sua organização.
- Desenvolver sua visão.
- Comunicar sua visão e obter compromissos.
- Apoiar sua visão.

Adquirir uma Atitude Visionária

Para adquirir uma atitude visionária, você deve começar a pensar como um visionário e então praticar essa atitude com a máxima freqüência possível. Aqui estão alguns exemplos do pensamento visionário.

Os líderes visionários pensam nas possibilidades em quase tudo o que fazem. Eles sabem o poder de uma idéia e como as idéias certas podem levar a um sucesso enorme para eles e para sua organização. Embora eles se concentrem no futuro, não estão insatisfeitos com as responsabilidades diárias de implementar idéias e realizar outras funções mais rotineiras; entretanto, acreditam em dar à equipe deles a autonomia para assumir cada vez mais das responsabilidades diárias importantes. Isso os poupa tempo para imaginar e definir a direção de suas organizações.

Os líderes visionários sabem que o futuro não é predeterminado, mas é influenciado diariamente por pessoas como eles. Uma vez que eles acreditam no poder da inovação, aprimoram regularmente suas habilidades de pensamento criativo e encorajam os outros a soltar sua criatividade. Eles percebem que a visão certa se desenvolverá mais rapidamente se estiverem totalmente envolvidos com as idéias, preocupações e necessidades de todos com quem trabalham — funcionários, clientes, pares e concorrentes. Encorajam abertamente os membros da equipe a apresentarem suas idéias, inspirando, assim, a confiança deles. Informam constantemente a todos para onde eles e sua organização estão se dirigindo.

Entenda sua Organização

Você deve entender plenamente a natureza e os desafios de sua organização em seu próprio nível e em outros. Esse entendimento inclui um conhecimento da cultura, valores, condição financeira, situação competitiva, clientes e estratégia.

Estas são apenas algumas perguntas que você pode desenvolver e colocar a si mesmo e à sua equipe. As perguntas darão a todos a oportunidade de pensar criativa e livremente; questionar também estimulará esperanças e aspirações que o farão começar a definir uma visão. Você não pode determinar as respostas do dia para noite porque estas precisam ser vivenciadas e desenvolvidas com o tempo. Mas, uma vez que você chegar às respostas certas, colherá muito mais benefícios delas.

Examine plenamente e, como rotina, tudo o que afeta sua organização porque são essas descobertas que o levarão a conclusões visionárias. Se você negligenciar isso, fará suposições errôneas sobre a posição de sua organização, o que o levará a perder oportunidades ou a seguir o caminho errado. Armado desse conhecimento e de um entendimento completo de seus valores pessoais, você poderá se antecipar e pensar nas melhores formas de ajudar sua organização e levar sua equipe a fazer o mesmo. Se você sabe para onde está indo sua organização, a cada dia identificará oportunidades com mais facilidade. Somente pelo verdadeiro entendimento sua organização criará uma visão que está alinhada aos valores, à cultura e ao potencial essenciais de sua organização.

Você deve entender plenamente a natureza e os desafios de sua organização em seu próprio nível e em outros níveis.

Perguntas a Fazer

Como líder visionário, desenvolva o hábito de questionar periodicamente todos os departamentos e áreas organizacionais significativos, considerando questões gerais, cujas respostas o levarão a conclusões profundas.

Exemplos de perguntas orientadas internamente poderiam incluir:

- O que nossa organização faz melhor?
- Que sistemas, forças e fatores nos fazem desempenhar tão bem nessas áreas?
- Quais unidades de negócio ou departamentos estão indo bem? Quais não estão? Por quê?
- Qual seria o tipo ideal de organização?
- Se eu tivesse poder de influenciar o futuro, como ele se pareceria e que tipo de organização nos tornaríamos?

Perguntas mais orientadas para o meio externo, que também são importantes para entender sua organização e seu ambiente, incluem:

- O que nossa concorrência está fazendo para reagir a mudanças no mercado?
- Como nosso setor está mudando?
- Em que mercados deveríamos estar?
- O que nossos clientes estão nos dizendo sobre suas necessidades?

Desenvolva sua Visão

Com um entendimento profundo de sua organização e seu compromisso pessoal em manter uma atitude visionária, comece o processo de desenvolver sua visão para a organização. Imagine o estado futuro ideal de sua organização, incluindo como ela se parecerá, em que ambiente você operará e como você aproveitará as oportunidades.

Desenvolva uma visão clara, específica e simples de entender para suas áreas de responsabilidade. A visão deve evoluir do que você acredita ser possível, certo e necessário para sua organização; o que apoiará a direção estratégica de sua organização; e o que inspirará os membros de sua equipe a obter sucesso, apesar dos obstáculos inevitáveis que eles encontrarão.

Imagine o estado futuro ideal de sua organização, incluindo como ela se parecerá, em que ambiente você operará e como você aproveitará as oportunidades

Como sempre acontece quando você resolve problemas, gerencia projetos ou toma decisões, à medida que desenvolver sua visão e seus detalhes, você se beneficiará imensamente ao consultar os membros de sua organização. Poucos líderes têm a responsabilidade ou a capacidade de elaborar uma visão sozinhos. Você não chegará a uma visão sozinho, sem o esforço e o compromisso de sua equipe. Para que ela chegue à visão, deve participar de seu desenvolvimento. A ajuda de outros também revelará qualquer suposição errônea que você possa ter e o ajudará a desenvolver os detalhes específicos da visão. Para a visão ser concretizada, seus funcionários devem assumir voluntariamente a responsabilidade de atingi-la — você não pode forçar para que isto aconteça.

Parte de sua habilidade visionária é a capacidade de repassar aos outros suas visões para a organização. Se você deseja um alto nível de envolvimento da equipe no processo, pode até pedir formalmente aos membros para desenvolverem conjuntamente e aprovarem a visão. Isso lhes dará toda a oportunidade para incorporarem suas visões e sonhos pessoais para a organização, descrever o ambiente de trabalho necessário para atingir a visão e aumentar seu compromisso com ela a longo prazo. Eles perceberão que têm controle sobre seu próprio futuro e que a visão pode ajudá-los a atender às suas próprias necessidades. Depois que os membros de sua equipe desenvolverem uma visão comum e perceberem como podem atingi-la mediante a colaboração e a cooperação, eles se tornarão um grupo mais forte e unido.

As declarações de visão são um meio de comunicar sua visão. São úteis se você pretende realmente fazer o que for necessário para concretizar sua visão; caso contrário, são inúteis e podem prejudicar mais do que ajudar se as pessoas a perceberem como outro "truque mágico para salvar o mês". As declarações de visão podem ter extensão variável, indo de um parágrafo a várias páginas, e podem tratar apenas da visão geral ou explicar em detalhes as áreas que se relacionam a ela. Declarações exatas e sucintas, entretanto, geralmente são as melhores.

Declarações da Visão

Aqui estão exemplos de declarações de visão simples, mas poderosas para sua organização:

- Procuramos ser o líder de serviços no setor de computadores e fazer sempre o que é certo para nossos clientes, funcionários e acionistas.
- Nossa organização perseguirá a excelência e será reconhecida como a melhor cadeia de supermercados na América do Sul.

Uma vez que a visão envolve uma realidade futura, nem todos os detalhes podem ser estabelecidos de antemão. Com uma declaração clara da direção que você quer estabelecer para a organização, entretanto, você e seus funcionários podem, mais tarde, se preocupar com os detalhes e incertezas inevitáveis para perseguir a visão.

Comunique sua Visão e Obtenha o Compromisso

Para que os membros de sua equipe atinjam sua visão, eles devem entendê-la claramente, acreditar que ela é uma causa importante e válida, ver exatamente como ela beneficiará a eles e à organização, e se comprometer totalmente em atingi-la. Como você poderia esperar, alinhar sua equipe dessa forma é muito mais complexo que simplesmente falar a eles sobre sua visão ou escrevê-la em um memorando.

Você precisa tratar da visão de uma forma especial, não rotineira, porque ela causa uma mudança mais profunda à sua organização e aos seus funcionários que os eventos de rotina. Se você comunica sua visão adequadamente, as pessoas devem se alinhar para apoiá-la e atingi-la. É por isso que quase sempre é melhor envolver sua equipe no desenvolvimento da visão desde o início. Quando você e os outros entendem a visão em sua inteireza, minimizam qualquer incerteza e resistência.

Para que os membros de sua equipe atinjam sua visão, eles devem entendê-la claramente, acreditar que ela é uma causa importante e válida, ver exatamente como ela beneficiará a eles e à organização, e se comprometer totalmente em atingi-la.

À medida que seus funcionários passam a acreditar que têm responsabilidade e autoridade para sair dos limites tradicionais e mover a organização para visão dela, então eles tomarão continuamente as ações e riscos necessários para atingir a visão. Peça explicitamente e obtenha o compromisso de todos os seus funcionários para trabalhar e atingir a visão. Determine quais outros membros dentro da organização são fundamentais para a realização da visão, inclusive outros membros do *staff* e seu supervisor. Uma vez que essas pessoas são essenciais para criar e sustentar as alianças que você precisa, elas também devem se comprometer com sua visão.

Apóie sua Visão

Depois de comunicar adequadamente sua visão, suas ações agora se tornam a prova de que você pretende acompanhá-la. Seus funcionários o observarão atentamente para ter evidências de que você tem um compromisso pessoal com a visão e não mudará de opinião de repente nem voltará atrás. Eles querem que você dê o exemplo, guiando-os pelo desconhecido e mostrando-lhes que está disposto a dividir as intercorrências e as recompensas de traçar esses novos caminhos. Se eles perceberem que você está corajosamente à frente deles, lhe darão apoio com lealdade e entusiasmo.

Você precisará repetir continuamente sua visão em conversas casuais, encontros, discursos e a maioria das comunicações organizacionais. Sempre que você entrevistar novos membros da equipe, lembre-se de lhes falar sobre a sua visão e as oportunidades que estão pela frente. Uma vez que suas ações provarão à sua equipe que você pretende atingir sua visão, lembre-se de ver tudo o que faz como um apoio ou um impedimento para atingir esse objetivo. Observe com atenção seus comentários, reações a ocorrências diárias e sua atitude.

Atualize sua Visão

O processo de formar uma visão evolui sem nunca terminar, por causa das mudanças constantes que você enfrenta; portanto, não hesite em revisar e adaptar sua visão. Procure oportunidades para ampliar o escopo dela em toda a sua organização, de modo que a visão se torne não só um conceito, mas uma realidade atingível e aceita que permeia todas as suas operações e todas as facetas na vida diária dos membros de sua equipe.

Para que a sua organização sobreviva e prospere, você e os outros líderes devem ser catalisadores da implementação da visão, devem buscar a contribuição dos outros e alinhar suas equipes por trás dela. Então você poderá ir em frente, desenvolvendo uma estrutura ou estratégia inovadora — os meios de implementar essa visão.

Resumo, Questões e Exercício

Resumo

Um líder visionário pensa freqüentemente no futuro e procura influenciar antecipadamente a posição da empresa, não simplesmente reagindo à medida que o futuro se descortina.

Para isso, o líder precisa manter a mente aberta, ser curioso, comprometido com a organização e capaz de mobilizar todos na direção da visão.

O processo visionário é composto por cinco etapas. São elas:

- Adquirir uma atitude visionária.

- Entender sua organização.
- Desenvolver sua visão.
- Comunicar sua visão e obter compromissos.
- Apoiar a visão.

Uma visão deve ser clara, específica e simples de entender. Ela deve principalmente inspirar os membros da equipe a ter sucesso, apesar dos obstáculos inevitáveis que encontrarão.

O líder não chegará a uma visão sozinho, sem o esforço e o comprometimento da equipe. Por isso, uma das principais ações do líder é fazer com que os funcionários participem do desenvolvimento da visão, percebendo dessa forma que contribuem efetivamente para o futuro e o sucesso da organização.

Para que uma organização sobreviva e prospere, os líderes devem ser catalisadores para a criação da visão, conseguir o compromisso efetivo de todos, monitorar toda a jornada para que a visão seja alcançada e que o sucesso da organização seja uma realidade.

Questões:

1. O que significa visão em uma perspectiva empresarial?
2. Relacione as etapas do processo de criação de uma visão organizacional.
3. O que significa um líder visionário?
4. Qual a importância de se entender a organização para uma construção eficaz da visão? Que aspectos devem ser considerados?
5. Cite algumas questões potencializadoras que o líder pode propor para equipe, objetivando o pensamento criativo e crítico na organização.
6. Explique a seguinte proposição: "Somente um verdadeiro entendimento da organização criará uma visão que estará alinhada aos valores, à cultura e ao potencial essencial da organização".
7. De que maneira o líder pode desenvolver e obter compromisso com a visão?
8. Correlacione a importância do "exemplo" do líder para o comprometimento com a visão por parte da equipe.

Exercício:

Escreva qual a visão da sua empresa e qual a contribuição da sua área para o alcance dessa visão. Caso a sua empresa não tenha uma visão declarada:

- reúna as informações que você tem que apontam no sentido da visão da empresa;
- pesquise a declaração da visão de três empresas.

Capítulo 17

Estratégia

O departamento de Samantha acaba de desenvolver alguns objetivos interessantes para o próximo ano. Embora ela esteja na equipe há apenas três anos, percebeu que seu departamento nunca parece elaborar bons modos de atingir sua visão. Geralmente, as pessoas imaginam suas partes do plano e o executam. O departamento normalmente não atinge os objetivos ousados que estabelece. O que ela pode fazer para motivar os outros e si mesma a se tornarem mais estratégicos e a desenvolverem planos que funcionem?

Estratégia é tanto uma habilidade quanto um plano de alto nível que resulta de decisões e reflexões integradas, amplas e de longo prazo; é a maneira pela qual você atinge a visão de sua organização. Ao estabelecer uma visão, você está pensando estrategicamente. Para conduzir estrategicamente sua organização, você deve levar esse processo de raciocínio mais adiante e aplicá-lo a todos os aspectos de sua organização. Ao usar sua habilidade de formular estratégias, você está considerando as questões e os fatores amplos que afetam o futuro de sua organização em todas as áreas, inclusive a concorrência e o crescimento a longo prazo, o marketing, a manufatura, as finanças, as operações, o atendimento ao cliente e as responsabilidades perante seus funcionários e acionistas.

Estratégia

Planejamento e Estratégia

Planejamento é uma parte necessária e importante das responsabilidades diárias de qualquer líder, seja feito informalmente durante o dia todo ou formalmente, com uma equipe ou outra assistência. Ele permeia todas as suas habilidades de liderança porque é uma atividade essencial que fornece a estrutura necessária para realizar as atividades organizacionais diárias. Planejar, entretanto, em geral está associado basicamente aos aspectos gerenciais das responsabilidades de um líder porque seu objetivo é manter a organização funcionando bem sem as importantes perturbações ou problemas. Para que uma organização atinja o que se propõe a fazer, ela deve planejar.

Os líderes concordam com essa filosofia, mas também tratam o planejamento de um ângulo diferente, pois acreditam que são as estratégias, e não os planos, que fornecem a estrutura e a orientação que torna as organizações bem-sucedidas. Embora reconheçam que a maioria das atividades exija planejamento, os líderes não contam com o planejamento, em detrimento do desenvolvimento de estratégias. Os líderes percebem que, em um mundo que está sofrendo rápidas e constantes mudanças, os planos não são a resposta definitiva aos desafios de uma organização porque exigem tempo para ser preparados, tornam-se obsoletos rapidamente e não podem impedir todos os desafios ou problemas. Os líderes investem uma quantidade adequada — e não excessiva — de tempo em planejamento, no entanto, também assumem riscos calculados que possam resultar no alcance da visão. Eles mantêm um olho antecipatório para mudar o grande quadro e reagem a eventos à medida que acontecem.

Embora reconheçam que a maioria das atividades exija planejamento, os líderes não contam com o planejamento em detrimento do desenvolvimento de estratégias.

Em outras palavras, líderes de todos os níveis desenvolvem uma série de estratégias bem-elaboradas — e não planos detalhados, rígidos, de longo prazo — que lhes permitem atingir sua visão. O planejamento seguirá naturalmente o desenvolvimento de estratégias, mas os melhores planos serão de prazo de curto a médio, bem-orientados pelas estratégias claras e focadas, desenvolvidos com a assistência de colegas de trabalho entendidos e inerentemente adaptáveis a condições em mudança.

O Processo Estratégico

Ao selecionar maneiras de criar e implementar estratégias, você tem vários métodos a escolher. Existem excelentes livros e programas comerciais que podem orientá-lo para o processo de formulação de estratégias para áreas organizacionais amplas ou com função específica. Se o seu orçamento permitir, convém contratar consultores para ajudar você e os outros líderes no comando a tomar as decisões certas para sua organização. Além das fontes externas, sua organização poderá ter seus próprios sistemas ou departamentos que usam algumas técnicas comprovadas de planejamento estratégico ou gerenciamento estratégico. Mesmo com todos esses recursos disponíveis, não há consenso quanto a quais técnicas ou sistemas de planejamento são os melhores. Você decide o que é melhor com base nos trabalhos que funcionam bem para o seu departamento ou organização. À medida que você obtém mais experiência nessa área, ou se mais tarde você usa especialistas em estratégia, você se tornará um estrategista cada vez mais eficaz.

À medida que você aprender e usar o processo de estratégia a seguir, o pensamento estratégico será desenvolvido como habilidade subjacente.

- Conheça seu ambiente e a relação deste com sua visão.
- Envolva colegas de trabalho e outros na construção da estratégia.
- Desenvolva e implemente estratégias.
- Alinhe sua missão no dia-a-dia à sua visão e estratégia.

Pensamento Estratégico

Independentemente dos sistemas estratégicos que você tem disponíveis, a melhor abordagem inicial é concentrar-se fortemente no pensamento estratégico antes de começar o planejamento estratégico e sua implementação. Pensar estrategicamente envolve enxergar a conexão entre acontecimentos aparentemente não correlatos e entender como tendências e ocorrências se relacionam afetando sua organização. Você deve pensar estrategicamente todos os dias e encorajar os outros líderes e colaboradores de sua organização a fazer o mesmo.

Conheça seu Ambiente e a Relação deste com sua Visão

No processo de formação da visão, entender sua organização foi uma etapa fundamental para reconhecer o potencial dela. Agora que você identificou algumas possibilidades para sua organização, deve entender tanto quanto puder sobre aqueles fatores internos e externos que ou o ajudarão a atingir sua visão ou o atrapalharão.

Conhecer seu ambiente envolve entender quatro áreas fundamentais: suposições, recursos, mercado e condições externas.

Você tem o dever de reconhecer e promover as forças de sua organização e outras vantagens porque esses ativos aumentarão as oportunidades para desenvolver e implementar estratégias vencedoras. Da mesma forma, é essencial antecipar e reagir a fatores que podem ameaçar sua organização e impedi-la de atingir sua visão. Conhecer seu ambiente envolve entender quatro áreas fundamentais: suposições, recursos, mercado e condições externas.

Identificar suposições que você e outros fazem sobre sua organização o ajudará a corroborar com dados e evitar desperdício de tempo e esforço. Poucas coisas são mais desencorajadoras às pessoas que descobrir, depois de investir grande quantidade de tempo, que suas idéias e recomendações são inúteis por terem sido consideradas irrealistas ou suposições falsas. Imagine as direções erradas que o desenvolvimento de estratégias poderia tomar se as pessoas não tivessem ciência de que a organização estava eliminando uma importante linha de produto, planejando reorganizar distritos de vendas, ou prestes a se tornar uma corporação pública. É por isso que é sempre sensato discutir suposições antes de desenvolver estratégias.

Avalie os recursos que você tem disponíveis atualmente ou que poderia adquirir para uso, a fim de atingir sua visão durante o período estratégico. Compare-os com os recursos de que você precisa para atingir sua visão. Além de examinar recursos típicos, como equipamentos, funcionários e habilidades, examine outros, como o tempo que você precisa para importantes projetos e a qualidade de seus relacionamentos com fornecedores e clientes.

Ficar em contato com seu mercado o ajudará a identificar ameaças e oportunidades à sua organização. Um entendimento completo de seu mercado significa conhecer:

- Seus clientes, bem como o que eles acham de sua organização, quem são eles por categorias, e que serviços e produtos eles demandam agora e no futuro.
- Seus concorrentes, inclusive o que eles oferecem ou não oferecem no mercado, suas estratégias competitivas, como eles poderiam reagir a suas ações competitivas, e suas forças e fraquezas comparadas à sua organização.
- Sua posição competitiva dentro do mercado, como de que maneira sua organização se apresenta ou se diferencia, que valor ela oferece e que aspectos a distinguem de sua concorrência.

Qualquer coisa externa à sua organização tem o potencial para afetá-la positiva ou negativamente. Evite a visão fechada mantendo-se a par de eventos e tendências políticos, econômicos, sociológicos, culturais, tecnológicos e industriais. Esse conhecimento atualizado lhe permitirá avaliar o impacto de uma questão externa em sua organização e então lhe possibilitará desenvolver as respostas certas.

Envolva Colegas de Trabalho e Outros na Construção da Estratégia

Como acontece no desenvolvimento de sua visão, convém envolver seus colegas e outros no desenvolvimento da estratégia para atingir essa visão. Sua estratégia será mais viável e inovadora se você usar uma variedade de conhecimentos específicos disponíveis e se realmente ouvir o que todos têm a lhe dizer. Houve uma época em que a construção de estratégias organizacionais era freqüentemente controlada e desenvolvida de forma centralizada; em muitas ocasiões, esse ainda é o caso. Mas se você desenvolve estratégias apenas nos níveis mais altos de sua organização ou se não consulta adequadamente aquelas pessoas que têm conhecimentos e experiência para ajudar, você provavelmente acabará com uma estratégia falha ou inadequada. Certamente, mais tarde, isso ameaçará a sobrevivência de sua organização. Evite esse erro envolvendo várias pessoas na formulação de estratégias, como clientes, fornecedores de recursos e pessoas de vários níveis organizacionais.

Desenvolva e Implemente Estratégias

Para atingir sua visão, você deve traduzi-la em estratégias específicas. Estas consistem de objetivos e planos atingíveis e compreensíveis de curto, médio e longo prazo. As estratégias serão aplicadas a vários níveis organizacionais e áreas funcionais, cada uma com seus próprios detalhes de implementação, e serão desenvolvidas com o auxílio de membros de sua organização. Uma estratégia trata das questões de amplitude, profundidade, objetivos e implementação.

"Amplitude" refere-se às intenções da cúpula da organização acerca de um extenso universo operacional, que lhe permitirá ter êxito em diversas áreas ou negócios. Essas metas amplas geralmente são referidas como *estratégia corporativa* ou *organizacional*. Buscam tratar de quais produtos e serviços específicos serão oferecidos, onde a organização funcionará ou competirá, quais são os planos de crescimento e que recursos serão distribuídos às organizações subordinadas.

A organização típica não conta com a estratégia corporativa geral para atingir sua visão; ela implementa várias estratégias com profundidade de modo que vários objetivos possam ser atendidos. Essas estratégias pertencem a níveis organizacionais, unidades de negócio ou unidades autônomas específicas. As estratégias em

> *Uma estratégia trata de questões de amplitude, profundidade, objetivos e implementação.*

níveis de negócio importantes geralmente são referidas como *estratégias de negócio*. As estratégias nesse nível estão alinhadas com as estratégias organizacionais ou corporativas, mas também tratam de ações mais específicas que as unidades de negócio importantes devem tomar para atingirem sua missão. Como é similar nas operações de uma equipe e seus membros, são os esforços coletivos de muitas estratégias de negócios que ajudam a organização a ter êxito em sua estratégia. Se você e os outros líderes no comando integrarem efetivamente as diversas unidades de negócio dentro da organização e tirarem vantagem de recursos e capacidades cooperativas complementares, sua organização funcionará muito mais efetivamente em cada nível.

As *estratégias funcionais* apóiam estratégias de negócio específicas por meio de áreas funcionais como recursos humanos, marketing, finanças, pesquisa, produção ou operações. Cada uma dessas estratégias funcionais tem seu próprio conjunto de táticas, ou planos e procedimentos de implementação, que detalham o trabalho diário que deve ser feito para promover a estratégia funcional.

Estratégias Consistentes por Toda Parte

Um de nossos principais desafios estratégicos como líder é assegurar que todas as suas estratégias organizacionais sejam consistentes umas com as outras em amplitude e profundidade. Não basta desenvolver uma hierarquia de estratégias; elas devem apoiar a estratégia corporativa geral. Não importa que nível de organização você lidere, você deve ser incansável em manter sua organização no rumo certo. Quando você nota estratégias inconsistentes, julgamentos equivocados ou uma necessidade de revisar uma estratégia previamente aprovada, manifeste-se.

Você pode desenvolver negócios e estratégias funcionais bem-sucedidos usando sua experiência, pesquisas ou consultando especialistas. Uma vez que toda organização enfrenta desafios competitivos próprios, explore com bom senso todos os recursos disponíveis de modo que você e sua organização possam examinar uma série de alternativas antes de tomar as decisões estratégicas finais. Felizmente, há inúmeros recursos (inclusive livros, softwares e consultores estratégicos) para ajudá-lo a pensar nesse processo e guiá-lo para a melhor decisão.

Por exemplo, se parte de sua estratégia organizacional geral é aumentar as receitas em 10% ao ano, então as estratégias de negócio e funcional devem apoiar e reforçar esse objetivo de crescimento, e não contradizê-lo. Neste exemplo, as estratégias de negócio individuais deveriam focalizar a introdução regular de novos produtos e serviços. Por sua vez, a estratégia funcional de marketing reforçaria, de modo semelhante, essas estratégias, a estratégia de vendas deveria encorajar e recompensar o

Um de nossos principais desafios estratégicos como líder é assegurar que todas as suas estratégias organizacionais sejam consistentes umas com as outras em amplitude e profundidade.

alto desempenho, a estratégia de propaganda e a promoção deveria estimular mercados de alto potencial e a estratégia de qualidade e atendimento ao cliente deveria focalizar a excelência de produto, a lealdade e a retenção do cliente.

Como acontece com a tarefa da liderança, você deve estabelecer claramente objetivos priorizados que mostrem inequivocamente o que você e sua equipe devem realizar para atingir a visão. Isso é extremamente importante no nível estratégico, porque se faltarem objetivos ou se estes não forem claros, todas as atividades relacionadas em seqüência também falharão. Os objetivos organizacionais tratam das várias áreas de interesse estratégico para sua organização: lucratividade, crescimento, desempenho competitivo, inovação, qualidade, preocupação com os clientes, funcionários, acionistas ou sociedade. Independentemente dos objetivos que você possa escolher, cada um deve ter alvos específicos que possam ser avaliados periodicamente por medidas de desempenho, como retorno sobre o investimento, aumento de vendas, participação de mercado, economias de custo, taxa de produtos com defeito ou satisfação do cliente.

Implementação de Estratégias

Seria ingênuo pensar que a implementação de uma estratégia pode ser resumida efetivamente em poucos parágrafos. O processo que leva à formulação de estratégias envolve uma reflexão meticulosa, planejamento e a tomada de decisão. Isso também acontece à medida que você implementa a estratégia, porque as mudanças organizacionais internas e externas ocorrem, levando-o a ajustar seus planos periodicamente. Tudo isso acontece em um ambiente econômico de altos e baixos, incerteza global, pressões competitivas e mudança. Felizmente, seus esforços de liderança em um nível estratégico têm êxito com as mesmas habilidades que você usa diariamente nos níveis de equipe. As principais diferenças com as questões estratégicas tendem a ser seu escopo ampliado, períodos de tempo mais longos, maior complexidade e níveis mais altos de incerteza. No entanto, você ainda está lidando com seres humanos que querem ser guiados adequadamente, que devem receber o suporte necessário para atingir sua visão e querem dar contribuições significativas.

Desenvolva um número suficiente de objetivos dentro de períodos de tempo realistas para cada uma de suas intenções estratégicas. Comece com seus objetivos organizacionais a longo prazo, de dois a dez anos; então os desenvolva em objetivos de médio prazo, de um a dois anos, e objetivos de curto prazo, de um mês a um ano. Cada unidade operacional dentro de uma divisão de negócio, um grupo importante, linha de produto, departamento funcional ou operação internacional, por sua vez, desenvolverá seus próprios objetivos a longo, médio e curto prazos que serão compatíveis e consistentes com os níveis mais altos da organização.

As chaves para implementar uma estratégia bem-desenvolvida se baseiam nos principais pontos que você aprendeu em todo este livro:

> *As chaves para implementar sua estratégia bem-desenvolvida se baseiam nos principais pontos que você aprendeu em todo este livro.*

- Desenvolva planos viáveis, mas flexíveis usando o auxílio e a sabedoria dos membros da equipe.
- Comunique sua estratégia aos membros de sua equipe, ganhe o compromisso deles e dê a eles responsabilidade e autoridade para atingi-la.
- Forneça às suas equipes e unidades organizacionais os recursos que elas precisam para atingir objetivos estratégicos.
- Assegure que os processos, políticas e sistemas de recompensa da organização encorajem todos a assumir o foco a longo prazo necessário para implementar estratégias com sucesso.
- Monitore tanto o ambiente organizacional quanto o mercado; então reavalie e ajuste os elementos de sua estratégia, conforme necessário.

O monitoramento contínuo é fundamental para a implementação da estratégia, porque sua rápida reação a mudanças de curto prazo e incrementais ajudará você a ajustar sua estratégia. Durante a fase de implementação, muitas coisas podem fazer sua estratégia falhar ou desviar de suas expectativas iniciais. Essas podem ser mudanças nas suposições, a falta de progresso nos planos táticos, um aumento nas barreiras, uma mudança nos fatores ambientais ou uma necessidade de redesenho organizacional. Se você avalia a implementação apenas duas vezes por ano, por exemplo, pode não ser capaz de reagir com rapidez suficiente para se ajustar a estratégias que estejam falhando, reagir a problemas iminentes, ou fazer qualquer mudança tática necessária.

Alinhe sua Missão no Dia-a-Dia à sua Visão e Estratégia

A declaração de missão expressa a razão pela qual sua organização existe, especificando o seu propósito, o que ela faz melhor e o que faz diariamente para atender seus clientes, funcionários e acionistas. Ao contrário da futura orientação da declaração de visão descrita no Capítulo 16, a declaração de uma missão é um guia detalhado que pode ter de um parágrafo a várias páginas, e enfoca o presente. Você a desenvolve depois de examinar realisticamente as forças e as competências de sua organização, e decidir o que precisa fazer cada dia para continuar a sobreviver, progredir e exceder os objetivos de desempenho.

Sua missão organizacional provavelmente tenha levado meses ou anos para ser testada e refinada até se tornar uma reflexão lógica, precisa do que sua organização prefere fazer e o que ela faz melhor. A declaração de sua missão pode até parecer estar funcionando bem. Tendo identificado recentemente a visão certa para sua organização, entretanto, você deve agora rever sua declaração de missão para assegurar que ela esteja alinhada à sua visão.

Embora sua declaração de missão seja orientada para desafios diários, ela é uma ligação fundamental entre seus esforços para implementar sua estratégia e para atingir sua visão. Não basta proclamar a alto e bom som o que sua organização pretende realizar; você deve assegurar com bom senso que todos estejam marchando na mesma direção, diariamente. É sua responsabilidade, portanto, alinhar o foco diário dos membros de sua equipe à sua visão.

É aí que a orientação detalhada e não ambígua de uma estratégia de missão ajuda particularmente. Uma vez que a maioria dos membros de sua equipe tende a se concentrar naturalmente nos aspectos diários de suas funções, não será difícil instituir um foco na missão. As operações diárias atuais são bastante importantes para você; por isso

> *É de sua responsabilidade, portanto, alinhar o foco diário dos membros de sua equipe à sua visão.*

a declaração de sua missão deve refletir exatamente o nível detalhado de excelência que você espera de suas equipes e sua organização como um todo. Não só uma ênfase na missão ajuda todos a realizarem as coisas certas diariamente, mas os sucessos incrementais resultantes de trabalhadores comprometidos levarão coletivamente à realização, a longo prazo, de sua visão.

Estratégias Vencedoras

Seu propósito para desenvolver habilidades estratégicas é, afinal, produzir ou aprimorar estratégias vencedoras para sua organização. Como líder, você reconhece implicitamente a total responsabilidade pelos constituintes essenciais, que são seus funcionários, acionistas e clientes. É por isso que você leva a sério sua responsabilidade de saber o que está acontecendo estrategicamente com sua organização. Se você e seus colegas líderes não estiverem envolvidos no desenvolvimento de estratégias, a organização não prosperará a longo prazo. Portanto, cabe a você, como líder, desenvolver e praticar suas habilidades estratégicas de modo que possa ter um impacto positivo e duradouro em sua organização.

Resumo, Questões e Exercício

Resumo

Planejamento e estratégia são partes necessárias e importantes das responsabilidades diárias de qualquer líder. Para que uma organização atinja o que se propõe a fazer, é fundamental ter um planejamento e estabelecer meios de como se chegar lá.

O processo de estratégia contempla quatro etapas. São elas:

- Conhecer seu ambiente e a relação deste com sua visão.
- Envolver colegas de trabalho e outros na construção da estratégia.
- Desenvolver e implementar estratégias.
- Alinhar sua missão no dia-a-dia à sua visão e estratégia.

Um dos principais desafios do líder é assegurar que todas as estratégias organizacionais sejam consistentes umas com as outras em amplitude e profundidade, e que a implementação da estratégia envolva uma reflexão cuidadosa, planejamento e tomada de decisão. E vale ressaltar que tudo isso acontece em um ambiente dinâmico, de mudanças velozes e altamente competitivo.

A declaração da missão é orientada para os desafios diários, mas ela é uma ligação fundamental para a implementação da estratégia e para o alcance da visão, por isso o líder deve saber o que está acontecendo na organização, para estimular a continuação ou corrigir os desvios de rota que estiverem acontecendo no percurso.

O propósito do líder deve ser o de desenvolver, produzir, monitorar e aprimorar estratégias vencedoras para o sucesso da organização.

Questões:

1. O que significa estratégia?
2. Qual a correlação entre visão, planejamento e estratégia?
3. Explique a seguinte afirmação: "O planejamento seguirá naturalmente o desenvolvimento de estratégias, mas os melhores planos serão de curto a médio prazo, bem-orientados pelas estratégias claras e focadas".
4. De que maneira suposições, recursos, mercado e condições externas contribuem para a formulação da estratégia?

5. Quais componentes devem ser considerados para a análise do mercado?
6. Explane sobre a proposição: "Para se atingir a visão é necessário traduzi-la em estratégias específicas".
7. Qual a diferença entre estratégia organizacional, estratégias de negócio e estratégias funcionais?

Exercício:

Baseado na missão e visão de sua empresa, liste as estratégias estabelecidas que visam atingir a realidade futura desejada. Caso você não tenha a formulação dessas estratégias, marque uma reunião com o seu superior e pergunte a ele sobre a maneira como a empresa pensa estrategicamente para atingir sua missão.

Capítulo 18

Mudança

A empresa de Frank está se reestruturando e esse esforço intenso requer a coordenação de todas as unidades de negócio. Ele e sua equipe, que são guiados por um novo gerente, constituem uma pequena parte da empresa, mas precisarão fazer mudanças importantes na forma como fazem seu trabalho diário. Que conselho você poderá dar a Frank à medida que ele ajuda nesse projeto de reestruturação? Que desafios e oportunidades estão adiante para ele e sua organização?

Lembre-se da definição de um líder como aquele que usa todas as suas habilidades para conseguir que as coisas certas sejam realizadas na hora certa, com a assistência de outras pessoas. Isso implica que os líderes guiam as pessoas de onde estão para onde querem que elas cheguem. Esse processo de liderança, portanto, é fundamentalmente de mudança. Seus objetivos para a mudança são perceber a necessidade de abandonar o *status quo*, reconhecer as oportunidades envolvidas em mudar e a trajetória não traçada de mudança. Você atinge esses objetivos ao integrar suas habilidades de liderança com as habilidades específicas de mudança discutidas neste capítulo, que são preparar-se, iniciar e implementar a mudança.

Preparar-se para a Mudança

Os líderes guiam as pessoas de onde eles estão para onde eles querem que elas estejam; esse processo de liderança é uma mudança.

Se você sabe que algo mudará em uma data futura, não faz sentido usar seu tempo agora e preparar seus funcionários e sua organização para a mudança? O processo de mudança envolve todas as habilidades que você aprendeu neste livro. Além disso, você deveria captar as quatro etapas seguintes envolvidas na preparação para a mudança:

- Entenda as diferentes perspectivas de mudança.
- Mantenha uma atitude positiva para com a mudança.
- Promova a aprendizagem contínua.
- Fique atento ao de seu ambiente.

Entenda as Diferentes Perspectivas de Mudança

A mudança pode ser vista de perspectivas diferentes do ambiente, da organização, seus membros e líderes.

Qualquer coisa no ambiente externo à organização pode ser um catalisador para a mudança; por isso se prepare para antecipar e reagir a esses eventos conhecidos e desconhecidos. Exemplos notáveis de mudanças externas incluem mudar as necessidades do cliente, inovação tecnológica, competição doméstica e global, maturação do mercado e requisitos regulatórios. Muitas dessas mudanças externas estão fora do controle e podem desafiar a própria sobrevivência de sua organização; entretanto, você e sua organização podem lidar bem com a maioria delas, por meio da previsão cuidadosa e das respostas certas, como estar disposto a aprimorar seu desempenho e aumentar a inovação.

A mudança pode ser vista de perspectivas diferentes do ambiente, da organização, seus membros e líderes.

A mudança organizacional é um processo abrangente e de longo prazo, que resulta em mudanças significativas que se disseminam nos comportamentos de seus membros e da organização como um todo. Exemplos dessas mudanças incluem mudanças ambientais, a implementação de estratégias e a integração de tecnologia. Em termos ideais, qualquer mudança necessária deveria apoiar a realização da visão organizacional dentro do contexto e restrições do ambiente. Geralmente é um desafio mudar atitudes, crenças e cultura arraigadas dentro de uma organização, mas, sem dúvida, você pode mudá-las com o tempo.

Quanto aos membros de uma organização, é natural que a maioria das pessoas prefira pouca ou nenhuma mudança, porque esta costuma abalar a ordem e a estabilidade, ameaça seus próprios interesses, aumenta o estresse e envolve risco. Sempre que ocorre mudança pessoal ou organizacional — seja por meio de uma reorganização, uma nova estratégia corajosa, uma mudança nos líderes, uma política de benefícios revisados ou uma tragédia —, as pessoas tendem a reagir de certa maneira. Essa resposta à mudança segue um padrão que envolve quatro partes:

- Começa com medo e negação.
- Continua com sentimentos de perda e dor sobre os velhos modos.
- Aprimora-se com a aceitação da mudança e o abandono dos antigos procedimentos.
- Termina com a implementação da mudança.

A Incerteza da Mudança

Freqüentemente, não são as mudanças finais que assustam as pessoas, mas a confusão e as conseqüências desanimadoras que as mudanças produzem pelo caminho. Uma vez que cada etapa do ciclo de padrão de resposta é importante, mas varia em significado para cada pessoa, você deve encorajar o fluxo livre de informação relacionado às mudanças, promover programas específicos de assistência à mudança e distribuir recursos suficientes. Por exemplo, para ajudar a facilitar e a apressar o abandono dos velhos procedimentos, seus funcionários poderiam apreciar reuniões informativas não estruturadas, sessões de perguntas e respostas com especialistas, acesso a conselheiros ou clientes específicos como cerimônias de inauguração ou de despedida. Para ajudar os seus funcionários a lidar com a incerteza durante todo o ciclo de mudança, intensifique sua presença como líder sendo claro, firme e positivo quanto ao que eles devem fazer para implementar as mudanças.

Ao reconhecerem que este processo de mudança é perfeitamente normal e saudável, as pessoas devem lutar para limitar, mas não eliminar, o tempo gasto nos dois primeiros estágios e focar nos dois últimos. Usando as habilidades de liderança que você desenvolveu e criando as estruturas organizacionais e sistemas para dar suporte à mudança, você pode conduzir seus funcionários e outros deliberadamente, por meio desse processo. Eles estão dependendo de você para a liderança decisiva, para reduzir a agitação pessoal e organizacional esperada.

Os líderes estão cientes das reações que a mudança causa nos outros, mas, como você poderia esperar, os líderes efetivos preferem não deixar a mudança provocar uma resposta similar neles mesmos. Veja a mudança como uma oportunidade de ajudar a todos a atingir um sucesso maior de maneiras novas e excitantes. Uma vez que a mudança é uma parte fundamental de suas responsabilidades de liderança, quer você esteja idealizando e iniciando as mudanças, implementando-as ou reagindo a mudanças inesperadas, tenha a certeza de que o processo de mudança funciona bem.

Mantenha uma Atitude Positiva para com a Mudança

Você aprendeu no Capítulo 3 como a atitude certa é importante para um líder. Uma vez que a mudança é tão assustadora para tantas pessoas, é essencial que você mantenha uma atitude excelente e então promova essa atitude positiva com seus funcionários, de modo que eles possam entender melhor a mudança e vê-la como uma oportunidade.

A Mudança É Benéfica

A mudança costuma ser temida pelo efeito que ela tem em algumas pessoas — os sentimentos naturalmente estressantes e perturbadores de incerteza, fracasso, perda de controle ou conflito. A atitude saudável a se ter sobre a mudança é pensar nela como algo positivo, porque se ela for conduzida adequadamente ajudará a promover o crescimento pessoal e profissional, novas oportunidades e uma maior satisfação no processo de alcance da visão de sua organização.

A mudança é inevitável, e como os desafios que você enfrenta em sua vida pessoal e profissional, a mudança ocorrerá quer você queira ou não. Embora você pudesse se sentir mais à vontade e seguro quando as mudanças eram infreqüentes ou mais gerenciáveis, você não pode viver e trabalhar com a realidade de ontem. É mais realista e menos estressante adaptar-se à realidade de hoje. Embora a mudança exija que você perca algo, como os antigos modos de fazer as coisas ou um sentimento de segurança, ela substitui o que é necessário aos novos modos de proceder. Em vez de culpar alguém ou algo por ter causado a mudança, ou em vez de ignorar ou evitar totalmente as mudanças, aceite sua responsabilidade profissional acatando a mudança e reagindo a ela, mantendo uma atitude e um comportamento otimistas, orientados para a solução.

> *A mudança é inevitável e, como os desafios que você enfrenta em sua vida pessoal e profissional, a mudança ocorrerá quer você queira ou não.*

A mudança é conquistável. Apesar da inevitabilidade dela e da desestabilização que ela traz, você pode

Mudança

controlar sua reação a ela e, assim, em essência, controlar a mudança. As reações certas são curiosidade, entusiasmo, flexibilidade, confiança e uma disposição para tomar a iniciativa e possivelmente cometer erros. Tais reações lhe permitem superar os desafios da mudança e usá-los em sua vantagem. As reações erradas — como ambivalência, ceticismo, negativismo, adivinhação, acusação, retratar-se, aversão a risco e um desejo de manter o *status quo* — quase sempre garantem o fracasso.

Parte da solução é manter uma atitude positiva, acreditando que não há mudança que você e sua equipe não possam superar. Essa é a crença que compõe a solução. A outra parte é ver os excelentes resultados que a mudança traz, que comprovam a solução. Como líder, é essencial que você mantenha a crença e altos níveis de aprovação entre os integrantes de sua equipe.

Promova a Aprendizagem Contínua

A aprendizagem contínua — em si mesma um exercício de mudança — ajudará seus funcionários a antecipar melhor e a reagir às mudanças. Como discutido no Capítulo 9, se os seus funcionários procurarem constantemente formas novas e melhores de executar suas responsabilidades, eles se exporão continuamente a novas idéias e métodos. Essa estimulação intelectual estabelecerá as bases para eles

> *A aprendizagem contínua — em si mesma um exercício de mudança — ajudará seus funcionários a antecipar melhor e reagir às mudanças.*

adquirirem as habilidades e o conhecimento para prever com sucesso as mudanças, recomendar soluções e implementar mudanças. Todos devem perceber que o funcionário é responsável por preparar-se para a certeza da mudança. Você, como líder, por outro lado, tem uma responsabilidade permanente de identificar e apoiar qualquer necessidade especial de treinamento que se desenvolva quando as condições mudarem.

Fique Atento ao seu Ambiente

Você aprendeu durante todo este livro a importância de conhecer seu ambiente organizacional interno e externo. Se você se compromete a atualizar regularmente esse conhecimento e aplicar o que aprendeu, antecipará melhor as mudanças. Você também atenuará a sua ansiedade e a dos outros quanto ao futuro, reunindo constantemente mais informações sobre tendências e as próximas mudanças. Por exemplo, se você questiona regularmente seus clientes ou estuda seus hábitos de compra, saberá suas preferências, opiniões, reclamações e sugestões. Então você terá mais tempo para reagir corretamente, à medida que mudarem as necessidades deles. Da mesma forma, se a sua organização conta fortemente com pedidos por catálogo, você deveria notar e reagir ao ouvir que as tarifas postais aumentarão no próximo ano ou que as vendas de seu concorrente pela internet estão aumentando acentuadamente.

Esse princípio de saber o que está acontecendo à sua volta se aplica a tudo em seus ambientes interno e externo — clientes, membros de sua organização, concorrência, tecnologia, economia e política. Não se espera que você seja clarividente, mas ajuda ter fontes seguras de informação, como especialistas em tecnologia, conselheiros confiáveis e francos, e publicações de notícias sobre negócios, o setor e o mundo em geral. Não há razão, no entanto, para você ser um repórter que coleta informações indiscriminadamente. A chave é ficar alerta e em contato com aquelas áreas que influenciam sua organização e utilizar informações relevantes para ajudar a tomar decisões de liderança melhores e mais oportunas.

Inicie e Implemente a Mudança

Quando um líder acredita que a mudança é necessária por qualquer razão, geralmente é melhor iniciá-la assim que possível, em vez de esperar que alguém descubra a necessidade e inicie o processo.

Quando um líder acredita que a mudança é necessária por qualquer razão, geralmente é melhor iniciá-la assim que possível, em vez de esperar até que alguém descubra a necessidade e inicie o processo. Uma vez que os líderes aceitam a inevitabilidade da mudança, eles não tardam em iniciar as mudanças necessárias nem esperam até o último momento para reagir a mudanças iminentes. Eles tomam ação de modo confiante, para incorporar as mudanças e beneficiar seus constituintes que são os funcionários, acionistas, clientes e outros. Eles também criam oportunidades para mudar quando ninguém mais fará isso.

Mudar não é algo que você possa separar de suas outras responsabilidades; é um aspecto que afeta tudo o que você faz. Pode ser tão abrangente que você se esquecerá do fato de ter poder sobre o processo da mudança. Encare a mudança de uma forma pró-ativa, seguindo estas quatro diretrizes:

- Perceba que muitas vias o levam a seu destino.
- Elimine barreiras à mudança.
- Monitore seus esforços de mudança.
- Antecipe a mudança com inovações.

Perceba que Muitas Vias o Levam a seu Destino

Uma vez que você já desenvolveu sua visão, estratégia e planos de implementação, sua responsabilidade agora é ir em frente. Se você mantém um foco contínuo em sua visão, perceberá que há muitas maneiras de atingi-la, algumas que você previu e outras, não. Como acontece com seus outros deveres, você sabe exatamente que mudanças quer fazer e como avaliará seu sucesso ao realizá-las, enquanto deixa abertas várias trajetórias de mudanças ao longo do caminho.

Muito antes de iniciar qualquer mudança, procure sugestões de sua equipe e outros, de modo que você possa desenvolver um consenso sobre a necessidade de mudança, demonstrar as recompensas da mudança, colaborar nas melhores decisões de mudança, e obter o compromisso de apoiar e não resistir a mudanças. Uma das razões mais comuns para a implementação de mudança falhar vem da falta de compromisso em mudar, em toda a organização. Todos — altos líderes e funcionários — devem aceitar inequivocamente e apoiar as mudanças. Embora nem todos concordem totalmente com os detalhes ou tenham o mesmo entusiasmo, é fundamental que você e sua equipe apóiem coletivamente os esforços de mudança.

Elimine Barreiras à Mudança

Espere encontrar resistência e obstáculos à mudança porque é natural que isso ocorra. Mas, como líder, você deve trabalhar persistentemente para remover qualquer barreira que impeça você e sua organização de lidar com a mudança e atingir sua visão. Qualquer coisa pode ser uma barreira potencial, como a atitude de um funcionário, a falta de compromisso de um alto líder, lutas políticas, restrições de recursos ou condições econômicas. Reavalie continuamente as condições, de modo que você esteja sempre alerta a qualquer barreira potencial.

> Você deve trabalhar persistentemente para remover qualquer barreira que impeça você e sua organização de lidar com a mudança e atingir sua visão.

Para transformar uma barreira à mudança em um estímulo a ela, use suas habilidades de liderança para fazer o seguinte:

- Comunique as conseqüências de não conseguir mudar.
- Elimine as dúvidas das pessoas.
- Reúna sugestões de todos os afetados.
- Ganhe o compromisso de todos para apoiarem as mudanças.
- Forme equipes cheias de energia e vencedoras.
- Mantenha as pessoas responsáveis por seus compromissos com a mudança e com os resultados.
- Resolva problemas e conflitos inesperados rapidamente.
- Colabore para a criação de soluções em que todos saiam ganhando.

Comunique a necessidade de mudar em toda a sua organização, explicando claramente por que a mudança é necessária e atingível, e expresse sua confiança de que todos são suficientemente capazes de acatar as mudanças que virão. Você raramente será capaz de convencer a todos o tempo todo sobre suas idéias de mudança, por isso procure não se desapontar. Um objetivo mais realista seria assegurar que, ao usar todas as suas habilidades de liderança, sua equipe e os outros entendam três coisas: onde se situam agora, por que a mudança é necessária e como ela ocorrerá. Podem ser necessárias várias tentativas para que todos entendam essas três coisas, mas a persistência compensará.

Durante períodos de mudança, particularmente aqueles de mudanças intensas com um alto grau de incerteza a longo prazo, como uma reorganização, ajuda manter seus funcionários focados e ocupados, trabalhando naquelas coisas que você julga como certas, como os objetivos de curto prazo, a excelência no desempenho das atividades diárias e a prioridade no atendimento ao cliente.

Monitore seus Esforços de Mudança

Monitorar é fundamental durante o processo de mudança, basicamente por causa das várias forças que desafiarão, resistirão ou perturbarão seus esforços.

Monitorar é fundamental durante o processo de mudança, basicamente por causa das várias forças que desafiarão, resistirão ou perturbarão seus esforços, apesar do *momentum* de mudança que você cria. Além disso, à medida que sua organização passa pela mudança, ainda haverá a necessidade de manter efetivamente as funções diárias, que acrescentam complexidade à implementação da mudança. Entretanto, as implicações a longo prazo de não monitorar o esforço de mudança são enormes para você e sua organização. Se, por exemplo, sua equipe perceber que você ou outros altos líderes estão mais interessados em iniciar novos programas que no acompanhamento necessário exigido pela monitoração, eles estarão menos dispostos a empreender esforços. Perderão a confiança em sua capacidade de guiá-los e serão tentados a ignorar suas futuras idéias de mudança.

Enquanto monitora suas mudanças, lembre-se de fazer estas quatro coisas:

- Dê a seus funcionários a autoridade para implementar mudanças.
- Informe continuamente os funcionários sobre o progresso das mudanças.
- Ouça as necessidades e as preocupações deles.
- Recompense-os à medida que eles apóiam os esforços de mudança e atingem marcos importantes.

Antecipe a Mudança com Inovações

Você pode usar inovações para dar um salto para a mudança. Um foco amplo da organização na inovação significa que há uma aceitação generalizada em criar e aplicar novas idéias que se relacionam à sua visão e estratégia. Sua organização deve se atualizar constantemente buscando novas formas de funcionar, como novos produtos e serviços, aprimoramentos do atendimento ao cliente e novas tecnologias. A importância competitiva da mudança requer que sua organização se antecipe e tenha o máximo possível de iniciativas para desenvolver as respostas certas às mudanças próximas ou possíveis, ou outras organizações saltarão à sua frente para fazer o trabalho. A inovação não é algo simples e implementado rapidamente, mas é uma estratégia deliberada e bem-conceitualizada que reside na base para que as mudanças ocorram naturalmente.

Como líder em sua organização, você é responsável por criar e estimular um clima de inovação. A inovação resulta não só em sucesso organizacional, mas também em benefícios aos membros de sua equipe que lhes permitem pensar criativamente, dar contribuições significativas e se sentir realizados no fim do dia. À medida que você dirigir sua equipe com entusiasmo pelos desafios de mudança utilizando suas habilidades de liderança para modelar o pensamento inovador, você se tornará cada vez mais um excelente recurso para sua organização.

> *Como líder em sua organização, você é responsável por criar e estimular um clima de inovação.*

Fique Envolvido

Você deve estar atento a tudo o que está acontecendo em sua organização, de modo que possa fazer ajustes rapidamente quando necessário. Não existe fórmula mágica para ajudá-lo a monitorar a mudança em sua organização. Entretanto, uma revisão da discussão sobre monitoramento no Capítulo 8 pode ajudá-lo, procurando ver como ela pode ajudá-lo a conduzi-lo pela mudança. A chave é ficar intimamente envolvido com o que está acontecendo com seus funcionários, comunicando-se bem, demonstrando sua preocupação com o bem-estar e a concretização de objetivos, e comprometendo-se a fazer tudo o que for necessário para efetuar a mudança com sucesso. Se você fizer essas coisas enquanto continua a praticar as habilidades de liderança, você estará atento ao quanto as mudanças estão avançando e reagirá rapidamente com qualquer ajuste necessário.

Esforços de Mudança Podem Dar Certo

Embora as pessoas se sintam mais à vontade quando as mudanças são pequenas ou infreqüentes, ninguém pode viver e trabalhar conforme a realidade de ontem. Para que os altos líderes de uma organização concebam e implementem a mudança com sucesso, eles devem, com a assistência de outros membros da organização, identificar as mudanças certas a fazer, comunicar essas mudanças com credibilidade a toda organização, fornecer recursos para apoiar as mudanças, e permitir tempo e flexibilidade suficientes para que as mudanças ocorram. Com o compromisso amplo das pessoas de toda a organização, os esforços de mudança darão certo. A mudança, portanto, não altera substancialmente a forma de liderar de um líder; ela só reforça que os líderes devem sempre usar as suas habilidades para liderar bem diariamente.

O Resultado Final

Ao aplicar o conhecimento que você ganha neste livro, você sem dúvida se tornará um líder melhor. Como resultado, os membros de sua equipe terão mais confiança e respeito por você e por sua capacidade de guiá-los com sucesso por qualquer mudança ou situação desconhecida. Isso, por sua vez, leva exatamente ao que você busca em sua equipe todos os dias: um forte compromisso para com você, para com a visão de sua organização e para com todos os aspectos do trabalho deles.

Com este alto nível de compromisso, vem a responsabilidade de dar regularmente provas de suas promessas de liderança. À medida que você fizer isso, se encontrará praticando adequadamente excelentes habilidades de liderança com constância e dedicação, mostrando um desejo incansável de atingir sua visão e demonstrando compromisso com o bem-estar de todos aqueles que trabalham com você. Como um benefício final, você verá suas próprias capacidades se desenvolverem enquanto contribui tremendamente para a melhoria de vida daqueles à sua volta.

Resumo, Questões e Exercício

Resumo

A gestão da mudança é uma habilidade fundamental para a liderança eficaz. Trata-se de uma habilidade complexa e, por isso, o líder deve utilizar outras habilidades dentro dessa atuação, tais como comunicação, motivação, visão, planejamento, estratégia, resolução de conflitos e outras.

O líder deve estar sempre aberto e atento para perceber a necessidade de abandonar o *status quo*, reconhecer as oportunidades advindas da mudança e preparar seus funcionários e a organização para a mudança. É imprescindível que o líder veja a mudança como uma oportunidade de ajudar a todos a atingir um maior sucesso por meio de novas formas, novos métodos ou novas abordagens.

Existem quatro etapas para uma preparação bem-sucedida da mudança. São elas:

- Entender as diferentes perspectivas de mudança.
- Manter uma atitude positiva para com a mudança.
- Promover a aprendizagem contínua.
- Ficar atento ao ambiente.

A mudança organizacional é um processo abrangente e de longo prazo que resulta em mudanças significativas que se disseminam nos comportamentos de seus membros e da organização como um todo. Um dos principais desafios do líder é a mudança de atitudes, crenças e cultura arraigada dentro de uma organização.

O líder precisa compreender a dinâmica emocional vivenciada pelas pessoas no processo de mudança, bem como os desdobramentos da mudança que podem afetar negativamente as pessoas no decorrer do caminho.

A mudança pode e deve ser concebida como benéfica, inevitável e passível de ser conquistada, para isso o líder precisa saber se preparar, planejar, organizar e conduzir eficazmente o processo de mudança, eliminando as barreiras à mudança que poderão acontecer no decorrer do percurso.

O líder é o responsável por criar e estimular um clima de inovação, visando sucesso organizacional e também os benefícios para os funcionários, pois um ambiente de abertura e de inovação permite o pensamento criativo, contribuições significativas e o senso de crescimento, participação e de satisfação no trabalho.

Questões:

1. Qual a correlação entre o papel do líder e o processo de mudança?
2. Quais as etapas envolvidas na preparação para mudança?
3. O que se espera em termos da atitude do líder na implementação da mudança?
4. De que maneira o líder pode contribuir para a equipe conceber a mudança como benefício?
5. "A mudança é inevitável e conquistável." Qual a sua compreensão sobre essa afirmação?
6. Qual a correlação entre aprendizagem contínua e vivência da mudança?
7. Uma das razões para a implementação da mudança falhar vem da falta de compromisso em mudar, isso em toda a organização. O que o líder deve fazer para obter o compromisso da equipe para com a mudança?
8. O que significa preparar a mudança com inovação?

Exercício:

Reflita e verifique quais as mudanças significativas você vivenciou na empresa onde trabalha, registre os pontos positivos na gestão da mudança e os pontos que poderiam ser conduzidos de uma forma mais eficiente e eficaz.

Índice Remissivo

A

Acúmulo no escritório, evitando, 80-81

Ambiente de trabalho
  comunicação aberta e, 87
  criando positivo, 87
  vida saudável, promovendo, 87

Ambiente, trabalho
  comunicação aberta e, 87
  criando, positivo, 87
  vida saudável, promovendo, 87

Atitude, equipes, 170, 176-177

Atitude, liderança
  ajustar-se, 40
  definida, 33
  desafios a, eliminando, 38-40
  do treinador, 248-249
  entusiasmo e, 36
  equipes e, 170
  importância da, 34
  mudança e, 282-283
  recuperando, 41-42
  ser positivo, 35, 38-40
  visionária, 260-261

C

Comunicação da liderança
  apresentar-se bem, 160-161
  com a equipe, 163-164
  escrever claramente, 161-162
  falar claramente, 160
  não-verbal, 162-163
  organizacional, 164-165
  ouvindo, 159, 160
  palavras e frases, 162
  pessoal, 158-159
  redes informais, 165

Comunicação não-verbal, 162-163

Comunicação organizacional, 164-165

Comunicação
  importância do, 153
  processo, 154-155

Conflito
  como desacordo, 222-223
  negociação e resolução, 228
  resolução, etapas para, 223-228

D

Delegação de tarefas, 75-77

Demografia do local de trabalho, 206-207

Desempenho
  abaixo dos colegas, efeitos do, 252
  gerenciamento, 125-126. Ver também Treinamento
  liderança, monitorando, 117-126
  monitoramento, com informação financeira, 124-125
  problemas, causas, 250. *Ver também* Treinamento

Desenvolvimento da liderança
  atividades sociais, 147
  educação externa e treinamento, 147
  educação interna e treinamento, 146-147
  pré-requisitos para, 147-149
  rotação de cargo, 146

Desenvolvimento de funcionário
  liderança, 144-145

orientação assistida, 144
  planejamento de carreira, 144

Desenvolvimento
  de subordinados, 142-143
  definição, 128
  pré-requisitos para o programa bem-sucedido, 147-149
  tipos de programas, 143-145

Desmotivadores, eliminando, 201

Dicas de apresentação, 161

Diretrizes de Treinamento
  alinhar com missão, 131
  aprendizagem contínua e prática, 131
  avaliação, 131-132
  habilidades para aprimorar o desempenho, 130

Diversidade
  ações para maximizar, 215-220
  benefícios da, 204-208
  categorias listadas, 205
  como processo no longo prazo, 214-215
  definição, 204
  demografia, mudando, 206-207
  relevância da, 206

Diversidade, maximizando
  abordagem como recurso, 216
  alinhar a organização com, 219-220
  determinar objetivos, 217-218
  envolver grupos diversos no planejamento, 218
  obter dados da, 217
  usar habilidades de liderança, 216-217

E

Equilíbrio entre a vida profissional e pessoal, 37

Equipe de projeto
associando habilidades a responsabilidades, 99
comunicação com, 114
inventário de habilidades, 98
organizando equipe, 99
origens dos membros de equipe, 97
requisitos de habilidades, 97
selecionando membros, 97-98

Equipes
atitude, 169, 176-177
confiança e espírito, 179-180
definição, 168
objetivos para, 172
organização das, 172-173, 174-180. *Ver também* Organizando equipes
orientação da implementação, 172-173
orientação para a inovação, 172
orientação para a solução de problemas, 172
otimizando, 180-184
papéis e responsabilidades dos membros, 178-179
papel do líder, 173-174
quando não necessário, 170
reuniões, efetivas, 184-188
treinamento, 174

Estratégia
alinhamento com a missão e a visão, 275-276

ambiente e relação com a visão, 270-271
colegas de trabalho, envolvendo, 272
como estrutura para o sucesso organizacional, 269
consistência hierárquica, 274
definição, 268
funcional, 272-275
implementação, chaves para, 275
implementação, habilidades exigidas, 275
mercado, entendendo, 271
negócio, 272-275
pensamento, estratégico, 268, 270, 274
planejamento e, 269
processo, etapas listadas, 270
vencedoras, 276

Estresse, gerenciamento do, 85-88

F

Fatores básicos da diversidade
ação afirmativa, 209
assimilação, ultrapassada, 210-211
comunicação, 212-213
linguagem ofensiva, 213
percepções, 209
preconceito e estereotipação, 211-212

Feedback ao cliente, para monitorar o desempenho, 125

Funcionários, reconhecimento dos, 35

G

Garantia da qualidade, para monitorar desempenho, 125

Gerenciamento de crise, 82-83

Gerenciamento de projeto
conclusão e transição para o cliente, 114
definição, 91
discrepâncias, 113
equipe. *Ver também* Equipe de projeto
escolhendo o gerente, 93-94
estabelecendo objetivos e requisitos, 94-96
estimando a cronologia, 104-105
etapas, listada, 93
iniciando a execução, 109
monitorando, 111-114
orçamento, 106-107
planejando, 100-108. *Ver também* Planejamento de projeto
programando tarefas, 105-106
reagindo à mudança, 109-110
selecionando a equipe, 96-99
semelhanças, operações diárias, 92

Gerenciamento do tempo
analisando o uso corrente de, 73-74
curso de compreensão de leitura e, 85
delegando tarefas, 75
documento do plano máster, 84
e eliminação de desperdícios, 80-83
eliminando tarefas não essenciais, 74-75
planejadores e organizadores, 83-85
sistemas para, 84

Gerenciamento *vs.* liderança, 19-21

Gerenciando o tempo, 73-85. *Ver também* Gerenciamento do tempo

Gerente de projeto
capacidade de liderança, 93-94
habilidades técnicas, 94

Gerentes
e conseguir a execução do trabalho, 19
e uso de habilidades de liderança, 19
foco dos, 19-21
vs. Líderes, 19-21

H

Habilidades de liderança específicas ao trabalho
educação formal e, 50-51
exemplos de, 47
importância de base sólida, 48-49
mantendo e aprimorando, 51-52
outros tipos de habilidades e, 49-50

Habilidades de liderança
categorias de, 19-21
específicas ao emprego, 47-52
gerenciando projetos, 91-93
testando recursos, 30

Índice Remissivo

I

Indicador de Tipos Myers-Briggs, 28-29

Informação financeira, para monitorar o desempenho, 124-125

L

Liderança

atitude positiva, 35-36

atitude, 33-42, 282-283. Veja também

Atitude, liderança

autoridade e, 36

comunicação, aprimorando, 158-165

criatividade e, 67-68

curiosidade e, 36-37

decisões e, 59-57. Veja também Tomada de Decisão

definição, 17

descrevendo recursos, 29

desempenho, monitoria, 117-126; *Ver também* Monitorando o desempenho de liderança

desenvolvimento, 146-149

e estratégia, 268-277

e trabalho de equipe, 170-171

e treinamento, 247-248

educação formal e, 50-51

em diferentes níveis na hierarquia, 18

em situações do dia-a-dia, 18-19

entusiasmo e, 36

estilo, desenvolvendo, 23

foco em soluções, 35

habilidades, 21, 47-52, 91-93

imagem, 37

orientações, 24-28

praticando habilidades, 18

processo, monitorando, 120-123

resolvendo problema e, 55-58

teorias da, 23-24

vs. Gerenciamento, 19-21. *Ver também* Gerentes e motivação, 191-201

Líderes

ação vs. orientação para inação, 28

compromisso e responsabilidade exigidos, 288

consideração vs. orientação para iniciação, 27-28

democrática. vs. Autocrática, 25

foco da, 19-21

fundamentos de diversidade para, 209-214

e uso de habilidades gerenciais, 19-21

quem são eles, 17

integridade e, 38

e identificação de problema, 35

e lealdade com a organização, 34-35

objetivos motivacionais para, 196-201

orientação para relacionamento vs. Para tarefas, 26-27

origem de habilidades, 18-19

papéis do, no treinamento, 132-135

qualidades da, 30
teorias de, 23-24
mudança e, 279

M

Matriz de ganhos para tomada de
decisão
definição, 63-64
estimando a incerteza usando, 66-
67
preenchimento de cargos e, 64
probabilidades e, 66-67

Mercado, entendendo, 271

Monitorando o desempenho da
liderança,
antecipatória e reativa, 119
definição, 117
formal e informal, 119-120
plano para, 120-123
procedimentos formais, 123-126
procedimentos, 122
processo, 120-123

Monitorando, procedimentos formais
feedback ao cliente, 125
garantia de qualidade, 125
gerenciamento do desempenho,
125-126
informação financeira, 124-125
orçamentos, 124

Motivação
como os líderes influenciam, 191-
192
definição, 191

e necessidades dos subordinados,
196-197
objetivos para líderes, 196-201
princípios de, 192-196

Mudança
aprendizagem contínua e, 283
atenção ao seu ambiente e, 283-284
catalisadores da, 280
como uma boa coisa, 282
diretrizes para, 284-285
e papel do líder, 279
eliminando barreiras à, 285-286
incerteza da, 281
inevitabilidade da, 282
iniciando e implementando, 284-
285
inovações e, 287
monitorando esforços de mudança,
286
perspectivas diferentes sobre, 281
preparando-se para mudança,
etapas, 280

N

Negociação distributiva
efeitos da, 238
indicações de uso, 239
parando esta abordagem, 240
reagindo a, 239-242
vencer-perder e, 238

Negociação
alternativas menos preferíveis, 232
amplitude de acordo aceitável, 231

distributiva, 238-239. *Ver também*
distributiva, negociação,
etapas para, listadas, 229
finalizando sua estratégia de, 237-238
interesses, da outra parte, 244
natureza dinâmica da, 244
objetivos em, 230-231
para resolver conflito, 228
posição, aprimorando, 234-236. Ver
também posição, negociando
priorizando interesses, 232-233
procedimentos para chegar ao
acordo, 239-242
soluções mutuamente benéficas, 243
vencer-vencer, 229, 243

O

Organização de equipe
comunicação e colaboração, 181
fluxo de informação e recursos, 180-181
recompensa, 183-184
treinamento da, 182-183
treinamento, 182-183
Organizando equipes
atitude, 176-177
confiança e espírito, construindo,
179-180
determinar objetivos, 175-176
objetivos e declaração da missão,
177-178
papéis e responsabilidades, 178-179

Plano, desenvolvimento, 178
procedimentos, políticas e regras,
177
selecionar integrantes, 174-175
Orientações para liderança
ação ou inação, 28
consideração ou iniciação, 27-28
democracia ou autocracia, 25
participação ou direção, 25-26
relacionamento ou tarefa, 26-27
Pensamento crítico e criativo, 67-69
Personalidade, psicologia e liderança,
28-29

P

PERT (Program Evaluation and
Review Technique), quadro, 103,
104
Planejamento de projeto
análise de dependência, 102
contingências, 108
elaboração, 100-104
orçamento (carregando recurso e
custos), 106-107
quadro de planejamento de Gantt,
106
quadro de rede, 103
quadro estrutural da divisão de
trabalho, 101
quadro PERT, 103-104
Posicionamento, negociando
elementos do, 234

informação e, 234

poder e, 236

poder, fontes de, 236

tempo e, 234-235

Princípios de motivação

chance de contribuir, 195

comportamento do líder, 196

recompensas positivas vs. Punição, 196

recompensas mal usadas, 194-195

objetivos, respeitáveis e tangíveis, 195

recompensas, usadas adequadamente, 195

Prioridades, gerenciando, 72-88

Processo de comunicação

acompanhando o recebimento e o entendimento, 156-158

determinar a mensagem, 154-155

método de transmissão, 155-156

por que as mensagens não são recebidas, 157

Processo de formação da visão

adquirindo atitude, 260-261

desenvolvendo, 262-264

etapas listadas, 260

questões organizacionais e, 262

Punição

comportamento indesejável e, 200-201

vs. Recompensas, 193-194

Q

Quadro de planejamento de Gantt, 106

Quadros

estrutura de divisão de trabalho, 101

Matriz de Ganhos, para tomada de decisão, 63-67

PERT (Programa de Avaliação e Técnica de Revisão), 103, 104

Planejamento de Gantt, 106

Rede, 103

Qualidades de liderança, 21

R

Recompensas

de comportamento desejado, 198-200

informais, 197

mal usadas, 194-195

usadas adequadamente, 195, 198-200

Resolução de conflito

ambiente positivo para, 224

comunicação clara e, 226-228

foco no problema, e não na pessoa, 224

interesses vs. posições, 225-226

mal entendido vs. desacordo, 223-224

Reuniões, equipe

mantendo o curso, 186

não-produtivo, 184-185

objetivos para, 187-188

participação, 187

pauta para, 185-186
terminando, 187

S

Solução de problema
coletando informações, 56
determinando causas, 57
identificando cursos de ação, 58
identificando sintomas, 56
implementando a melhor solução, 58
processo de, 55-58
resultados desejados vs. atuais, 56
Soluções, foco nas, 35

T

Telefone, gerenciando, 82
Testando recursos para habilidades de liderança, 30
Tomada de decisão
com confiança, 69
matriz de ganhos e, 63-65
natureza da, 58-59
processo de, 59-63
técnicas para, 62-63
Trabalho de equipe
atitude do, 169
definição, 168
promovendo, 170-171

Treinamento e desenvolvimento. *Ver também* Desenvolvimento, Desenvolvimento do Funcionário, concebendo, 135-142. *Ver também* Treinamento, elaboração diretrizes. Ver Diretrizes de treinamento
importância para os líderes, 129
papéis do líder, 132-135
propósito do, 128
Treinamento
análise de desempenho, 251-252
COACH (recurso mnemônico), 250
colaborar com uma solução, 252-253
definição, 247
desempenho vê padrões e objetivos, 250-251
do superior ao subordinado, 247
fazendo progresso, 253
feedback, oferecendo, 251
relacionamento com o aprendizado, 248
resultados de, 254-255
subordinado, honrando(respeitado), 253-254
Treinamento, design
descrevendo objetivos e testes, 138-139
desenvolvendo cursos, 140-141
desenvolvendo plano, 137-138
determinando necessidades, 136
esboçando plano, 136-137
métodos de apresentação, 140

procedimentos de avaliação, 141-142

V

Viagem, gerenciando, 84-85

Visão

alinhamento com a missão e a
estratégia, 275-276

amostra de declarações, 263
apoio da, 264-265
atualizando, 265
comunicando e obtendo
compromissos com, 264
definição, 259
desenvolvendo, 262-263
e estratégia, 270-271
vs. Punição, 193-194